JHON
JAIRO
VELÁSQUEZ

MI VIDA COMO SICARIO
DE PABLO ESCOBAR

AUTOBIOGRAFÍA AUTORIZADA
—CON MARITZA NEILA WILLS

HarperCollins *Español*

ISBN: 978-0-71808-128-7

Impreso en Estados Unidos de América
16 17 18 19 20 DCI 6 5 4 3 2 1

Nada te turbe;
nada te espante;
todo se pasa;
Dios no se muda,
la paciencia
todo lo alcanza.
Quien a Dios tiene,
nada le falta.
Solo Dios basta.

Teresa de Jesús

Agradecimientos

Quisiera comenzar agradeciendo al buen Dios que haya preservado mi vida en medio de tanto dolor causado por mis malas acciones.

A todas y cada una de las personas que en el camino de mi vida me han acompañado para darme su apoyo dentro y fuera de mi presidio; a todos aquellos que de una u otra manera creyeron y creen en mí; a mis compañeros de prisión, porque sin ellos tampoco habría logrado sobrevivir: gracias.

No olvido a mis psicólogas y maestras, que con su paciencia, dedicación y esmero me enseñaron a forjar una nueva personalidad.

Quiero expresar mi agradecimiento a mis amigos, que desde la distancia nunca se olvidaron de mí.

Debo resaltar mi más profundo sentimiento de gratitud a mi mánager Kenny Labossiere, que con su esfuerzo diario ha logrado que mis sueños se hagan realidad; a mi editorial, que con su fe cristiana me ha dado la oportunidad de iniciar una nueva vida en el camino del bien; a mis agentes, que cada día, con tesón y esmero, luchan por seguir como grandes guerreros abriendo oportunidades para mi nuevo caminar.

Y desde el fondo de mi corazón quiero expresar mi más profundo sentimiento de gratitud a todas aquellas personas que me han dado su perdón sincero y de corazón, ya que solo así podremos iniciar el camino de la paz y la reconciliación.

Contenido

Prólogo

Siempre he escuchado que cualquiera se puede equivocar, que errar es de humanos y que, por mucho que nos esforcemos, siempre estaremos expuestos a errores, como los que han quedado registrados en mi memoria a modo de sellos indelebles.

Uno de los elementos más disonantes de mi vida siempre ha estado allí, como una constante que no quiere desaparecer: la guerra, aquella en la que no fui un invitado, donde fui un soldado, un guerrero o un asesino más. Desde mi temprana infancia ya contaminada, siempre escuché en los colegios una historia incompleta de las guerras despiadadas de Colombia, de sus políticos liberales y conservadores con ansias de poder; también escuché de nuestros grandes héroes de la patria, que luchaban sin cesar por una mal llamada libertad. Jamás imaginé que tendría que vivirla en mi propia piel a lo largo de distintas etapas de mi vida.

En un día esplendoroso de clima tropical llegué al cuartel de Pablo Escobar Gaviria para vivir lo que yo creía que iba a ser la más excitante aventura de toda mi vida, con la que había soñado desde mis escasos diecisiete años de edad. Tenía entonces un corazón loco, joven y listo para la aventura, dispuesto a vivir intensamente, cuando formé parte de la Marina colombiana y la Policía Nacional. Allí solo me dejaron frustración, porque las armas nunca sonaron y únicamente fui aquel aprendiz que se sometió al régimen y la disciplina demagógica que terminó apagando mis sueños de guerrero y ahogando aquella voz que desde mi interior solo pedía libertad.

Mi decisión estaba tomada y llegué a la cita con mi destino tan puntual como el amanecer. Así como un gran catedrático no llega a la cumbre con solo el aval del conocimiento, sino que necesita entregar

11

su vida entera a sus objetivos, yo iba con el coraje y la disposición de morir, bajo el mando de mi líder Pablo Escobar Gaviria, por una causa: la no extradición de colombianos a los Estados Unidos de Norteamérica. Mi líder fue aquel hombre que con desmesurado poder y violencia sin límite le dio un giro a un lugar de provincias llamado Medellín para convertirlo en un sitio semejante a Palermo y su mafia siciliana. Aquel capo mafioso surgió de los cerros nororientales de Medellín, principalmente de aquellas barriadas, como Manrique y Aranjuez, donde solo vivían obreros de una gran fábrica o unos pocos empleados públicos, donde los niños casi adolescentes, que muy a duras penas soñaban con una bicicleta, de repente empezaron a lucir grandes carros, lujosas joyas y ropa de marca (de manera ordinaria y poco elegante, pero llamativa para hacerse notar entre la multitud).

En las distintas y hermosas montañas de Antioquia, donde solo se practicaba violencia con violencia, recorrí terrenos inimaginables huyendo del enemigo. Allí, el fenómeno económico y social del narcotráfico alcanzó a los funcionarios estatales, que se fusionaron con la criminalidad para producir una macrocriminalidad, convirtiéndose en el más grande pistoletazo que hiere de muerte a una población civil que cae más y más en la miseria, que hace correr ríos de sangre sin la esperanza de un mejor amanecer para nuestras generaciones futuras.

Yo fui parte de aquel cruento y criminal cartel de Medellín, de incorrecto proceder, de repugnantes métodos y mezquinas motivaciones para llegar a la riqueza. En él aprendí el arte de la guerra, dejando muertos, heridos y miles de víctimas. Pero su primera víctima fui yo, porque, como colombiano, también formo parte de una injusticia social que viene del siglo XIX, que nos ha arrastrado a nueve guerras civiles y ha provocado la creación de guerrillas marxistas, milicias campesinas, autodefensas y hasta carteles de la droga. Lamentablemente, fueron estas organizaciones las que debieron asumir las responsabilidades sociales abandonadas por el Estado.

Minuto a minuto en mi largo presidio de veintitrés años y tres meses, viví las crueldades del encierro y la tortura, más dos guerras al interior de las cárceles. Desde aquellas celdas y calabozos, donde poco a poco aprendí el arte del silencio, nunca dejé de escuchar y ver cómo filas y montones de cadáveres colombianos desfilaban hacia los cementerios por culpa de la guerra de mi país.

Decir que la guerra se acaba con el mero hecho de reducir el tráfico de drogas es un simplismo exagerado, porque solo actuaríamos en los que trafican y los que consumen, pero no afectaría a los mafiosos corporativos que, al igual que las mafias políticas, manejan todo a su conveniencia.

Esta detestable forma de actuar solo tendrá fin el día en que nos humanicemos los combatientes con la población civil, y cuando las élites con sus adeptos se pongan de acuerdo para limpiar la podredumbre fangosa que baña nuestros estamentos públicos, de modo que las generaciones venideras tengan aguas limpias para beber.

LOS INICIOS

Los reyes de la droga

Mi nombre es Jhon Jairo Velásquez Vásquez, alias Popeye. Aquí estoy. Este soy yo. Un hombre de 52 años de edad, con veintitrés años de cárcel a cuestas. Hijo de Aura Ofelia Vàsquez de Velásquez y Serveleón Velásquez. Cuarto de cinco hijos. Desde muy pequeño sentí que era diferente a mis hermanos. De mi infancia recuerdo cómo mi padre me premiaba con helados que yo disfrutaba un montón. Recuerdo que alguna vez, jugando con mis hermanos a las escondidas, yo los trampeé abriendo mis dedos y viendo dónde se escondían, lo que les causó gran enojo. Recuerdo que entonces ellos me amarraron a un árbol y me prendieron en fuego. Mi madre, al darse cuenta de lo sucedido, me envolvió en una cobija para protegerme.

De aquel juego me quedaron mis dos primeras cicatrices: en el hombro derecho y en la cabeza. Años más tarde, mi entendimiento, mi voluntad y mis emociones más profundas hicieron que las otras cicatrices en mi cuerpo, las producidas por impactos de bala, no fueran las únicas: noté las marcas de cicatrices imborrables en mi alma, que solo fueron aliviadas con el paso de años de encarcelamiento, por la caricia y cuidado que día a día Dios me mostraba.

Como estudiante fui regular, pero siempre seré recordado por mis compañeros de estudio como un joven de buen humor. Pertenecí a la Policía Nacional, Escuela de Grumetes de la Marina, y fui agente de tránsito. En mi búsqueda por el camino del bien fracasé, ya que dentro de mí había un sentimiento que me llamaba a la aventura y el peligro. Durante doce años de mi vida fui lugarteniente de Pablo Escobar Gaviria, uno de sus hombres de confianza en el bajo mundo del crimen. Con mis manos asesiné a más de 250 personas, fui cómplice de muchos de los actos delictivos que dejaron más de 3.000 víctimas, provocadas por las guerras que libré en nombre del Patrón. Maté, secuestré, robé y trafiqué con drogas, ejercí el terrorismo para el que es considerado por muchos el mayor y más cruel asesino del siglo XX.

Aquí estoy, este soy yo: Jhon Jairo Velásquez Vásquez, alias Popeye.

Pablo Escobar, a quien llamábamos el Patrón, fue nuestro gran líder. Ese era mi jefe. Un hombre frío que no conocía el miedo, con una personalidad única. Nunca llegaba a la euforia por un gran triunfo ni se entristecía demasiado por una derrota. Los asesinatos de Pablo Escobar, que realizábamos nosotros sus lugartenientes, fueron sobre todo consecuencia de las guerras libradas bajo la bandera de la no extradición de colombianos hacia Estados Unidos. Nuestro cuartel general fue la ciudad de Medellín, capital del departamento de Antioquia, una hermosa urbe con clima primaveral y cientos de bandidos en las barriadas pobres. Ellos nos acompañaron en las guerras que tuvimos contra el Estado colombiano y contra otros grupos de narcotraficantes, como el cartel de Cali.

En los días en que trabajé para mi Patrón, el negocio de la droga en Colombia estaba manejado por dos grandes grupos mafiosos: el cartel de Cali y el cartel de Medellín. El primero estaba compuesto por cuatro grandes capos de la droga: Gilberto Rodríguez Orejuela; su hermano, Miguel Rodríguez Orejuela; José Santacruz Londoño y Francisco Hélmer Herrera Buitrago. El cartel de Cali era nuestra competencia, nuestro enemigo principal. El cartel de Medellín, por su parte, estaba compuesto en su cúpula mayor por Pablo Emilio Escobar Gaviria, el gran jefe; su amigo y mentor Jorge Luis Ochoa Vásquez y

José Gonzalo Rodríguez Gacha, alias el Mexicano. Sus lugartenientes éramos Alberto Castaño Molina, alias el Chopo; Otoniel González Gallego, alias Mugre; Jhon Jairo Arias Tascón, alias Pinina; Carlos Mario Alzate Urquijo, alias Arete; Dandenys Muñoz Mosquera, alias la Quica; Giovanni Lopera Zabala, alias la Modelo; Ricardo Prisco Lopera, alias Richard; Guillermo Zuluaga, alias Cuchilla; y yo, Jhon Jairo Velásquez Vásquez, alias Popeye. Del Patrón y nosotros dependían casi 2.000 asesinos a sueldo de los barrios pobres de Medellín y de otros lugares no tan deprimidos como Itagüí, Envigado y La Estrella. Éramos un ejército de ovejas dirigidas por un león.

El clan Ochoa y los comienzos de Pablo Escobar

Don Jorge Ochoa siempre fue un hombre de respeto, bondadoso, con una personalidad única. Sagaz para manejar a los demás y quedar siempre limpio, inteligente para tirar la piedra y esconder la mano. A simple vista nunca mostraba lo que realmente era. Risueño, de buen comer y obeso. Un narcotraficante enmascarado. No se le suponía violento, era mucho más dado al diálogo y la diplomacia. Su prominente estómago le daba una figura de bonachón capaz de confundir a cualquier enemigo, como una especie de Papá Noel de la mafia. Astuto como ninguno, incluso más que el mismo Pablo Escobar, siempre fue mucho más admirado que mi Patrón. Don Jorge Ochoa fue quien involucró en el narcotráfico a Pablo Escobar y a su primo Gustavo de Jesús Gaviria Riveros. Los sacó de los pequeños envíos y los convirtió en grandes traficantes. Él ya era un gran narco antes que Pablo y su primo. Lo que hizo con Pablo fue para estar bajo la sombra de un bandido que no le temiera a la violencia y a la sangre.

Mientras el clan Ochoa, compuesto por Jorge Ochoa, Fabio Ochoa, Juan David Ochoa y José Orejas, crecía en la ciudad como el mayor grupo de traficantes de droga, Pablo Escobar crecía en las calles de Medellín como matón a sueldo y secuestrador.

Escobar y Gustavo Gaviria, junto con el Negro Pabón y Mario Henao, habían secuestrado al mayor industrial de la época en Colombia, don Diego Echavarría. Estando los Ochoa con tanto dinero, por un lado, y Pablo Escobar convocando y aglutinando grupos de bandidos, por el otro, se gestaba un peligro inminente para su organización. En cualquier momento podría llegar el choque de trenes. Lo mejor, lo más estratégico, era hacer una alianza con él y convertirlo en hombre millonario. Esa fue realmente una jugada maestra propia de la mafia del clan Ochoa. A partir de entonces, el clan Ochoa, liderado por Jorge Luis Ochoa Vásquez, y Pablo Escobar actuaron como socios en muchos acontecimientos lesivos para la historia del país: socios en el narcotráfico desde los años setenta; socios en fundar el MAS; socios en el asesinato del ministro de Justicia, Rodrigo Lara Bonilla en 1984; socios en el tráfico de drogas por las rutas de Panamá y Nicaragua; socios en la muerte del piloto norteamericano Barry Seal, asesinado en suelo americano, concretamente en Baton Rouge, Luisiana, el 19 de febrero del año 1986. Y la lista continuaba.

El asesinato de Barry Seal fue por orden don Jorge Ochoa, que dio la orden a sus muchachos antes de viajar a España, donde fue detenido en 1984. Seal había sido sorprendido y capturado en Estados Unidos con un cargamento de drogas de los Ochoa y Pablo Escobar y fue de lejos el piloto que hizo más rico al clan Ochoa. Don Jorge decía que estaba «cansado de ganar dinero con él». Al producirse su detención saliendo de una pista de Nicaragua, Seal decidió convertirse en doble agente, razón por la cual siguió volando para los Ochoa, pero bajo la vigilancia de la DEA y la CIA. Así, se convirtió en testigo estrella contra el cartel de Medellín. El mayor peligro en aquel entonces era realmente para Jorge Ochoa, quien se encontraba detenido en España y era solicitado en extradición por Estados Unidos.

Sin otra solución a la vista, Fabio Ochoa Vásquez planeó la muerte de Barry Seal. Pablo Escobar, mediante uno de sus mejores asesinos, Guillermo Zuluaga, alias Cuchilla, lo ejecutó en Estados Unidos. Barry Seal fue asesinado en febrero de 1986 y Jorge Ochoa fue deportado a Colombia en julio de 1986, a los pocos meses de lo sucedido. Ya en Colombia, gracias al poder económico del clan Ochoa, don Jorge salió libre a mediados de septiembre del mismo año, gracias a la alianza ya existente entre grandes políticos y mafiosos.

El Patrón y don Jorge Luis Ochoa fueron socios también en el asesinato del coronel de la Policía Jaime Ramírez Gómez. Este alto oficial y héroe de la patria fue asesinado por orden de Jorge Ochoa y Pablo Escobar el 17 de noviembre de 1986, por haber ocupado y destruido el mayor laboratorio de cocaína en el mundo, conocido como «Tranquilandia» y «Villa Coca», propiedad del clan Ochoa, Pablo Escobar y Gonzalo Rodríguez Gacha. Era un laboratorio inmenso que funcionaba en las selvas colombianas, con pista y gran infraestructura para albergar pilotos del narcotráfico y personal empleado en las tareas del laboratorio, dado que toda operación allí era aérea. También fueron socios en el asesinato del dueño y director del periódico *El Espectador*, don Guillermo Cano, y del atentado con dinamita en sus instalaciones.

Jorge Ochoa, en febrero de 1987, le hizo un gran regalo a Pablo Escobar: trajo de España a alias Miguelito, un experto en explosivos de la ETA. Este personaje estuvo preso con el doctor Ochoa y allí entablaron una gran amistad. El jefe del clan Ochoa es, pues, el gran padre del terrorismo en Colombia. Gracias a la llegada de Miguelito al país, la guerra que el Patrón libraba contra el Estado pasó a realizarse a control remoto, mediante maletines bomba cargados con el arma mas poderosa de Pablo Escobar: la dinamita y su incompasiva mentalidad. Miguelito entrenó a José Zabala, alias Cuco, un ingeniero electrónico de la Universidad de Antioquia, primo de Giovanni Lopera Zabala, alias la Modelo, otro de los lugartenientes de Pablo Escobar. Cuco luego enseñó a los militantes del cartel de Medellín las técnicas aprendidas sobre la fabricación y detonación de bombas, dando origen a un comando de terroristas y agrupando algunos sicarios disidentes del Chopo.

Don Jorge Luis Ochoa y Pablo Escobar también fueron socios en el secuestro del aspirante a alcalde mayor de Bogotá y luego presidente de Colombia, el doctor Andrés Pastrana Arango; fueron socios en el secuestro y asesinato del procurador de la República de Colombia, el doctor Carlos Mauro Hoyos; también en el atentado con dinamita contra las instalaciones del noticiero *Mundo Visión*, propiedad del periodista Jorge Enrique Pulido, a quien más tarde ellos asesinaron; socios en el atentado con carro bomba contra el general de la Policía Miguel Alfredo Maza Márquez, en las instalaciones de DAS, un hecho brutal que marcó a toda una generación de la población bogotana; socios en el asesinato del candidato a la Presidencia de Colombia, el doctor Luis Carlos Galán Sarmiento, el 18 de agosto de 1989, fecha en la que también fue asesinado el valiente y honorable coronel de la Policía Nacional Valdemar Franklin Quintero; y socios en la activación de un maletín bomba de un avión de Avianca en pleno vuelo.

Ambos capos actuaron juntos en los secuestros de Francisco Santos Calderón, periodista de *El Tiempo*, quien fue liberado bajo la orden de don Jorge Ochoa y Pablo Escobar antes de la votación para la constituyente de 1991 por la no extradición de colombianos a Estados Unidos; secuestraron a la periodista Diana Turbay, hija del expresidente de Colombia, el doctor Julio César Ayala, la cual murió en un intento de rescate fallido por cuenta de la Policía Nacional; fueron socios en el secuestro de Beatriz Villamizar y Maruja Pachón de Villamizar, hermana de Gloria Pachón, esposa del doctor Luis Carlos Galán, que también fueron liberadas previo a la votación de la constituyente del 91. Don Jorge Ochoa y Pablo Escobar también fueron socios en la muerte de 540 policías y en las heridas causadas a más de 8.000 personas en su guerra contra el Estado. A sus órdenes estallaron más de 250 bombas por todo el país.

2

MIS «AVENTURAS»

¡Oh, oh! Llorón a bordo

La orden estaba dada. Pablo Escobar decidió que la vida del procurador Carlos Mauro Hoyos debía llegar a su fin y sus sicarios debíamos ejecutarlo. Recibí un *beeper* de Pinina, quien me citó en un lugar de El Poblado donde debíamos robar una camioneta de cuatro puertas, en perfectas condiciones y sin ninguna marca que facilitara su reconocimiento por las autoridades. Además, para el momento del atentado, la camioneta debía ser apta para dar un golpe fuerte, seco y contundente, de modo que el flamante Mercedes Benz en que era transportado el procurador no tuviese oportunidad de reacción.

Pinina y yo invertimos tres horas haciendo vigilancia sobre la avenida, cuando de repente vimos acercarse conduciendo a una señora con la camioneta ideal para nuestro objetivo. Iba sola, con los vidrios abajo y a una velocidad perfecta para nuestro ataque. Iniciamos la persecución y, justo cuando el semáforo estaba en rojo y ella debía detenerse, yo me bajé del automóvil, la encañoné y la saqué agarrándola del cabello. La mujer, totalmente conmocionada, no alcanzó tan siquiera a dar un grito. ¡Todo era perfecto!

Yo tomé el control del automotor y me dirigí a una de nuestras caletas, seguido por Pinina, quien cuidaba que nadie nos siguiera, siempre listo a reaccionar. Una vez allí y ya con el objetivo en nuestras manos estábamos preparados para dar el reporte positivo al Patrón. Revisamos su parte exterior y todo estaba a pedir de boca, solo debíamos cambiar las placas.

Pinina abrió la puerta trasera y... ¡Oh, sorpresa! Un bello y hermoso bebe de siete meses, que en escasos minutos pasó de ser el bebe consentido de mami a ser un secuestrado más del cartel de Medellín. El niño, con su infinita inocencia, sonrió y balbuceó sin saber que justo delante tenía dos demonios con ansias de cumplir su objetivo: asesinar al procurador general de la nación.

Cargué al bebe en mis brazos y lo llevé rápidamente a una habitación donde lo dejé. Él, al sentirse solo, rompió en llanto. Yo debí regresar para tratar de calmarlo, mientras Pinina buscaba afanosamente los documentos del vehículo en el interior del bolso de la señora. Finalmente los encontró y entonces nos enfrentamos a la necesidad de una decisión. Nos miramos fijamente del uno al otro. Comprendimos que estábamos encartados. Pinina me ordenó ir a comprar una gaseosa con un chupo. Asumí el riesgo y salí del lugar donde nos ocultábamos, lo que en Colombia llamamos «caleta», para luego regresar en un par de minutos, pero cuando Pinina observó que la bebida tenía gas arguyó que yo debía regresar y comprar otra, ya que el infante podría morir si se la bebía. Nuevamente debí arriesgarme y salir de la caleta para regresar con una naranjada, que el bebe tomó lentamente.

Allí estaba yo, Popeye, alimentando un bebe por primera vez. Parece mentira, pero, en medio de semejante confusión, yo sentía ternura.

Una vez calmado el bebe, Pinina me miró y dijo: «¡Regresaremos el bebe!». Ya para esa época, Pinina era padre y amaba a los niños. Entonces decidimos que llamaríamos al teléfono registrado en los documentos, desde un teléfono público. Nos disponíamos a salir, después de dejar al bebe en una cama reposando, cuando nuevamente rompió en llanto. Nos regresamos y Pinina decidió arrullarlo en sus brazos para casi de inmediato calmarlo. Era claro, ¡al bebe le gustaba la mafia!

Llorón iniciaba su primer paseo con la mafia por las calles de El Poblado. Mientras Pinina conducía, yo cargaba el bebe. Nos detuvimos después de veinte minutos. Yo debía hacer la llamada. Cuando me disponía a bajarme del carro, Pinina tomó en sus brazos a Llorón y rompió a llorar otra vez, como si percibiera que a Pinina no le gustaba cargar bebes. Increíblemente, a Llorón le encantaba mi regazo, así que lo cargué nuevamente, bajé del carro e hice la llamada de liberación.

La señora respondió. Insistió en que ella pagaría el valor que fuera por el rescate y yo insistí en que no me interesaba el bebe, sino su carro. Yo le indiqué que ella debía regresar al sitio donde fue abordada y allí recibiría a su hijo. Pero la mujer, persistentemente, decía que yo se lo debía llevar a su casa. El mensaje era claro. La Policía ya estaba enterada, nos atraparían y nuestra misión se vería seriamente afectada. Con intención de presionarla un poco, puse el auricular en el oído de Llorón y él, como si entendiera que debía cooperar, rompió en llanto nuevamente. La madre, desesperada, repetía cosas que evidenciaban la presencia de la Policía. Aun así, yo insistí en que solo se lo devolvería en el lugar indicado. Que esperara pacientemente y que yo la estaría llamando cada diez minutos para darle indicaciones precisas.

Regresé al carro y Pinina había cambiado de estrategia. Ahora la madre ya sabía que su bebe estaba bien y que se lo iban a devolver. Nosotros también sabíamos que la Policía ya estaba enterada, mientras que el Patrón esperaba respuesta nuestra. Estábamos ante una encrucijada: una decisión equivocada nos llevaría tras las rejas o al cementerio, porque no había duda de que el Patrón ejecutaría al procurador con o sin nosotros.

Llorón continuaba de paseo con la mafia. Una vez en la caleta decidimos que devolveríamos no solo al bebe, sino la inútil y lujosa camioneta, pues suponíamos que ya la estaban buscando. Sin embargo, acordamos ir al centro comercial de Oviedo. Ese lugar, obviamente, estaría lleno de visitantes y eso dificultaría cualquier intervención de la Policía en el caso de que fuéramos sorprendidos. Una vez allí parqueamos la flamante camioneta. Pinina se bajó y llamó a la madre para indicarle el lugar preciso. Él regresó y yo me despedí de Llorón, quien, con una gran sonrisa, me dijo adiós, como si entendiera que su aventura con la mafia había acabado bien.

Robo a helicóptero

Era presidente de la República el doctor Virgilio Barco Vargas, con el firme apoyo del doctor Alfonso López Michelsen. El doctor Barco fue determinante en la preparación de la constituyente del 91. Él propuso por medio de una consulta popular la abolición del artículo 13 del plebiscito 1957, que impedía la aplicación de métodos extraordinarios conforme a esa ley. Contaba con el firme apoyo del doctor Luis Carlos Galán Sarmiento, mientras que el doctor Alfonso López Michelsen, aunque era del mismo Partido Liberal y había apoyado la presidencia de Barco, señaló con fuerza su inconveniencia. Entre idas y venidas de los grandes eruditos políticos de cada partido, tanto liberales como conservadores, finalmente Barco y Misael Pastrana firmaron un acuerdo político de referendo en la casa de Nariño en 1988, donde se establecía un Estado social de derecho.

En todo esto tuvo un lugar importantísimo la opinión pública, liderada por el diario *El Espectador*. No obstante, a aquellos grandes ilustres de la política se les olvidó que existía el poder judicial y que sería una verdadera piedra en el zapato. Sin embargo, y a pesar de tanta lucha que vislumbraba un proyecto victorioso, el Gobierno debió claudicar y retirar definitivamente su apoyo, ya que el pequeño eslabón de la extradición se hizo presente.

Mientras, allá por 1988, los grandes intelectos de la política trabajaban arduamente, el cartel de Medellín también lo hacía con toda su fuerza y creatividad para la maldad. Me fue encargada la misión de robar un helicóptero Bell 206, el que solía usar la Policía Nacional, por ser liviano y rápido para la observación, con sus dos palas, lo que lo convertía en el helicóptero perfecto para labores de evaluación, transporte ligero y versatilidad a la hora de aterrizar.

En el aeropuerto Olaya Herrera de Medellín existía un servicio de taxi aéreo con el aeropuerto José María Córdoba, en el oriente antioqueño. Con él se reducía este desplazamiento a escasos diez minutos de vuelo, mientras que por tierra se tardaba una hora. El cartel necesitaba uno de estos helicópteros para algunas de sus operaciones. Yo ya había usado este servicio en varias oportunidades, registrándome con el nombre de Alexander Álvarez Molina. No había peligro de que me reconocieran, gracias a la cirugía a la que me sometí en Miami, al tinte de mi cabello y a los lentes prescritos.

Comencé la labor de inteligencia y noté que no había mucha requisa en el abordaje para las mujeres: tan solo les revisaban su bolso y no había ni detectores de metales ni verificaban el nombre del pasajero cédula en mano.

Inicié mi primer viaje de exploración y detecté que solo iban en el vuelo el piloto y el copiloto, acompañados de cuatro pasajeros. Entonces comprendí que era más fácil robarse un helicóptero en pleno vuelo que un carro en las calles, dado el estado de vulnerabilidad de sus ocupantes. Diez minutos más tarde estaba yo regresando a Medellín por vía terrestre.

El plan ya tomaba forma. Me dirigí a los hangares de Medellín y busqué a un gran piloto de guerra para esta labor, uno al que apodaban el Magnífico, quien aceptó sin reparo. Solo me restaba una buena compañía femenina que distrajera con sus encantos a la Policía; para ello contacté con la Negra Vilma, que era también miembro del cartel de Medellín. Aquella mujer de senos carnosos, firmes y naturales, contoneaba al caminar sus amplias caderas, llamando la atención de cualquier hombre sediento de placer. Ella, la Negra Vilma, era el personaje ideal para mi misión.

Antes del robo hice otro viaje de exploración, pero esta vez mi objetivo era analizar el punto donde aterrizaría el helicóptero. Detecté que había un lugar completamente cubierto de árboles y que me podría conducir hacia el Magdalena antioqueño, adonde lo llevaría después del robo. También tuve que aprender lo básico del vocabulario aeronáutico, para que, en el momento del ataque final, no me engañara la tripulación. Ya provisto del lenguaje apropiado para mi asalto, solo me restaba ubicar exactamente el sitio al que llevaría la aeronave, donde la cubriría con malla y abundantes ramas que simularan un hermoso bosque. Una vez terminada mi labor de logística, comprendí que, si bien robárselo era muy fácil, esconderlo era toda una hazaña de titanes, sobre todo considerando que su búsqueda iba a ser frenética.

Todo estaba listo y a la orden del día. Pinina llevó al Magnifico al aeropuerto y confirmó que todo estuviera en orden. La Negra Vilma, que era una pistolera ya renqueada, llevaba en su cintura una 7.65 Walter y una PPK 7. 65 milímetros, una maleta llena de ropa, especialmente ropa interior muy sugerente para distraer a los policías. Pinina portaba un maletín ejecutivo, igual que yo. Sabíamos que el vuelo debía ser rasante para evitar que la torre de control nos detectara. Todo indicaba que la operación sería exitosa, ya que no había precedentes de un asalto como este y nadie sabría cómo reaccionar.

Llegó la hora cero y nuestra operación dio inicio. La Negra Vilma cruzó el chequeo sin ningún inconveniente. Las armas ya estaban aseguradas al interior de la nave. Luego crucé yo. Ya en la plataforma había más helicópteros, dado que tenían un intervalo de diez minutos entre vuelo y vuelo. La Negra Vilma se sentó al lado de la ventanilla y yo junto a ella. Próximos a nosotros iban otros dos pasajeros. Cinco minutos más tarde, según mis cálculos, era el momento de entrar en acción. La Negra Vilma me pasó una pistola e inmediatamente me levanté de la silla, encañoné al piloto, le exigí silencio y le retiré la diadema, mientras Vilma controlaba tanto a pasajeros como a copiloto. El helicóptero llegó a desestabilizarse, pero se recuperó en fracción de segundos, ya que mis órdenes eran claras, técnicas y precisas. Acto seguido le indiqué lugar y coordenadas del punto preciso de aterrizaje, donde el Magnífico debía estar esperándonos para tomar el control y llevarlo a un enclave a treinta minutos de vuelo, en el que algunos obreros cubrirían el helicóptero.

El aterrizaje fue extremadamente riesgoso por las condiciones del terreno de bosque y porque el rotor de cola, con un mínimo roce, podría perder el impulso y desviar el centro de gravedad, volviéndose incontrolable para el piloto. Aun así, el Magnífico inició la segunda fase. Dejamos a los pasajeros y la tripulación atados a los árboles y emprendimos el nuevo vuelo. Una vez allá, y con un aterrizaje aún más difícil, la misión estaba cumplida. Los obreros cubrieron el helicóptero con las ramas y dejamos los GPS desconectados.

Salimos de la selva hacia la hacienda Nápoles caminando por espacio de dos horas, quedando el helicóptero completamente aislado en plena selva, en espera de la reacción del Gobierno. Ahora la historia se repetía, pero en distinto escenario. Como era de esperar, la bronca fue gigantesca, ya que el Estado sabía que este helicóptero iba a utilizarse para atacar a la Presidencia, como lo anunciaron los medios de comunicación. Unos días más tarde, fue necesario regresar para su mantenimiento, puesto que una nave así se deteriora rápidamente en estas condiciones selváticas. El Magnífico realizó el vuelo y lo llevó a la hacienda Nápoles.

Una vez allí, revisamos las condiciones técnicas del helicóptero y lo pintamos exactamente igual que el de la Policía. Ahora lucía intimidatorio. Iba a servir para allanamientos falsos y sobrevuelos contra los enemigos. Emplearíamos la misma estrategia que cuando robábamos camiones y los dejábamos con la misma apariencia que los de la Policía, para luego cometer ataques en nombre de la Policía, contra ella misma y contra nuestros enemigos. Solo nos faltaba la oportunidad perfecta para usarlo.

Recibí una llamada de uno de los anillos de seguridad. Me dijeron que había seis policías de la estación de Cocorná al lado del helicóptero, que había sido descubierto. Entonces yo le pedí a aquel hombre que le entregara el radio al cabo a cargo y terminé negociando su silencio por la suma de 30.000 dólares, que le serían entregados en la estación al día siguiente. El cabo aceptó. Veinticuatro horas más tarde, me presenté a la estación de Policía con mis hombres para hacer la entrega del dinero y exigirle a aquel uniformado que me dijera quién nos había delatado. Nos contestó que un campesino, al calor de unas buenas cervezas, empezó a contar que había visto el helicóptero que estaba buscando la Policía. Ellos le pidieron que mostrara el sitio y el campesino lo señaló desde la cima de una montaña. Acto seguido, me dirigí al sitio indicado por la Policía, interrogué al campesino. Él admitió su delación y yo le disparé dos tiros en la cabeza. Luego regresé a Nápoles, desde donde ordené al Magnifico que trasladara el helicóptero a las selvas del Chocó, aun sin haber cumplido su objetivo. Sin embargo, más tarde sí lo usamos para el transporte de cocaína y armas, durante el mandato del ilustre y casi olvidado presidente Virgilio Barco Vargas.

Fetiche de *panties*

Se detectó que había un traidor dentro del cartel de Medellín. No se sabía aún quién era, pero sí se sabía que la acusación recaía sobre el jefe mayor del cartel de Medellín, así que «debía morir». Pablo dijo que debíamos refugiarnos en un apartamento muy seguro mientras toda aquella situación se aclaraba. Él en persona contactó a una señora de su extrema confianza, que era propietaria de un apartamento en el centro de Medellín. Ahora debíamos planear cómo entrar, ya que aquel apartamento, nuestra futura caleta, no contaba con parqueadero. Esto nos obligaba a ingresar por la puerta principal, donde nos recibiría un portero, que en ningún momento podía tener conocimiento de nuestra estancia en aquel lugar. La estrategia de ingreso debía ser perfecta o estaríamos atrapados. Entonces, la señora propietaria se fue para un gran supermercado e hizo compras abundantes, de modo que pidió ayuda para cargarlas al portero y al taxista. Así, la señora se quedó cuidando los paquetes y nosotros, que ya estábamos disfrazados con cabello largo y gafas y a prudente distancia, esperábamos la señal de ingreso, que llegó a los pocos minutos. Pero debíamos superar los tres primeros pisos subiendo a pie, pues el edificio solo contaba con el servicio de ascensor desde el tercero. Una vez allí, tomamos el ascensor hasta el decimoquinto piso, que sería nuestro destino temporal. El ingreso fue perfecto, garantizándonos seis meses de tranquilidad. La señora sacaba el correo y lo entregaba de forma segura. Al día siguiente, Pablo le pidió que le permitiera la entrada a una bella y hermosa adolescente que venía a hacerle compañía. Esta muchacha era realmente hermosa. ¡Toda una princesa!

Para esa época de tanta violencia, yo ya llevaba más de un año sin ningún tipo de compañía femenina, porque el enfrentamiento de Pablo con el Estado no me permitía un solo minuto de regocijo. Una vez instalados, a mí me correspondió la habitación junto al lavadero, mientras que Pablo ocupó la principal. Desde ella, el Patrón tenía sus encuentros sexuales casi diarios y escribía cartas para poder mover el cartel.

Aquella hermosa criatura de cabello largo hasta la cintura, tez morena y cuerpo de princesa también me coqueteaba a mí, de una manera encantadora y silenciosa. Todos los días, en la mañana, ella llevaba la ropa que había usado el día anterior y la dejaba sobre el lavadero, exponiendo su ropa interior encima como si fuese una invitación al placer, algo a lo que yo no me podía resistir.

Un día cualquiera tomé sus interiores blancos de seda fina, los olí repetidamente hasta llegar a tal punto de excitación que me fui a la habitación a culminar en solitario mi lascivo apetito. A partir de aquel día, yo esperaba con ansias la hora en que ella venía a dejar su ropa para repetir mi mecánica de autosatisfacción, y así lo hice durante tres meses. Aquellos cuquitos blancos, después de ser lavados por la señora y colgados en la cuerda, se veían más lindos cada día.

La niña paseaba por el apartamento y, cuando me veía, caminaba sugerentemente, como invitándome a pecar. El Patrón se daba cuenta de aquella actitud, pero, seguro de su posición y poder, solo sonreía y no le daba importancia. Por mi parte, yo solo me hacía el tonto.

Tres meses más tarde, Pablo logró aclarar la situación. Entonces decidió que debíamos abandonar aquella caleta, encargándome el pago del dinero adeudado a la señora por la estancia y a la jovencita por sus servicios. En ese instante estuve a punto de tener un infarto de la emoción. Sabía que ahora podría tener una oportunidad con aquella morena de mis sueños. Pablo salió por la puerta principal sin importarle la presencia del portero, puesto que él sabía que a aquel lugar no regresaría jamás y que toda caleta tenía su tiempo útil. El pago a las mujeres era 100.000 dólares a la primera y 200.000 a la princesa.

Una vez Pablo salió, yo le ofrecí un par de cervezas a aquella mujer de mis fantasías. Durante la conversación, ella me preguntó cuándo le iba a pagar y yo le respondí que debía esperar a que el correo me trajera el dinero y que posiblemente tardaría dos días más. También me preguntó si algún día ella volvería a ver a Pablo, a lo que yo le respondí de inmediato que no. Yo sabía que el Patrón nunca repetía una relación de este orden. Luego llegó la pregunta del millón: «¿Usted por qué coge mi ropa interior cuando yo la dejo en el lavadero?». A lo que yo respondí: «Para masturbarme».

Aquella conversación se tornó excitante y entonces ella desfiló para mí, justo al frente del lavadero donde, con su fino y peligroso coqueteo, había estado despertando mis instintos carnales por espacio de tres meses. Pasados tres días de goce y placer, y de disfrute de aquellos cucos blancos de seda, decidí que era hora de regresar, porque el riesgo era demasiado alto si el Patrón se llegaba a enterar. Entonces le entregué la suma ordenada más 20.000 dólares de mi cuenta, como gesto de gratitud. Ella se me acercó y me dio un beso intenso, al que yo correspondí. Como regalo, me entregó unos bellos cucos blancos de seda con los que regresé solo a mi habitación para volver a dar satisfacción a mi lujuria.

Aquellos cuquitos los conservé hasta el día en que me entregué a la cárcel La Catedral, donde, en una de las inspecciones, algún policía que al parecer tenía el mismo fetiche se los robó. De ella solo supe que su nombre era Verónica. Jamás la volví a ver.

Muerte de Esperanza Has

Allá por 1987, Pablo Escobar Gaviria mantenía enfrentamientos tanto con el Estado como con narcotraficantes, industriales y todo aquel que no apoyara su guerra y sus deseos de poder. Era como el rey que subyuga y somete a la plebe, creando una situación en la que todo aquel que se oponga tendrá tres opciones: se asocia, encubre o muere. La historia nos enseña que esto no era nada nuevo: los ingleses atacaban a los españoles, robándoles sus fortunas para luego compartirlas con la reina Isabel. Las ansias de poder siempre fueron y serán compartidas con todos sus actores: el político, el representante de la justicia, el clérigo y, por supuesto, el mafioso bandido, que resulta ser el protagonista, aunque todos resultan ser del mismo bando, todos entretejen los mismos intereses económicos.

Uno de esos tantos fue Felipe Has, gran capo de la ciudad de Cartagena, a quien Pablo mandó llamar por medio de un amigo mutuo. Este hombre no tuvo reparo en asistir al encuentro mafioso que se llevó a cabo en «El Muro», la oficina de la parte alta de El Poblado.

Durante la reunión, Pablo le exigió a Felipe el pago de una cuota mensual por cada cargamento de cocaína que él enviara, como contribución o impuesto de guerra. Felipe se negó y, con actitud desafiante, golpeó la mesa y respondió con amenazas similares a las de su victimario, asegurando que él y sus amigos le harían frente. Acto seguido se retiró de la oficina.

Ante tal reto, Pablo entró en cólera, llamó a Pinina y este a su vez me llamó a mí. Me dijo: «Pablo ha dado la orden de asesinar a su retador». Para aquella época, en nuestros carros siempre había armamento disponible, lo que facilitaba aún más el cumplimiento de la orden inmediata. Pinina empezó el seguimiento a una distancia prudencial, mientras yo sacaba dos pistolas nueve milímetros de la caleta del carro. Entretanto, Felipe iba en el otro carro acompañado por el amigo que lo trajo y, justo cuando ya el capo alcanzó el *round point* donde está la fábrica de Coca Cola, yo descendí y le di dos disparos en la cabeza mientras que, en fracción de segundos, Pinina se ubicaba a escasos centímetros para sacarme de la bronca. Regresamos de inmediato a la oficina con Pablo y reportamos nuestra misión cumplida.

Como era de esperarse, el cartel de la Costa reaccionó. Inicialmente acusó al cartel de Medellín de la muerte de Felipe Has, aunque Pablo lo negó todo y continuó asistiendo a la oficina con normalidad. Veinte días después, salía yo de la oficina cuando observé que justo enfrente había tres carros con los cupos llenos de hombres, lo que me llevó a pensar que eran autoridad. Entonces regresé a la oficina, entrando por una parte que no era visible, y reporté el hecho a Pablo. Él se trasladó de inmediato a la finca El Bizcocho para mantenerse a salvo, mientras que en pocos minutos Pinina y yo reunimos cuarenta hombres para abordar a los ocupantes del carro espía. Ellos tenían armas de largo alcance, lo que nos hizo deducir que eran inexpertos, ya que estas armas son muy difíciles de manipular dentro de un carro.

Una vez reducidos aquellos doce hombres, los llevamos con los ojos vendados a la finca El Bizcocho, donde los interrogaría Pablo Escobar Gaviria. Pablo, Pinina y yo los presionábamos a hablar, advirtiéndoles de que, si decían toda la verdad, su vida sería respetada.

Pregunta número uno:

—¿Son ustedes autoridad?

—No —respondieron todos al unísono.

Siguiente pregunta:

—¿Qué están haciendo aquí? ¿Qué hacen en Medellín?

—Hemos sido enviados para matar a un señor llamado Pablo Escobar, que tiene una oficina llamada «Los Muros», ubicada justo en el sitio donde nos han atrapado.

Siguiente pregunta:

—¿Ustedes conocen a Pablo?

—¡No! —fue su rotunda respuesta—. Solo sabemos que sale alrededor de las dos de la tarde escoltado por cinco camionetas Toyota y que siempre va en la primera.

En ese momento, Pablo se retiró la capucha, se identificó y preguntó:

—¿Quién los envió?

—Nos envió la señora Esperanza Has —contestó uno de ellos, a pesar del pánico y de su total estado de indefensión—, la esposa de Felipe Has, para asesinarlo a usted, en retaliación por el asesinato de su esposo.

Pablo se dio la vuelta, me miró fijamente y me preguntó:

—Pope, ¿cómo entró usted a estos hombres, con venda o sin ella?

Yo me sorprendí, pero contesté de inmediato en tono seco.

—Patrón, usted sabe que yo sé trabajar. Los entré vendados.

Dando continuidad a los ya acostumbrados interrogatorios, Pablo decidió hacer un acuerdo con ellos.

— Muchachos, primero que todo les voy a perdonar la vida; segundo, les voy a dar dos millones de pesos a cada uno, pero a cambio ustedes deberán matar a Esperanza Has.

—Sí, señor —respondieron de inmediato.

Acto seguido, Pablo se dirigió nuevamente a mí y me dijo que yo estaba a cargo de hacerle seguimiento a la misión encargada a estos hombres. Les entregué el dinero acordado, los volví a vendar y los llevé a El Poblado, donde les devolví su armamento y los envié de regreso a su ciudad.

Pasaron tres días y, a pesar de mis constantes llamadas al jefe del grupo, aún no reportaba resultados, así que decidí hablar claramente por teléfono y exigirle que cumpliera con el trato. Él solo decía que las cosas estaban muy difíciles porque la señora no había salido ni un minuto del hotel Continental, ni tan siquiera a su casa o a su finca. Yo reporté lo sucedido a Pablo y él determinó que Pinina, la Negra Vilma, Chopo y yo fuéramos a ejecutarla.

Empezó la misión. Enviamos las armas adelante en un carro, así nosotros íbamos aparentemente desarmados y evitábamos que nos retuvieran en la carretera, por causa de algún control policial. Una vez en Cartagena, contacté al costeñito y le pedí que me mostrara a la señora Has. Acordamos que yo la conocería en el casino que ella frecuentaba dentro del hotel. Entretanto, Pinina, la Negra Vilma y Chopo se estaban alojando todos en hoteles diferentes.

Llegué a las diez de la noche, como lo habíamos acordado con el delator, y justo allí, sentada en la mesa de *blackjack* estaba la señora Has, vestida de una blusa blanca de fina confección con un estampado enorme de una jirafa y adornada en el cuello con finas joyas que la hacían lucir como... ¡toda una mafiosa! La mujer era bella, pero con poco estilo. En ese momento yo le di un dinero extra al costeñito para que guardara silencio y no le dijera nada a sus compañeros. Luego me reuní con Pinina, el Chopo y la Negra Vilma, les informé lo sucedido y determinamos que era hora de actuar.

Llegamos al lugar y observamos que era muy concurrido, con vigilancia tanto privada como pública, por lo que la salida sería bastante difícil. A la entrada había un solo policía, pero en la vía había un retén del grupo élite, lo que presagiaba bronca segura. Aun así, la decisión estaba tomada. Esperanza Has debía morir esa noche y en el acto. La Negra Vilma, Pinina y yo ingresamos al casino. Nosotros a la espera de que Esperanza se moviera hacia algún lado y nos diera la oportunidad de actuar rápido y seguro. Finalmente, a las dos de la mañana, se levantó de la mesa y se dirigió hacia las escaleras. Yo alerté a Pinina y a la Negra Vilma, quien en el mismo instante nos entregó las pistolas nueve milímetros. Yo corrí, pistola en mano, me dirigí hacia Esperanza y le disparé. Ella empezó a rodar por las escaleras. Mientras, Pinina encañonaba al policía y el Chopo se situaba justo al frente con el carro listo para sacarnos de la bronca y emprender la huida.

Una vez afuera, Chopo tomó la vía hacia Boca Grande. Un Porsche rojo que se percató de lo sucedido empezó a seguirnos para tomar el número de la placa de nuestro Renault 18 dos litros. Pinina y yo bajamos la ventana y empezamos a dispararle a aquel hermoso carro que en segundos perdió su belleza, agujereado por las balas. Al no ser capaces de distanciarnos de él, decidimos que nos bajaríamos, botaríamos el carro y emprenderíamos la huida cada uno por su cuenta. Chopo se camufló rápidamente entre la multitud, Pinina salió caminando lentamente por un costado de la playa y la Negra por el otro costado. Yo tomé un taxi dos cuadras más adelante.

Aparentemente, todo hasta ese momento estaba dentro de lo normal, pero el taxista se dio cuenta de que yo era uno de los implicados en la bronca. Y yo percibí que él me había reconocido. Entonces lo encañoné y le mandé no parar en el retén ni hacer ningún movimiento sospechoso que llevara a la Policía a detenernos, porque de lo contrario lo mataría en el acto. Faltando cincuenta metros para llegar al control, me agaché y el taxista cruzó el retén lentamente para no llamar su atención. Una vez superado este obstáculo, el taxista me dijo que me levantara, que ya estaba seguro. Cinco kilómetros más adelante, le pedí que se detuviera. Yo sabía que debía matarlo o de lo contrario estaría en riesgo. El taxista suplicó por su vida, me mostró la foto de sus hijos menores y prometió no delatarme. En un gesto de gratitud, le regalé 500.000 pesos.

Me encaminé a pie por la zona rural, pero era un lugar que no conocía, así que decidí regresar a la orilla de la carretera y buscar transporte público. Cuando ya eran más o menos las tres de la mañana, repentinamente y sin saber cómo ni de dónde, escuché voces de policías gritándome que me detuviera y que levantara mis manos, yo respondí a bala y me enfrenté. Al poco sentí que tenía calambres en la mano y supe que estaba herido. Salté por una alambrada y me fui hacia la montaña. La hemorragia no cesaba y me desmayé, cayendo sobre mi brazo herido, en el que, increíblemente, por la presión contra el prado se hizo una especie de torniquete natural. ¡Mi suerte estaba echada! El tiro había entrado por mi brazo derecho. Para cuando desperté, estaba tirado en el potrero y los rayos de sol ya golpeaban mi cara. Al levantarme, la sangre empezó a brotar nuevamente. Me presioné el bíceps con la mano izquierda y pensé que en ese momento solo tenía dos opciones: o me dejaba morir desangrado o me entregaba a las autoridades para salvar mi vida.

Empecé a descender, pero ya estaba rodeado por un grupo de policías que me arrestaron y me dieron agua. Sorpresivamente, al primero que vi en la redada fue a aquel taxista al que le había perdonado la vida y le había regalado la no despreciable suma de 500.000 pesos por su silencio. Una vez estuve bajo arresto, el taxista se me acercó, me dio dos palmadas en la cara y luego me pateó, vociferando que yo lo había secuestrado y que lo quería matar. ¡Mi estado de indefensión era total! La Policía lo retiró y lo puso bajo control. Yo lo negué todo y argumenté que había sido atracado. El oficial a cargo me separó del taxista y me llevó a una pequeña tienda para ofrecerme una gaseosa helada. Yo, obviamente, la acepté e inmediatamente empecé a establecer un trato.

—Vea, oficial, yo soy Popeye, miembro del cartel de Medellín, y vine a matar a Esperanza Has. ¿Cuánto quiere por su silencio? ¿Y cuánto por llevarme a un hospital?

—Pero es que usted no estaba solo —me dijo el oficial, que ya sabía quién era yo—. ¿Dónde están los otros?

Entonces supe que Pinina, Chopo y la Negra Vilma estaban a salvo. Eso me permitía una mejor negociación. Le ofrecí 100.000 dólares y el pidió 200.000. Para esa época, esa cifra era toda una fortuna. Finalmente acordamos 100.000 en efectivo y mi ingreso a una clínica. El acuerdo estaba hecho. Le di un número de teléfono del cartel y Pablo autorizó inmediatamente el pago.

Yo fui trasladado a la clínica e ingresé por urgencias. Me sacaron una vena de la pierna derecha para colocármela en el brazo y que sirviera de arteria. También recibí trasfusión de sangre O+. Mi estado era crítico. Al día siguiente, Pablo envió un avión con el dinero y para que esperara por mí. El oficial redactó su reporte muy adecuadamente. El juez fue, me interrogó y yo manifesté que me habían atracado. Al ver que no había ningún indicio para implicarme, su señoría me dejó en libertad. Horas más tarde, unos muchachos del cartel me recogieron en una ambulancia, para luego ir al aeropuerto. Ya iba de regreso a mi amada Medellín.

Mi madre vivía en el barrio Calasanz, en la parte nororiental de Medellín, una zona que en 1987 no estaba tan extendida como hoy. Me instalé en su casa y me quedé allí por un buen periodo de tiempo, dado que la reconstrucción de los nervios es lenta y requiere bastante quietud, terapia y unos medicamentos que me inmovilizaban hasta el cuello.

Estando en recuperación, un buen día mi madre corrió a mi habitación y dijo: «*Mijo*, hay mucha gente alrededor de la casa y se ven como sospechosos». Yo me levanté e inmediatamente saqué mi pistola con la mano izquierda, le quité el seguro y me apresté para disparar. El timbre sonó y yo le indiqué a mi madre que abriera mientras yo estaba listo en posición de ataque. Ella tímidamente abrió la puerta y, ¡oh, sorpresa!, Pablo Escobar Gaviria ante la puerta de mi casa dispuesto a visitarme en mi lecho de enfermo. Ese día comprendí que yo no tenía un patrón, sino un amigo cordial y sincero que estaba dispuesto a hacer honor a la solidaridad.

Los juguetes del cartel

Uno de los más grandes sueños que pudo tener el cartel de Medellín, liderado por Pablo Escobar Gaviria, fue el de obtener unos misiles tierra-aire Stingers, que destacan porque se pueden llevar al hombro y porque pueden atacar naves aéreas con solo el uso de su infrarrojo. Para el momento del enfrentamiento con el Estado, esta arma era vital, porque así podríamos defendernos de los ataques aéreos, que eran una de nuestras debilidades de guerra. Para conseguirlos se debía contactar a los grandes comerciantes del mercado negro de armamento o a algún militar americano que se lo hubiese robado para luego venderlo a los grandes mercaderes que los traían de regreso a Estados Unidos, después de haber intervenido algún país.

Algunos de los enemigos de Pablo Escobar ya no se desplazaban por tierra, por puro miedo a ser asesinados o secuestrados por nosotros sus sicarios, así que el Patrón necesitaba los Stingers. Siendo conocedores de que Miami era el centro mundial de los traficantes de armas negras, el Patrón me ordenó ir allí para conseguir los que pudiera. Yo debía contactar a un hombre de origen cubano, que era su proveedor de fusiles Auge 5.56, pistolas Prieto Beretta, ametralladoras mini USI, etc. El tipo las enviaba a Colombia dentro de neveras, lavadoras y todo tipo de electrodomésticos de gran tamaño que luego eran legalizados en las aduanas de Colombia. En otras oportunidades, tanto el armamento como la munición llegaban en los aviones cocaleros desde México.

Todo estaba logísticamente organizado para mi abordaje desde el aeropuerto de Medellín, que en el año 1988 estaba bajo nuestro control. Tomé mi pasaporte falso con la identidad de Alexander Álvarez Molina. Partí rumbo a México, donde fui recibido por uno de los hombres de Amado Carrillo, también conocido como Señor de los Cielos o el Rey del Oro Blanco. Era miembro del cartel de Juárez y gran amigo y socio del Patrón. Fui llevado a un hotel para esperar algunos documentos y poder cruzar la frontera hacia territorio americano, pero antes debí quedarme un par de días en Tijuana, en la casa de un amigo de la mafia. En esa época, la frontera estaba separada por una simple malla que los miembros de la mafia tenían bajo monitoreo constante. Cuando la ronda de vigilancia pasó, fui acompañado de los muchachos, uno de ellos levantó la malla y en ese momento yo ya estaba pisando suelo americano, exactamente San Diego, California, después de haber cruzado una buena parte en motocicleta y otra porción de la carretera en automóvil.

Una vez en San Diego, salí de compras, ya que no era normal que yo viajara sin equipaje. Tomé un vuelo desde San Diego a Miami. Arribé allí exitosamente y fui recibido por Tavo y una gente del cartel de Medellín en una casa en Kendall, Florida, la cual era un centro de acopio de cocaína. Yo ya había estado en ese mismo lugar haciendo huecos para poder esconder la cocaína. Recuerdo que en aquella oportunidad las cosas se complicaron, porque el terreno era muy duro, como si fuera coral fosilizado. Tuvimos que comprar unos martillos neumáticos para abrir los huecos, donde luego metíamos la droga, que estaba previamente empacada en tubos de PVC de treinta centímetros de diámetro y dos metros de profundidad, de modo que no se percibiera el olor. Posteriormente se le echaba tierra encima, luego se colocaban materas con bellas plantas y el patio trasero lucía normal.

Llegó la hora de mi cita con Ramón, nuestro contacto de armamentos. Llegué a tiempo y le conté la intención del Patrón. Él dijo que debíamos vernos al siguiente día, porque su socio era quien los tenía. Regresé nuevamente a nuestra cita y me dijo:

—Su encargo se puede conseguir en El Salvador o en Nicaragua, o incluso en el mismo Miami.

—Lléveme a ver los que tiene en Miami —le respondí.

—Primero debo contactar a mi socio —me dijo.

Yo sabía que cuando me hablaran de que tenían varios era una trampa, dado que los Stingers son de uso exclusivo del Ejército. Yo ya lo había leído en una revista e incluso sabía el precio: 300.000 dólares. ¡Toda una fortuna!

A pesar de que ya había cierta confianza por los anteriores negocios, yo siempre supe que, en la mafia, la traición está presente contantemente, por lo que debía estar alerta. Para mi sorpresa, en esta oportunidad me había pedido 500.000 dólares de adelanto. La desconfianza empezó a crecer, porque, cuando yo le pedí cincuenta silenciadores, aquel hombre se asustó. Lo tranquilicé diciéndole que el tema de los silenciadores era una broma. Una vez calmado este personaje, regresamos al tema de los Stingers. Me pidió diez días mientras contactaba a alguien en El Salvador. Yo le respondí que, si era necesario, yo iría hasta donde hiciera falta para verlos.

Diez días pasaron y el hombre no llegaba con razón ni chica ni grande. Mi desconfianza iba en aumento. Decidí citarlo en otro lugar y en esta oportunidad ya no fui solo. Acudí acompañado de algunos de los muchachos del cartel. Allí le dije que no habría adelanto y que no estaba dispuesto a esperar los dos meses que me había pedido. Me comuniqué con el Patrón y él me ordenó regresar. Nuevamente, el sueño de Pablo se había frustrado. Pero no por ello se detendría para llegar a su objetivo: ¡candidatos a la Presidencia! O incluso el mismo presidente de la República si le tocaba, o todo aquel que apoyara la extradición de colombianos a los Estados Unidos de Norteamérica.

Pablo, en su infinita creatividad para la maldad, optó por los llamados «carros bomba». Ya asesinado Luis Carlos Galán y con César Gaviria enarbolando sus banderas y viéndose como seguro ganador, la extradición sería un hecho. Gaviria atacaba cada día con más fuerza al cartel de Medellín. Atacar por tierra a estos políticos era muy difícil, pero no imposible para Pablo Escobar y su ejército de sicarios. Entonces a Pablo se le ocurrió que, ante la ausencia de los Stinger tierra-aire, una bomba en un avión sería la alternativa idónea. Justo entonces, el cartel recibió la información, con diez días de antelación, de que César Gaviria viajaría hacia Cali el 27 de noviembre de 1989. La oportunidad estaba dada. Pablo ordenó armar una bomba con 500 gramos de dinamita para meterla en un maletín y en tiempo récord llevarla a Bogotá.

Mientras tanto, Carlos Castaño Gil ya había acordado con sus amigos del DAS cómo violar los sistemas de seguridad del aeropuerto para introducir el maletín bomba. Los reportes de inteligencia decían que el pasajero portador del maletín debía sentarse en el ala del avión para causar una explosión en cadena con el combustible, ya que allí se encontraban los tanques de gasolina. Si no se hacía así y solo se explotaba la bomba, existía la posibilidad de que, aun con la aeronave dañada, el piloto pudiese regresar el avión a la pista. Además, Carlos Castaño ya había engañado a un incauto que quiso ganarse un dinero para salir de la pobreza: le había contado que su trabajo era solo subir un maletín con una grabadora para que se pudiera escuchar la conversación de los norteamericanos, que él solo tenía que abrir el maletín y la grabadora se activaría. Para ganarse su confianza, llevaron a Julio Mario, el joven incauto, a Monte Casino o Casa Castaño, para ver el maletín, con la gran diferencia de que el que le mostraron no contenía dinamita.

¡La logística estaba lista! Dinamita en Bogotá, controles de seguridad bajo control, pasajero listo con tiquete de acuerdo a especificaciones, lista de pasajeros y, lo más importante: César Gaviria confirmado para vuelo con sus diez escoltas. Este sería un gran golpe para la mafiosa oligarquía colombiana. Julio Mario llegó a tiempo y se sentó en su silla, luego un agente del DAS subió el maletín y se lo entregó al muchacho. Solo restaba el pasajero más importante. César Gaviria, candidato presidencial a favor de la extradición. Entretanto, Carlos Castaño se ubicó en la sala de espera, como disfrutando el suceso inminente. Ya a última hora, el precandidato no se presentó. Pero el avión 727-21 con matrícula HK 1803 de Avianca despegó y, justo a la salida de Bogotá, explotó en pleno vuelo, dejando 110 muertos, incluido aquel nuevo rico que no alcanzó a disfrutar de su fortuna.

Dos años más tarde, cuando yo ya estaba en La Catedral, el coronel retirado de apellido Homero se dirigió a mí:

—Yo le dañé al cartel de Medellín un operativo muy importante para ustedes.

—¿Cuál? —pregunté con curiosidad.

—El atentado contra el doctor Gaviria —respondió.

—¿Cómo así?

—Faltando dos kilómetros para llegar al aeropuerto, tuve una corazonada de que algo malo iba a suceder —contestó—. Le pedí al candidato que no viajara y, después de una discusión, él declinó.

Yo me fui para la habitación de Pablo y le conté la información obtenida por casualidad. Él se echó a reír y dijo: «¡Qué vaina, Pope! ¿Usted sabe que por esa vaina ya hemos matado a cuatro personas que nosotros pensamos que habían filtrado la información?».

¡La caída del rey!

Carlos Lehder Rivas, socio y amigo de Pablo Escobar, era buen amigo de alias Rollo y mío. Rollo, como cariñosamente lo llamábamos, era un gran sicario intestinal, bravío y sin miedo. Por los líos del cartel, la comunicación con Carlos era un poco distante, afectando la confianza y el respeto que siempre nos había acercado. Un día, por azares de la vida, nos volvimos a reunir en la hacienda Nápoles, en una fiesta que Pablo ofreció.

Carlos Lehder venía de la selva, donde había sido acorralado por las autoridades colombianas. Había llegado al Magdalena Medio, donde retomó sus andanzas con nosotros, cargando como siempre un revólver Mágnum en la cintura y un fusil 7.62 en la mano. Por aquel entonces, ya la selva le había pasado su cuenta de cobro al poderoso capo, aparte de que su adicción a la marihuana y a la cocaína era cada vez mayor. Por si fuera poco, venía con un paludismo cerebral mal asistido. Lehder era vistoso por donde fuera en sus mejores años, pero ahora su cabello largo y su barba descuidada le daban un aspecto totalmente arruinado. Ya no era el poderoso dueño de aquella isla en las Bahamas con pista propia donde aterrizaba todo avión del narcotráfico colombiano. Hablaba inglés, alemán y español perfecto. ¡Todo un hombre de negocios! En su época, logró amasar una gran fortuna. Era un fan de los Beatles y un agitador político en contra de la extradición. Su zona de influencia era Armenia. Creó un movimiento político llamado Movimiento Latino, que contaba con no más de unos cuantos discursos políticos en la plaza pública. La DEA ya lo había desterrado de las Bahamas y su gran fortín había caído en declive, tanto que se convirtió en administrador de Pablo y ya solo controlaba algunos de sus sicarios.

Pablo le pidió a Pasquín que organizara una gran fiesta, aprovechando que la guerra estaba relativamente calmada. Entre la lista de los invitados estaba Carlos Lehder Rivas. Licor, comida, orquesta y, por supuesto, prostitutas que adornaban aún más la fiesta. La logística de seguridad en el interior y sus alrededores prometía un gran tiempo de esparcimiento, ya que para esa época la alianza entre el cartel de Medellín y la Policía Nacional de Colombia era total.

Llegó la fecha y con ella sus invitados de honor. Jorge Luis Ochoa y señora, Carlos Lehder Rivas y otros tantos de alta jerarquía mafiosa. A la diez de la mañana, las prostitutas empezaron a descender del avión privado de Pablo. Definitivamente, este sería un día como tantos en la mafia: francachela y comilona. Helicópteros, armas, radios, 200 escoltas, invitados de honor, hacían que Nápoles fuera todo un paraíso de «reyes de la mafia». Clima ardiente que invitaba a beber, habitaciones de huéspedes vestidas con los mejores menajes propios de un monarca. Una de ellas la ocupaba uno de los invitados de honor: Carlos Lehder Rivas, a quien, para el momento en que saliera de ella, yo le tendría lista una de las más bellas y exóticas mujeres, dispuesta a complacer los deseos del gran rey. Al verla, Carlos inmediatamente se enamoró, como en aquella fábula de la hermosa Cenicienta y su noche de magia. Sonó la música y Carlos y su nueva princesa salieron al gran salón a bailar.

Todo era jolgorio y alegría. Abrazos fraternales al saludar, palmadita en la espalda cuando alguno de los reyes contaba sus logros de coronación. Sin embargo, la reina en este evento no era la mujer más bella, sino una de las sustancias más adictivas y destructoras de la humanidad: la cocaína.

Y, como siempre, la moneda tiene dos caras: de un lado estaba el capo y, por el otro, el sicario, como la fusión perfecta. Rollo, que en 1987 solo alcanzaba los veintidós años de edad, era de contextura musculosa, medía 1,76 y poseía una mirada vivaz. Una peculiaridad suya era que estaba lleno de creencias místicas, depositadas en un escapulario cruzado entre el hombro y la axila y otro en el tobillo izquierdo, para asegurarse protección. Aquel joven era originario de Itagüí, fue mi amigo y mi cómplice en muchas actividades de sicarios, propias de nuestra «profesión». Nos unía no solo nuestra gran amistad y cariño, sino la confianza de saber que ninguno traicionaría al otro, algo que no es normal dentro de la mafia, siempre rodeada de traiciones y falsedades.

Y, como el cuento debía continuar, Rollo también quería participar de aquel banquete, así que me pidió que le permitiera tomarse unas copillas. Yo acepté, pero a condición de que me entregara el fusil y el radio, ya que yo era el encargado de toda la logística de seguridad de los capos.

Llegada la noche, y con ella la eficacia del licor para deshacerse del glamour y los buenos modales, se hacía casi imperativo el acompañamiento de una buena aspirada de cocaína. El problema era que Pablo nos tenía completamente prohibido a sus sicarios el uso de ella en su presencia. Pero, como el rey es rey, párese donde se pare, Carlos Lehder sacó su bolsa del preciado polvo y empezó a aspirarlo. Al verlo Rollo, que también era adicto, se sintió tentado y empezó a coquetearle a la provocativa bolsa. Carlos, siempre paranoico, se me acercó para expresarme su inquietud porque Rollo estaba mirando demasiado a su princesa. Yo le respondí que me ocuparía inmediatamente de ello, pero en realidad hice caso omiso, porque yo sabía que Rollo solo quería un pase del preciado polvillo.

Rollo había entablado conversación con la prostituta para lograr su objetivo. Ella correspondía con simpatía y, entre sonrisa y sonrisa, le daba su buena dosis. Alcanzadas las tres de la mañana, Carlos sorprendió a su damisela dándole a Rollo una porción del preciado oro blanco. Al ver que yo no atendí su solicitud, Carlos decidió tomar de la mano a su nueva conquista y llevársela a su *suite*, haciendo alarde de su aparente poder y belleza, que ya había quedado enterrada en las selvas colombianas. Llegadas las cuatro de la mañana, Rollo le pidió a Orejitas que golpeara en la puerta de Carlos y le pidiera un poco de coca. Él lo hizo. La prostituta abrió la puerta semidesnuda. Carlos, con su paranoia, saltó como un resorte de la cama, arma en mano, llegó a la puerta como un ciclón, vio a Orejitas, lo escuchó y le tiró la bolsa de cocaína en la cara, para luego cerrar la puerta violentamente.

Llegaron las siete de la mañana y el fin de la fiesta. Yo le pedí a Rollo que fuera a su habitación y se organizara rápidamente. Al mismo tiempo, Carlos, que ya se había levantado y se había ataviado con sus habituales pistola en la cintura y fusil en la mano, salió a uno de los corredores, donde ya las mujeres encargadas del aseo cumplían con su deber. Carlos se dirigió a una de ellas y preguntó dónde estaba la habitación de Rollo. Ella inocentemente indicó el lugar. Carlos se dirigió hacia allá, abrió la puerta y encontró a Rollo semidesnudo, recién duchado, y le disparó directo a la cabeza. El sonido del disparo hizo tanto eco que sonó como si fuese un cañón.

Todos corrimos al lugar dispuestos a responder, pensando que era un atentado contra el Patrón. Pero cuando vi a Carlos con su fusil delante de Rollo, que yacía tirado en el piso, pregunté:

—Carlos, ¿qué pasó?

—Dígale al general que tuve que matar a uno de sus soldados porque me faltó al respeto —me respondió.

Yo me retiré de la habitación y me dirigí corriendo hacia la *suite* del Patrón, pero él ya venía con la camisa en la mano. Me preguntó qué había pasado. Yo le informé y pedí instrucciones.

—¿Matamos a Carlos?

—No —respondió Pablo serenamente—. Levante a Rollo, llévelo a las parcelas de California para que nuestros amigos policías hagan el levantamiento allá y encárguese usted personalmente de que le den cristiana sepultura.

Me sentía confundido y decepcionado. Por un lado, acababa de perder a uno de mis mejores amigos y cómplices y, por el otro, el Patrón nos abandonaba a nuestra suerte. Pero yo estaba vivo y no tenía elección. Algunos de mis compañeros, entre ellos Orejitas, levantamos a Rollo. Tenía su cara completamente destrozada por el impacto del fusil. Lo llevamos al lugar indicado e iniciamos el proceso. La Policía hizo «su tarea», después de haber recibido una buena suma de dinero. El cuerpo de Rollo fue llevado a la morgue de Puerto Boyacá.

—Pope, a Rollo lo mataron porque no tenía la protección puesta. ¿Usted vio su hombro? —comentó Orejitas, que tenía algo de místico.

—Sí —respondí—, ya no tenía el escapulario del pecho, pero llevaba el del tobillo

—Eso no es suficiente protección —sentenció Orejitas.

Solo me restaba hacer los arreglos con la funeraria y, como en aquella época era costumbre velar al difunto en la sala de la casa, le di al carro fúnebre su dirección. Cuando llegamos, golpeé la puerta, salió la madre de mi amigo y, al ver el escenario, comprendió lo sucedido y estalló en llanto y gritos.

—Pope, dígame que no es Rollo.

Yo asentí y la abracé. Salieron las hermanas y, todos consternados, amigos y vecinos rodearon a la familia para expresar su solidaridad.

—¿Quién lo mató? —preguntó su madre.

—Carlos Lehder Rivas —respondí con tono seco y airado—. Pero, tranquila, que él también muere hoy.

En el fondo de mi corazón, yo esperaba que el Patrón así lo decidiera.

—¿Pero cómo? Si él es socio de Pablo —replicó la mujer.

Yo no respondí nada más. Le entregué un dinero que inicialmente ella y las hermanas de Rollo rechazaron y me fui.

Antes de salir a cumplir mi misión, me encontré con Carlos, quien me pidió una cuatrimotor porque deseaba dar un paseo por la hacienda.

—¿Que dijo mi general? —me preguntó.

—No se preocupe —le respondí—, el general está de acuerdo con su muerte, porque el muchacho ya se había convertido en un problema con su adicción e indisciplina.

Mi cortina de humo funcionó y Carlos se fue a disfrutar de su paseo, pero sin desprenderse del fusil. Más tarde le pidió al Patrón una finca prestada, donde se fue a refugiar con algunos de sus muchachos, temiendo alguna represalia por cuenta nuestra.

Entretanto, Pablo ordenó sacar a todas las prostitutas de la hacienda y darles un pago generoso. Pasquín tuvo que dar su parte a la descoronada princesa, ya que su rey no tuvo la gentileza de hacerlo.

Simultáneamente, el Patrón le ordenó a Pinina ir a contactar a sus aliados: la Policía Nacional. Asimismo, el Patrón le ordenó a Pinina que le dijera al Rojo, como llamaban al coronel de la Policía, que se debían reunir inmediatamente. En la reunión, el coronel dijo que se debía hacer algo, porque hasta la fecha él no había dado ningún positivo meritorio, y que posiblemente iba a ser trasladado (ignoraba que Pablo, en su infinita proyección de maldad, ya le tenía listo el mejor de sus honores). Entonces se organizó el operativo y, como si aquel banquete de derroche, poder y lujuria hubiese sido un presagio de despedida, Pablo Escobar entregó a Carlos Lehder Rivas a la Policía Nacional de Colombia para su inmediata y temida extradición. El mensaje era claro y definitivo: ni capos ni reyes, ni políticos ni policías podían tocar a los sicarios de Pablo Escobar Gaviria. Entonces comprendí que, definitivamente, cuando mi mente daba los primeros pasos en un pensamiento, Pablo ya había llegado a su fin. En aquella época me sentí inmensamente orgulloso del Patrón.

Los cuentos no siempre tienen finales felices: en el momento del allanamiento y posterior arresto, Carlos, acompañado de algunos de sus escoltas, salió con las manos en alto, sin camisa y descalzo, portando en sus manos el pasaporte que lo hacía acreedor de ciudadanía alemana, que no le sirvió para nada. El presidente de la República de Colombia, Virgilio Barco Vargas firmó en escasas horas la extradición del primer rey mafioso colombiano en declive: Carlos Lehder Rivas, quien hoy, después de una larga condena superior a la mía, y con una vejez que ya reclama una tumba, suplica por su regreso a la real y verdadera tierra que lo parió: Colombia.

Una de tantas...

Sangre corriendo por las calles. Hombres, mujeres, niños y niñas muertos y heridos. Todos inocentes y víctimas de una guerra que desató Pablo Escobar en contra del Estado. Como si hubiese sido una pequeña réplica de aquellos desafortunados 6 y 9 de agosto de 1945, cuando sobre Hiroshima y Nagasaki cayó el primer ataque nuclear.

Colombia y su cartel de Medellín no iban a ser la excepción en los registros más macabros de la historia. Aquel 12 de mayo de 1990, a las 4:15 de la tarde, se dio inicio en Colombia a un ataque con carros bomba que comenzó en un corredor comercial del barrio Quirigua en la ciudad de Bogotá, para continuar con Cali y Medellín. Se había declarado la guerra al Estado. El no a la extradición sería el objetivo del cartel de Medellín, que cada día atacaba más fuerte y sin compasión.

Cartagena tampoco fue la excepción. Pablo decidió que aquella hermosa ciudad amurallada, llena de turistas que desembarcaban de los cruceros semanalmente, sería su objetivo. El escándalo tendría alcance global y así nuestra guerra llegaría a ser conocida en todo el mundo, lo que serviría como presión para que el Estado firmase un tratado de no extradición. El problema era introducir la dinamita en la ciudad. Una pareja no originaria de Antioquia sería el protagonista principal, y yo, Popeye, estaría a cargo de empacar en las maletas de doble fondo la dinamita amoniacal. Aquella pareja simularía estar de luna de miel, se alojaría en el hotel, donde depositaría la dinamita. Alias la Mona y Jorgito fueron los simulados novios. Eran miembros del cartel de Medellín y residentes en Bogotá, irían vestidos con ropa apropiada, maletas y accesorios a juego con aquel flamante Mercedes Benz con placas de Bogotá que yo conseguí para el cartel. Sus cédulas de identidad serían falsas, ya que no podía quedar rastro que los asociara con la explosión.

Aquella nueva pareja, de aparente condición social elevada y con suficiente dinero en efectivo, inició su misión, partiendo desde Medellín. Este trayecto tomaba de doce a trece horas y era necesario conducir despacio, puesto que en los carros iba la dinamita. Antes de entrar en la ciudad amurallada, la pareja se detuvo en un hostal y yo confirmé que todo estuviera en orden. El empaque de la maleta debía ser muy profesional, pues no se podía tomar ningún riesgo. Diez kilos de dinamita por maleta, perfectamente camuflados para eludir el chequeo de rutina de la Policía.

Detrás del carro de la pareja íbamos Pinina, Cuco —el especialista electrónico en explosivos del cartel—, la Negra Vilma y yo. Para esa época, a mí ya me buscaban las autoridades colombianas, lo que me obligaba a ser muy prudente. Era de noche y aquella ciudad con sus encantos invitaba al despilfarro. Jorge y alias la Mona se alojaron en el hotel Hilton. Ellos ya habían sido entrenados en la fabricación de la bomba. No podía ser armada ni en ollas de presión ni en canecas lecheras, como ya se había hecho con anterioridad de una manera más sofisticada. Tenía que ser todo lo opuesto: había que armarla de una manera muy rudimentaria en bolsas plásticas de mano y sin metralla para evitar el volumen. Mientras tanto, nosotros ya nos habíamos alojado en un apartamento de descanso del cartel, desde donde estábamos monitoreando y apoyando toda la operación. Solamente nos comunicábamos por *beeper*, que era el sistema más seguro para la época y estaba codificado en números para evitar ser rastreados. En ese momento, «la ciudad de Cartagena se encontraba bajo operativo de los Extraditables».

Mujeres bellas caminaban por las calles, las playas estaban a reventar, los desprevenidos americanos recién desembarcados no temían ningún ataque y estaban dispuestos a dar rienda suelta a la diversión, los casinos hacían de las suyas, las olas del mar ondeaban con fuerza y el viento refrescaba los cuerpos de los turistas. ¡Todo un paraíso! Tanto los promotores del turismo como la prensa afirmaban que Cartagena jamás sería alcanzada por el terrorismo mafioso.

Mientras, Jorgito y la Mona iban de compras e ingresaban al hotel con grandes bolsas, para que de este modo se acostumbraran a ver tanto a la pareja como las bolsas. También tenían la misión de explorar cada rincón del hotel para localizar la ubicación perfecta para la explosión. Como la bomba no iba a ser dirigida, se necesitaba más dinamita para que el destrozo fuera mayor en el momento de accionarla; además, se debía sincronizar muy bien la salida de los integrantes del cartel para que lograran escapar con vida. Este proceso nos tomó cinco días, después de los cuales la pareja ya tenía ubicado un baño donde se haría explotar la bomba. La carga ya había sido distribuida en porciones de cinco kilos. Como parte de mi estrategia, yo sabía que debíamos salir del apartamento y de la ciudad antes de dar la orden de activación. Los *beepers* iban y venían. La hora elegida era la del almuerzo, cuando el comedor estuviera abarrotado. La Mona bajó los paquetes con la dinamita bien compactada. Se activaría con estopín o mecha lenta, en doble cantidad, por recomendación del explosivista, ante el caso de que alguna mecha se interrumpiera. La Mona esquivó las cámaras de seguridad y estaba atenta a mi orden. Todos sabíamos que la carga no iba a derribar el hotel, pero sí que los destrozos, tanto materiales como humanos, iban a ser grandes. Entró el *beeper* de la Mona. Todo estaba listo. Di la orden desde un lugar al que nos habíamos trasladado cuatro horas antes. La Mona encendió la mecha, consciente de que solo tenía dos minutos para regresar a la habitación. Humo, fuego, muertos, heridos, engrosaban la lista de inocentes. La ciudad en *shock*. La Mona... a salvo. Justo en el momento de la explosión, llamé a la Policía para decirles que había otra bomba en una habitación. Entonces empezaron a evacuar a los huéspedes y entre ellos salieron Vilma y Jorgito sanos, salvos, sin nada de equipaje, pero con la misión cumplida. Se subieron sin problemas al automóvil rumbo a Medellín. Prensa, radio, cruceros clausurados y todo un caos internacional. El escándalo que produjeron los medios fue más grande que la verdadera explosión.

¡Gran cacería!

Nueva orden de Pablo Escobar: secuestro.
Sicario a cargo: Jhon Jairo Velásquez Vásquez, alias Popeye.
Víctimas: Andrés Pastrana Arango, Carlos Mauro Hoyos.

Pablo Escobar Gaviria me ordenó secuestrar al hijo del expresidente de la República, el señor Misael Pastrana Borrero, perteneciente al Partido Conservador y gran opositor del Gobierno de turno. Se llamaba Andrés Pastrana Arango y era aspirante a la alcaldía mayor de Bogotá. El objetivo era secuestrarlo para que su padre, desesperado por lograr el rescate de su pequeño delfín, utilizara su poder político para presionar al presidente Virgilio Barco Vargas, del Partido Liberal, para que abriese la constituyente y, con ella, la no extradición.

Asumí el mando del operativo e inicié mi labor de inteligencia en la ciudad de Bogotá. Ordené algunos sobrevuelos en uno de los helicópteros del cartel, saliendo desde Medellín en las horas de la tarde para sobrevolar Bogotá y regresar nuevamente a mi cuartel en las horas de la mañana, y de este modo empezar a socializar el helicóptero ante las torres de control.

Las labores iniciales de inteligencia fracasaron, ya que mi hombre, después de un par de días de estudio del terreno y el personaje, regresó a Medellín para reportarme que este secuestro era imposible, dado que el objetivo estaba constantemente rodeado de un cuerpo de seguridad de cincuenta hombres fuertemente armados. Incluso me dijo que sería imposible asesinarlo. Esto me llevó a hacerme personalmente cargo de la situación. Me dirigí en automóvil a la ciudad de Bogotá, luego al centro comercial Unicentro, donde compré vestuario típico de los cachacos importantes, sin olvidar que aquellos trajes de paño y corbata debían ir acompañados de una fina fragancia. Atrás quedaron mis *jeans*, camisetas y tenis, vestuario típico del sicario, y en un perchero del hotel quedó mi cachucha también. Posteriormente, me dirigí al lugar donde se encontraba la oficina de mi víctima, muy cercana al concejo de Bogotá. ¡Oh, sorpresa! Mi objetivo solo contaba con siete escoltas; los guardias de seguridad dejaban las armas tiradas en las sillas de la entrada, mientras que otros dormían plácidamente en los carros encargados de la vigilancia y cuidado del personaje. No había controles de ingreso por ninguna parte, ya que por espacio de cuatro horas yo entré y salí sin ningún tipo de requisa, registro o restricción. Entonces comprendí que aquel sicario de pacotilla no solo me había mentido, sino que Andrés Pastrana Arango iba a ser secuestrado.

Regresé a Medellín vía aérea, reporté ante mi Patrón que el personaje era vulnerable y Pablo dijo: «¡Secuéstrelo!». Acto seguido, envié tres carros caleta con las armas hacia Bogotá. Tanto mis hombres como las armas se hospedarían en unas residencias de la capital. Yo viajé con ocho de mis hombres y me alojé en la casa de mi abuela materna, donde manejé un perfil bajo: le conté que había venido a la gran mole de cemento para buscar un cupo en la universidad. Ella, en su infinita inocencia, se alegró por mi decisión y compañía, brindándome su apoyo y cariño.

Las labores de inteligencia dieron inicio. Debíamos «socializar» un Renault 12 color café en la parte trasera de la oficina del candidato: tenía que cumplir un horario de oficina rutinario, parqueando unos cuantos minutos antes de las ocho de la mañana, para luego ser retirado a las seis de la tarde rumbo a una finca rentada en Sopó, un municipio cercano a Bogotá. De este modo, el carro resultaría muy familiar en ambas zonas el día de la ejecución del secuestro. En nuestra ruta, el carro debía pasar por Hato Grande, la casa de los presidentes, y en algunas oportunidades también debía estudiar las rutas alternas en caso de que alguna vía estuviera cerrada por reparación o accidente, o por los acostumbrados trancones propios de una metrópolis. El carro ya estaba familiarizado. Entretanto, el helicóptero también cumplía su rutina partiendo desde el aeropuerto El Dorado y sobrevolando Sopó, Cundinamarca, de modo que el día del ataque los personajes ya rutinarios en las zonas terrestres y aéreas no levantaran sospecha y tuvieran varias vías de escape. ¡Todo estaba listo de una manera impecable!

Toyota, Mazda 626 con propaganda alusiva al candidato, hombres elegantemente vestidos y dispuestos a coronar o morir, helicóptero, caletas listas para recibir al nuevo huésped: la hora cero había llegado. Mi conductor y yo llegamos casi simultáneamente a la Toyota que ya venía con mi grupo de apoyo. A la entrada de la oficina, un policía. Mi conductor se detuvo justo al frente de la entrada, me abrió la puerta y yo me bajé, como un ejecutivo listo para su reunión de alto turmequé. Entré. «Buenos días», dije cordialmente, y el policía correspondió con tono amable a mi saludo. No dije nada más, pues temía que mi acento paisa alertara la seguridad. Me anuncié en recepción, me enviaron al segundo piso y allí me recibió la secretaria del candidato. Entretanto observé que, al igual que en mis visitas de comprobación, las armas estaban descuidadas y fuera del alcance de los escoltas del candidato. Me anuncié y la señorita me respondió que debía esperar diez minutos, ya que el candidato estaba en una reunión. Finalmente, mi espera terminó. Me fue permitido el ingreso y le expuse al candidato, quien me recibió gentilmente, que yo poseía casi 3.000 firmas paisas dispuestas a apoyar su candidatura, pero que él debía ayudar a la comunidad con una sede antioqueña en la capital, y que los aportes para su construcción debían ser equitativos, es decir, 50/50. El candidato, con ansias de poder, respondió que sí, pero que yo debía mostrarle mis documentos, en el que constaran claramente las firmas anunciadas. Acordamos sellar el pacto el día siguiente y me citaron a las cinco de la tarde. ¡La suerte estaba echada! Nos despedimos de mano y yo, como un gran ejecutivo, me retiré haciendo alarde de mi conductor y grupo de escoltas.

Regresé a la finca y convoqué a todo mi grupo de trabajo para acordar detalles finales. El piloto debía recogerme en la finca el día siguiente del secuestro, para luego ser llevados vía aérea a la ciudad de Medellín. Establecimos la contraseña. En un área específica de la finca debía haber una buena cantidad de leña y gasolina; eso se lo encargué a Icopor. El humo le indicaría al piloto su descenso o regreso, como si se tratase de la fumata del Vaticano: «Habemus Papam». También ordené sacar las armas de la caleta que teníamos en una casa de Bogotá. Llegado el 18 de enero de 1988, la ciudad era escenario del operativo de los Extraditables, comandados por mí, Jhon Jairo Velásquez Vásquez, alias Popeye.

Llegó la mañana y con ella un nuevo y trágico amanecer para la política colombiana. La rutina se empezó a cumplir. Helicóptero sobrevolando; Renault 21 y distractor ubicados en la zona ya acostumbrada; armas, hombres y carros listos para actuar; víveres, menajes, ropas cómodas y todos los detalles propios de un secuestro de corta o larga duración. Fui acompañado de Jorgito, mi conductor, por la ruta alternativa número uno, para confirmar su estado de viabilidad. Me detuve en las residencias de la calle 61, donde Pitufo, Cejitas, Palomo, el Negro Pabón y Lenguas estaban alojados, ya elegantemente vestidos y armados con ametralladoras mini USI 9 mm, y recibieron mi orden de inicio de la operación. Llegamos a las cuatro y media de la tarde a la sede del candidato y, cumpliendo mis órdenes, ellos sabían que solo podrían actuar cuando yo saliera de las oficinas a recoger los imaginarios documentos. Entonces encañonarían al policía y lo meterían en las oficinas, mientras que el resto de mis hombres se encargarían de inmovilizar a los escoltas para evitar cualquier contraataque y, lo más importante, sacar a la víctima sana y salva.

Ingresé a la sede ya portando mi pistola Prieto Beretta 9 mm, me anuncié nuevamente como el doctor Alexander Álvarez Molina y entregué mi cédula de ciudadanía, que era plenamente confirmable y constaba en la Registraduría Nacional de la República. La inocente secretaria, muy gentilmente, me dijo que debía esperar, ya que la agenda del candidato iba retrasada. Mi respiración estaba tranquila y a ritmo normal, mis pensamientos absortos en mi objetivo. Eran las 5:45 de la tarde, la secretaria, con una sonrisa en sus labios, me anunció que en un par de minutos el candidato me recibiría. Me levanté de la silla y le dije: «Señorita, permítame unos minutos por favor, voy por los documentos para el candidato y regreso inmediatamente». Ella respondió: «Con gusto, doctor». Llegué hasta el automóvil Mazda donde esperaban mis hombres y di la orden. Regresé a la oficina y, para cuando empecé a subir la escalera que me llevaba directo a la oficina, mis hombres ya habían reducido al personal. La algarabía era total.

Saqué mi arma del cinto, encañoné a la secretaria y observé que el candidato estaba hablando por teléfono. Inmediatamente, le pedí que colgara el teléfono, me identifiqué como un comandante del M-19, le dije que saliera tranquilo, que solo queríamos enviar un mensaje para el Gobierno con él, que el comandante Carlos Pizarro Leongómez lo recibiría en las afueras de Bogotá y que su integridad no se vería afectada. Aun así, el candidato, a pesar de su nueva condición en la que ya no tenía mando ni poder, intentó razonar conmigo. Pero yo tenía claro mi objetivo. Retiré el seguro de la pistola, aseguré sus manos con unas esposas, le coloqué el arma en la cabeza, acerqué mi cabeza a la suya hasta que se tocaron y le advertí que un solo mal movimiento y moriría en el acto. Entonces emprendí la salida. Me detuve justo donde desembocaba la escalera y me dirigí a los escoltas. Les di el mismo argumento que al candidato y les aseguré que su jefe regresaría en el término de dos horas con el mensaje. También les advertí que, si intentaban una respuesta bélica, el señor Andrés Pastrana Arango sería ejecutado en el acto. En ese momento, mi operación contaba ya con veintiún rehenes.

En medio de todo aquel caos, de repente salió de la oficina un hombre gritando que estaba dispuesto a hacer un intercambio y que él podría traer el anunciado mensaje. Aquel osado personaje era Jaime Garzón, famoso humorista colombiano. Obviamente, decliné su oferta. Salí de las oficinas con el candidato ya reducido y subimos al Mazda 626, que nos llevó al Renault 21, mi carro espía que ya pasaba desapercibido en la zona. Advertí a los rehenes para que no abrieran la puerta, porque habíamos colocado una granada en la entrada y ante cualquier halón explotaría. Esta cortina de humo nos permitiría ganar algo de tiempo para la huida. La Toyota y mis hombres se dirigieron hacia el centro de la ciudad, cumpliendo su labor de distracción, para luego dejarla en algún lugar donde pudieran pasar desapercibidos entre la población. Luego tenían que iniciar su caminata nocturna, siguiendo mi orden de que ninguno regresara a los sitios que hubieran frecuentado. Debían amanecer caminado por las calles para luego mimetizarse en algún lugar muy concurrido, como un casino o un prostíbulo, pero siempre cada uno en solitario y por sus propios medios.

Con el objetivo ya asegurado, yo me dirigí a aquella zona relativamente solitaria donde me esperaba mi carro espía. Jorgito abrió el baúl del carro, donde escondí a mi víctima. Me subí al automóvil e hice encender la radio. Las noticias anunciaban el secuestro del candidato a la alcaldía mayor de Bogotá, el doctor Andrés Pastrana Arango. Decían también que tanto SIJIN como DIJIN, organismos policiales colombianos de aquella época, iban a registrar a todos los vehículos en las calles. Buscaban un Mazda 626. Yo ya circulaba por las rutas alternativas. Solté el seguro del asiento trasero para comunicarme con mi secuestrado y decirle que todo estaba perfecto y que no le iba a pasar nada. Él se tranquilizó un poco más. Creo que pensar que se lo estaba llevando el M-19 le daba la fortaleza suficiente para saber que seguramente no iba a ser asesinado. Muy diferente sería si hubiese sabido que lo estaban secuestrando los Extraditables, porque entonces creería que lo matarían en el acto. Políticos, curas, jueces, policías, periodistas y absolutamente toda la población sentían el pánico y terror que había despertado el cartel de Medellín.

Rodábamos por las calles de Bogotá, entre sirenas, policías patrullando por nuestro lado, noticias radiales y televisivas, y la ciudad, conmocionada. Por mi parte, ya me acercaba al primer y único retén previsto: el peaje hacia Sopó. Nuevamente apunté con mi pistola a la cabeza de mi víctima para decirle que íbamos a cruzar un peaje y que él debía permanecer en silencio o de lo contrario sería muy fácil asesinarlo en el mismo instante. Él solo preguntaba por el comandante Pizarro. Sin saberlo, mi víctima pasó la prueba, ya que permaneció en silencio. Eso me indicaba que cruzaríamos sin mayor inconveniente. En retén del Ejército, que ya cumplía con su labor de requisa en más o menos diez carros en fila, nos hizo señal de continuar. Avanzamos kilómetro y medio más por un tramo de carretera que previamente habíamos medido y tomamos nuestra carretera privada para acabar en la finca ya dispuesta para recibir a nuestro personaje. Una vez más, el cartel de Medellín lograba con éxito un gran secuestro.

Una vez asegurada la zona, nos detuvimos justo en el lugar de parqueo y descendimos. Ya desde la calma absoluta, abrí el baúl, ayudé a mi víctima a salir del maletero y lo conduje a una habitación ya dispuesta para él. Le retiré las esposas de las manos, le di agua y le dije que no se preocupara, que el comandante ya estaba en camino y que la zona estaba completamente acordonada para proporcionarle la seguridad que él requería. Nuevamente, mi desinformación surtía efecto. El candidato se sentó en la cama y guardó silencio como dispuesto a recibir a su captor. Me pidió un radio transistor y se lo proporcioné. La prensa, que siempre ha sido nuestro principal informante, mandaba mensajes de ánimo y fortaleza al candidato. Él entonces rompió en llanto.

A prudente distancia de la habitación, le ordené a Jorgito que retirara el Renault y que lo botara tan lejos como pudiera. También le di orden de hacer una llamada a la Policía Nacional para exigirles que retiraran sus retenes de inmediato o de lo contrario el doctor Pastrana Arango sería asesinado. La ciudad de Bogotá ya estaba bajo mi control. Mi desinformación en esta oportunidad tampoco falló. La Policía uniformada se retiró de las calles pensando que el carro aún estaba rodando por ellas con un político secuestrado a bordo. Los periodistas repetían la noticia una y otra vez. La población estaba recogida en sus casas y yo me encontraba solo, cara a cara con el doctor Andrés Pastrana Arango.

Ya caída la noche, le ofrecí un café al doctor Pastrana y cometí el error garrafal de hablarle de política a un político de cuna, profesional, culto y analítico. El tema: la guerrilla. Sin saberlo, hice evidente mi poca afección por estos grupos. Él comprendió que le había mentido y perdió el control. Volví a encañonarlo y tratarlo con dureza. Le dije que, si no se comportaba de acuerdo a la situación, lo volvería a esposar. Me retiré de la habitación y entablé un falso diálogo para que el personaje comprendiera que yo no estaba solo, al tiempo que hacía ruido con alguna loza. Luego me tomé una pastilla que me mantendría en alerta y sin sueño. Gracias a Dios, siempre, bajo cualquier circunstancia, he podido dormir plácidamente. Desde mi silla de vigilancia, empuñando mi arma, yo escuchaba cómo mi víctima sollozaba sin parar.

Noche helada y en vela para ambos, captor y cautivo. Llegó la madrugada y el frío característico de la zona no cesaba. A las seis y media de la mañana, ingresé a la habitación y observé que, a pesar de la hora, el doctor Pastrana aún no apagaba la luz. Iniciamos un pequeño diálogo mientras la fogata antes encendida tomaba fuerza y lanzaba la señal. Pocos minutos más tarde, escuchamos el helicóptero y yo me dirigí a sacar a mi secuestrado. A prudente distancia, le pedí que se sentara y que pusiera las manos para esposárselas. El doctor me preguntaba con insistencia quién era yo. El sonido del helicóptero en vuelo se oía más cercano, anunciando su aterrizaje. Entonces comprendió que iba a ser transportado en helicóptero y gritó: «Le exijo que me diga quién es usted». Ante tal persistencia, para no darle más largas al asunto, lo miré fijamente a los ojos y respondí: «Doctor Andrés Pastrana, yo soy Jhon Jairo Velásquez Vásquez, alias Popeye, miembro del cartel de Medellín. Le comunico que usted ha sido secuestrado por un comando de los Extraditables y usted va para la ciudad de Medellín». En ese mismo instante, el doctor Pastrana palideció, se sentó en la cama y agachó su cabeza en completo estado de desconsuelo.

Aterrizaje exitoso en la finca de Sopó. Vendé los ojos del candidato para que no pudiera ver la matrícula del helicóptero.

—Popeye —me dijo—, en el caso de que la Policía nos intercepte, por favor, déjeme hablar con ellos para que a usted no le pase nada.

Yo sabía que el astuto doctor intentaría negociar conmigo.

—Gracias doctor —respondí—, pero el jefe de la operación soy yo, y usted está bajo mi mando.

En silencio, fuimos en helicóptero a donde nos esperaban Pablo Escobar y Pinina. Continuamos vuelo hasta el aeropuerto José María Córdoba. Rápidamente, por vía terrestre, el cautivo fue llevado a una finca en Rionegro, Antioquia, donde pasó la noche sin todavía haber visto al Patrón, ya que tanto el viaje como la llegada los hizo a ciegas.

Pablo Escobar y Mario Henao, su cuñado, encapuchados, iniciaron conversaciones con el doctor Andrés Pastrana Arango en el calabozo, que contaba con baño privado, televisión, radio y prensa. Yo asistí al diálogo sin capucha, ya que mi víctima me había visto la cara. Ellos se presentaron como miembros de los Extraditables y le exigieron que abriera las puertas de la constituyente para evitar la extradición de colombianos a Estados Unidos. En contrapartida, él salvaría la vida. El doctor Pastrana argumentó que se encontraba en plena campaña política para obtener la alcaldía mayor de Bogotá, que estaba próxima a realizarse. Pablo le respondió que eso a él no le interesaba, porque quien debía hacerlo era su padre, el doctor Misael Pastrana Borrero. Que si eso se lograba él recuperaría su libertad. Durante esta conversación, Mario habló con Pablo y le dijo: «Patrón...». Entonces Pablo se rio, se quitó la capucha y le dijo: «Usted si es bien *güevón*, ¿no? Ya me delataste». En ese momento, a Andrés casi se le desorbitan los ojos, se sentó en la cama y, casi sin poder hablar, le dio los teléfonos de su padre y familia, no sin antes advertir que el presidente de turno, el doctor Barco, era del Partido Liberal. Pablo se conmovió e hizo abrir la reja y lo consoló. Tres horas más tarde, Pablo y Mario se retiraron.

El Gobierno se pronunció y expresó su rechazo total ante tal secuestro. El doctor Misael Pastrana Borrero alegaba que su hijo había sido secuestrado por el M-19, quien casi de inmediato negó la acción. Entretanto, Pablo Escobar aprovechó ese momento de debilidad y confusión para, en no más de tres días, ordenarnos a Pinina, al Negro Pabón y a mí el secuestro del procurador de la nación, el señor Carlos Mauro Hoyos.

Pinina y yo empezamos nuestras labores de inteligencia. Recibí una información: el doctor Hoyos viajaría a la ciudad de Medellín con regreso a Bogotá al día siguiente en el vuelo de las 6:30 de la mañana. ¡Todo a pedir de boca!

La información fue certera. El día 25 de enero de 1988, el procurador llegó a la ciudad de Medellín, acompañado de su chofer y dos escoltas en un hermoso Mercedes Benz. Pinina y yo hicimos las labores de seguimiento apropiadas para el personaje. Cuando él se detuvo en el barrio Buenos Aires, yo descendí del automóvil y, mientras los escoltas tomaban gaseosa, golpeé disimuladamente el vidrio para confirmar que no era blindado, lo que determinaría el armamento a usar y el *modus operandi*. Con este personaje en nuestra ciudad, todo sería mucho más fácil. El operativo debía ser organizado con bastante prontitud. Sabíamos que solo hay tres rutas para llegar al aeropuerto José María Córdoba. Una de ellas es por la avenida de Las Palmas, la otra por la autopista Medellín-Bogotá, y la última por Santa Helena, un pequeño corregimiento.

Pusimos vigilancia en todas las salidas. El Chopo, Pinina, Pitufo, el Negro Pabón y yo nos mantuvimos en alerta y a la espera del procurador. Teníamos la ventaja de que cualquiera de las tres vías que él tomara convergía en un *round point* un poco antes del aeropuerto. La espera se acabó justo a las 5:30 de la mañana, cuando uno de los vigilantes de carretera anunció haber visto a nuestro objetivo por la vía a Santa Helena. Salimos de una finca muy cercana al sitio, tomamos nuestros rifles R15 y 556 e iniciamos la marcha. Nuestra Toyota cuatro puertas tenía potencia suficiente para golpear fuertemente el Mercedes Benz y echarlo a una cuneta, aunque era imprescindible sacarlo con vida. También preveíamos un enfrentamiento en caso de que los escoltas cometieran el error de responder con fuego, como efectivamente sucedió. Por eso, cuarenta minutos antes habíamos dejado la camioneta en dirección contraria a la del Mercedes.

El Chopo, que era el conductor, se abalanzó con fuerza contra el carro del procurador y lo lanzó a la cuneta. Fue un movimiento perfecto y de precisión. Inmediatamente, el Pitufo y los escoltas se bajaron de sus carros y se inició la balacera. Un proyectil de ametralladora MP5 alcanzó a Pitufo en el pecho y lo mató en el acto. Nuestra respuesta en ese momento fue más fuerte y terminamos matando al conductor y a sus dos escoltas. Yo corrí rápidamente hacia el Mercedes y encontré al procurador Carlos Mauro Hoyos boca abajo en el piso, lo agarré con fuerza del hombro. Pitufo sangraba como río bravío. Mis compañeros lo subieron a la camioneta, pero ya había fallecido. Esto me llenó de ira y dije que iba a rematar a este viejo miserable, que parecía muerto. Entonces él respondió: «Por favor, estoy vivo, no me mate». Yo lo observé y solo tenía una herida limpia en el pie derecho. Lo bajamos de su flamante Mercedes para subirlo a la camioneta y huir raudos hacia una caleta por la vía de las Palmas. Allí lo dejé. Luego fui a buscar un médico de la mafia para atenderlo y poder iniciar un juicio por traición.

«Colombia en caos». «Procurador de la República, secuestrado». «Candidato a la alcaldía, secuestrado». Los noticieros no paraban de repetir la noticia una y otra vez. El pueblo colombiano en pánico total. Los políticos por primera vez en absoluto silencio. El Gobierno tratando de reaccionar. El Estado tenía claro que era un ataque de la mafia antioqueña. Durante mi desplazamiento hacia la ciudad de Medellín, sobre las diez y media de la mañana, yo iba escuchando las noticias cuando, de repente, emitieron un nuevo anuncio: «El doctor Andrés Pastrana Arango acaba de ser liberado. Fue hallado en una finca en El Retiro, Antioquia». Aviones, carros de la Policía por todas las vías y el pueblo colombiano abrigando una esperanza de que el Estado nos lograra vencer. Al escuchar esta noticia, me dirigí a donde estaba Pablo y le comenté la situación. Él respondió: «¡Esto es grave, Pope! Si en un mismo día nos quitan de las manos a dos secuestrados tan importantes, estaremos perdidos».

Vías cerradas, Ejército y Policía por todos lados buscando ahora al procurador. Era claro que estaban en operación rastrillo, es decir, buscando una a una, finca por finca, casa por casa. La ciudad de Medellín en caos total. Pablo, que no ignoraba la situación, me dijo: «La operación no se caerá. Pope, vaya a la caleta y mate al procurador». Salí inmediatamente a cumplir mi orden. Llamé a un amigo médico y le pedí que me diera el nombre de alguna medicina para el corazón, luego me fui rápidamente para una droguería y la compré. Seguí conduciendo por la vía de Las Palmas en mi propio carro. No portaba arma alguna. Conducía tranquilamente, puesto que, en aquel entonces, mi identidad aún estaba oculta y la autoridad no me buscaba. Cuando ya alcancé el alto de las Palmas, el Ejército me hizo indicaciones con la mano para que me detuviera. Yo lo hice. Empecé a llorar y suplicar que por favor me dejaran pasar, que mi madre estaba teniendo un ataque al corazón, que podían confirmarlo con la medicina que yo le llevaba con urgencia. Ante mis ruegos, el capitán autorizó a sus soldados que me permitieran continuar. Mi cédula falsa con el nombre de Alexander Álvarez Molina había vuelto a funcionar.

Tres kilómetros más adelante estaba la finca caleta donde, cuando llegué, encontré al vigilante lleno de pánico por lo sucedido, pegado a su radio transistor. Observé que a no más de 500 metros el Ejército se aproximaba hacia la finca. Entonces tomé al procurador por los hombros, le tapé la boca, le pedí al cuidandero que me entregara su revólver 38 y me dirigí hacia una cañada cercana. Una vez allí, le pedí que se pusiera de rodillas.

—Doctor Carlos Mauro Hoyos —dije—, yo, Jhon Jairo Velásquez Vásquez alias Popeye, lo ejecuto en nombre de los Extraditables por el delito de traición a la patria.

Acto seguido, lo encañoné.

—¿A quién diablos traicioné? —respondió el procurador como un resorte.

—A todos nuestros conciudadanos colombianos que usted ha mandado y quiere mandar a Estados Unidos —contesté y, sin más palabras, le disparé en la cabeza.

Observé por entre las ramas que el Ejército se acercaba, entonces me aseguré y volví a dispararle. Le entregué el revólver al campesino, que era de la zona, le pedí que botara esa arma y que se fuera montaña arriba. Cuando ya me disponía a salir de la finca, me di cuenta de que tenía mi pantalón y mi camiseta salpicados de sangre. Tuve que regresar a la finca, buscar rápidamente ropa del celador y cambiarme. Acto seguido, me subí a mi Suzuki y emprendí la huida. Tomé nuevamente la avenida de Las Palmas y, ya de regreso, el mismo capitán del Ejército que me había visto antes, increíblemente, no me dijo nada. Una vez me reuní con Pablo, reporté mi asesinato.

—Vaya, Pope —me dijo—, y haga una llamada a Caracol. Diga que usted es el vocero de los Extraditables y que el procurador de la República ha sido asesinado, y diga también el lugar exacto donde está ese viejo, así le robamos el éxito a la Policía por el rescate de Andrés.

Así lo hice. La noticia estalló como polvo de dinamita y el pueblo colombiano cayó de nuevo en desánimo.

Andrés Pastrana Arango regresó al seno de su hogar sano y salvo. Aprovechando la gran popularidad que adquirió tras su secuestro, el candidato ganó las elecciones. Gracias al hallazgo del secuestro, las investigaciones arrojaron como resultado que alias el Ronco, el jefe de un grupo que cuidaba secuestrados, había sacado el Suzuki que ya pasaba desapercibido en la zona, prácticamente sin vecinos, e introducido una Toyota con la que iban a comprar alimentos. Pero, antes de ir a la finca, el Ronco bebía demasiado, en compañía de policías, visitaba prostíbulos y hacía alarde de su dinero. Esto llevó a la Policía a pensar que él era un nuevo narcotraficante, así que le hicieron un seguimiento. Registraron su vivienda y se llevaron la tremenda sorpresa de encontrar no una cocina para el procesamiento de coca, sino al candidato a la alcaldía de Bogotá, secuestrado por un comando del grupo los Extraditables, es decir, por mí: Popeye. Cuando la Policía se estaba aproximando para el allanamiento, los muchachos lograron huir. Quedó únicamente alias Carro Chocado, que tomó al secuestrado como rehén. La Policía lo convenció y un agente se entregó a cambio. Entonces, una vez rescatado el futuro alcalde, Carro Chocado emprendió la huida. Cuando se enteró, Pablo no se hizo esperar en su decisión. Mandó matar al Ronco y su grupo. Más tarde, el candidato apareció en la televisión y, como era de esperarse, me puso en evidencia. Estos hechos me dieron más relevancia aún y empecé a salir en los carteles de «Se busca». Hasta que se enfriara la situación conmigo, Pablo me envió a Venezuela a refugiarme por un tiempo.

3

¡POPEYE ESTÁ AQUÍ!

Mi bienvenida a la cárcel

La primera vez que llegué a prisión fue en el año 1988, por defender al Patrón de un operativo que realizó el Ejército de Colombia. Me llevaron preso a la cárcel de Bellavista en Medellín; un penal sucio, maloliente, donde se imponía siempre la ley del más fuerte. Allí llegué herido de un balazo de fusil en mi pierna derecha. Fui llevado al patio 2. Mi bienvenida estuvo llena de miradas frías, sangrientas y sospechosas que no se despegaban de mis finas zapatillas de marca. Al final me las robaron, dejando en mis bolsillos el poco dinero que me acompañaba.

Esta cárcel era un terreno hostil, atestado de bandidos duros, que caminaban monótonamente ida y vuelta en un espacio reducido, sin más de cincuenta pasos que dar a la redonda. Lo único que se escuchaba allí era un murmullo de voces constante, acompañadas de una vieja grabadora que desentonaba y dejaba oír un lastimero tango a lo lejos.

En el interior de la cárcel no se veían armas de fuego, solo armas blancas. El poco dinero que llevaba conmigo con suerte me alcanzaría para comprar un buen puñal. Intentaba cojear menos para no mostrar debilidad alguna. Con mis manos en el bolsillo, apreté el dinero que me acompañaba, mi única salvación en aquel momento. A cierta distancia, dos presos hablaban en voz baja. Uno de ellos se estaba preparando para atacarme. Yo permanecía tranquilo, pero caminaba rápido, mirando hacia atrás y empujando a otros presos. Era inminente que en algún sitio me abordaran. Intenté escabullirme de ellos y adentrarme en la maraña de desconocidos de todas las procedencias y clases sociales que daban vueltas en el patio. Buscaba insistentemente una cara amiga. Pero, si no la llegaba a encontrar, estaba dispuesto a pelear por mi vida y mis pocas pertenencias. De pronto, una voz gruesa me detuvo: «Popeye», me llamaron desde lejos.

Yo apreté aún más los puños en mis bolsillos y volteé a mirar: un hombre corpulento, de 1,80 de estatura, brazos de leñador, moreno sin ser negro, cuello grueso y voz fuerte me llamaba, era Tyson, «el cacique del patio», acompañado de seis de sus guardaespaldas.

—¿Qué le pasa? —me preguntó.

—¿Quién es usted? —le contesté yo un tanto a la defensiva.

—Yo soy su amigo —me dijo, dándome un abrazo—. Pope, hace rato lo estábamos buscando, recibimos una orden de la calle para protegerlo y ayudarlo.

Mis dos perseguidores ya no se veían por ningún lado. Los demás presos ya no me miraban con curiosidad, sino con respeto, la noticia se regó como pólvora: ¡Popeye está aquí!

Para aquel entonces ya tenía un nombre, una fama en las calles como asesino y hombre de confianza de Pablo Escobar. Esto también se sabía en prisión. Pero una cosa es matar a balazos y otra muy distinta a cuchillo limpio: para pelear a cuchillo hay que tener experiencia y una habilidad, digamos, natural. Tyson me llevó a su celda, donde me dio de comer y beber. Me consiguió una sudadera y por fin pude dejar atrás mis *jeans* agujereados y ensangrentados. La herida que llevaba en la pierna era dolorosa, pero me permitía caminar. Un enfermero de los presos me hizo unas curaciones y caí exhausto en la cama de Tyson. Creo que dormí desde las seis de la tarde de aquel día hasta las seis o siete de la mañana del día siguiente. Cuando me levanté, estaban los hombres de confianza de Tyson cuidándome. Les pedí el favor de que llamaran a su líder. Indagué a Tyson por mi benefactor y me dijo que había sido Pinina. Desde aquel día hicimos una gran amistad.

Empecé a explorar el patio, siempre acompañado de Tyson o su gente. Los demás presos me saludaban abriéndome paso. El patio segundo era un lugar con más de 500 hombres, parecido a un mercado persa, con música diferente en cada rincón. El murmullo de los demás presos era alto. Unos jugaban futbolito, otros se dedicaban a fumar marihuana. Cada uno en su cuento, pero repartidos en distintos grupos. Yo estaba bien, porque Tyson controlaba todo el patio, junto con dos de sus hermanos y la Chepa, un bandido duro y sanguinario como pocos en aquel lugar.

De repente, un buen día, alguien gritó a todo pulmón: «¡Popeye, lo andan buscando!». Fui calmado al encuentro del que gritaba y me señaló a Pinina. Le di un billete al vocero y corrí a abrazar a mi gran amigo. Detrás venía Tyson. Pinina le agradeció a Tyson dándole un dinero que había enviado Pablo Escobar. Este lo tomó y lo pasó entre su combo.

—En tres días usted está libre —me dijo Pinina—. El Patrón ya cuadró todo y está muy pendiente de usted.

Al rato nos despedimos. Pinina, muy contento, le dijo a Tyson en tono de promesa:

—Yo lo saco de acá y tan pronto lo tenga afuera lo llevo a trabajar para Pablo Escobar.

A Tyson se le saltaron los ojos de la alegría y me abrazó efusivamente, ante la mirada maliciosa de los otros presos.

Mi figura, para ser sincero, nunca ha despertado mayor temor. Allí, sin Tyson, hubiera estado perdido, aun siendo Popeye. De todos modos, para la época ya era uno de los hombres importantes de Pablo Escobar. Seguro que todos recordaban el secuestro del doctor Andrés Pastrana Arango o el asesinato del procurador de la República, el doctor Carlos Mauro Hoyos Escobar.

Las palabras de Pinina se hicieron realidad: a los tres días ya estaba llegando mi boleta de libertad. Me despedí de Tyson y su gente con la promesa de volver por ellos. Vacié mis bolsillos y salí sin mirar atrás. Entonces experimenté por primera vez lo que era la felicidad verdadera: la libertad es realmente algo apoteósico. Pinina me recogió con sus hombres y fui llevado ante el Patrón. Le conté mi odisea y le di las gracias por el apoyo; también le hablé de Tyson y su gente, y el Patrón mismo me ordenó que les arreglara la fuga lo más pronto posible. Con Pinina y un contacto de Giovanni Lopera Zabala, alias Pasarela, fuimos a la cárcel de Bellavista y en poco tiempo Tyson y su gente estaban ya en las calles trabajando para Pablo Escobar. Tyson, con el pasar de los días, se terminó convirtiendo en uno de los mejores asesinos del Patrón, junto con su hermano, alias la Quica.

La segunda vez que estuve en prisión fue a finales del año 1989. Aquella vez fui capturado en la frontera de Tijuana y San Diego, en Estados Unidos. Era una operación rutinaria de la Policía de inmigración de ese país. El avión con destino a Miami tomó pista, pero de pronto se detuvo y empezó a regresar hacia el aeropuerto. La auxiliar de vuelo abrió la puerta y de inmediato ingresaron numerosos agentes de inmigración solicitando pasaportes y visados. «¡Ay! ¡Vienen por mí!», dije para mis adentros. Saqué mi pasaporte con la identidad falsa de Alexander Álvarez Molina, con la que yo trabajaba por aquellos días. Cuando los oficiales me requirieron, fui el único esposado en el acto, lo cual me alertó mucho más. Los otros ilegales descendieron libremente del avión, eran casi cien. Una vez yo lo hice, vi con cierto alivio que, afuera del avión, los demás inmigrantes también estaban esposados.

Chinos, ecuatorianos, mexicanos, brasileros, colombianos, africanos, todos se defendían en su idioma y con los argumentos que pudieran. Yo simplemente permanecía en silencio y miraba a mi alrededor. Nos llevaron hacia la prisión de inmigración de San Diego. En estos momentos y lugares no solo se detienen la realidad y el tiempo, también se siente un pánico y una zozobra incomparables. Mi temor principal era que descubrieran que yo era Popeye, pues los hombres de Pablo Escobar estábamos entre los más buscados del mundo. La prisión a la que nos condujeron no era nada del otro mundo, más bien parecía un colegio. Cero presiones, cero peligros. Los guardias me llamaban por mi nombre falso. Pasé a los controles de la Interpol, me condujeron ante el escritorio de un tipo serio, con cara de pocos amigos, que ni siquiera tuvo la delicadeza de mirarme a la cara. Solo me tomó las huellas y me ordenó salir de allí. Si aquel ingenuo hubiera puesto atención se habría dado cuenta de que yo era buscado en mi país y alrededor del mundo con circular roja de la Interpol.

Detrás de su escritorio, pegada sobre la pared de su oficina, estaban mi foto, la de Pablo Escobar y la de muchos más bandidos que eran buscados por cielo y tierra en aquel momento. Sin embargo, como la foto era muy vieja y además yo iba con otro color de pelo y sin bigote, era difícil reconocerme. El Patrón me había enseñado que no mirara nunca a un policía a los ojos: «Son como perros bravos —decía—, si uno los mira fijamente, tarde o temprano se le terminan tirando encima». Ya los mexicanos que me habían pasado por la frontera estaban pendientes de mí; eran unos amigos del Patrón que se dedicaban a este tipo de arreglos. Pagamos 5.000 dólares de fianza y ya estaba afuera. ¡Otra libertad, otra felicidad apoteósica! Partí rumbo a Miami con seis meses de permiso y la orden de presentarme ante un juez en esa ciudad. Mi objetivo era comprarle a Pablo Escobar unos misiles Stinger tierra-aire que él andaba necesitando. Y la verdad es que ni me presenté ante el juez ni pude encontrar los famosos Stinger. Seguí mi camino y regresé a Colombia sin mayores contratiempos.

La tercera vez que ingresé a prisión fue en julio de 1991. Esta vez la historia fue completamente diferente. Era nada menos que La Catedral, una prisión construida por el Patrón a su gusto y capricho.

Escobar: el hombre que le declaró la guerra al Estado

Nada es gratis en la vida, y La Catedral no fue la excepción a esta regla. Le costó al Estado colombiano una guerra brutal con 540 policías asesinados en las calles de Medellín y más de 800 heridos. ¡Todos inocentes! La muerte del ministro de Justicia, el doctor Rodrigo Lara Bonilla, el 30 de abril de 1984; el atentado al también ministro de Justicia, el doctor Enrique Parejo González, el 13 de enero de 1987 en Budapest, del cual salió con un balazo en la mandíbula y logró sobrevivir milagrosamente; la muerte del candidato a la Presidencia de la República de Colombia, el doctor Luis Carlos Galán Sarmiento, el 18 de agosto de 1989; el asesinato del comandante de la Policía de Medellín, coronel Valdemar Franklin Quintero, el mismo 18 de agosto de 1989. Todo esto acompañado de 250 bombas detonadas en todo el país, incluyendo el avión comercial Boeing 727-21 de Avianca, en pleno vuelo con 107 pasajeros a bordo, el 27 de noviembre de 1987. Todos estos ríos de sangre justificaron La Catedral de Envigado, una cárcel supuestamente de alta seguridad que le fue entregada a Pablo Escobar a cambio de su sometimiento a la justicia junto con nosotros sus lugartenientes.

También nosotros, en aquella guerra sin cuartel contra las fuerzas del Estado, perdimos muchos hombres y mujeres, amigos, familiares y miembros sobresalientes de la organización, como mi gran amigo Pinina. Sin duda, él era el más inteligente de todos nosotros. Medía 1,68 de estatura y siempre andaba muy bien presentado. Con su tez blanca, su mirada desconfiada y su característica sonrisa de hijo de papi y mami, era una persona especial. Lo llamábamos Pinina porque de niño, con su cabello largo y voz chillona, se parecía a Andrea del Boca, una actriz argentina que personificaba a una niña llamada Pinina. Este hombre era un buen asesino, hábil para dirigir y reclutar muchachos de las comunas y los barrios pobres para el sicariato. Pinina pasó del magnicidio al carro bomba, al crimen colectivo. Un líder nato y nocivo para la sociedad, sin vicios de ninguna especie. Solo tomaba un poco de coñac, que llevaba siempre en una licorera en su bolsillo. Excelente chofer para los trabajos de la mafia. El Patrón lo apreciaba y confiaba mucho en él. Yo me gané el cariño y la confianza de Pinina, obviamente antes que la gracia del mismo Pablo Escobar.

Pinina siempre disparaba a la cabeza sin voltear la mirada, era un hombre valiente, decidido y leal. Había surgido de la miseria del barrio Lovaina, en Medellín, un lugar donde las mujeres campesinas que migraron ofrecían sus mieles a los habitantes citadinos por algunos pesos. De familia pobre, hijo de la violencia y la ira, Pinina fue un hombre hecho a sangre y fuego. Llegó por méritos propios a las huestes de Pablo Emilio Escobar Gaviria. Acabó sus días muerto a manos de la Policía, en un apartamento del barrio El Poblado de Medellín, cuando contaba apenas veintinueve años de edad. Fue delatado por su doméstica, quien cobró la recompensa de cien millones de pesos que se ofrecía por su vida. La empleada no sufrió nuestro castigo, ya que el Patrón atribuyó la delación a don Germán y a su hijo, empleados de confianza de Pinina, quienes fueron asesinados con sevicia y crueldad a los pocos días de lo sucedido. Lamentablemente, aquellos dos hombres también eran inocentes.

Solo diecisiete años después, ya en prisión, supe la verdad de aquella historia, de boca del propio Miguel Rodríguez Orejuela. Según este, la Policía llegó a las nueve de la mañana del 14 de junio de 1990 al apartamento de Pinina, ubicado en el tercer piso de un edificio donde el hombre del cartel vivía con su mujer y su niña de seis meses. Lo tomaron por sorpresa y alcanzaron a herirlo dentro de su vivienda. Desde aquella altura, se lanzó herido al parqueadero del edificio, donde fue rematado a balazos. Este fue un duro golpe para nosotros, ocurrió a pocos meses de haber ingresado a la cárcel de La Catedral. El hecho de que Pinina no saliera en los carteles de «Se Busca», publicados por todas partes en aquellos días, claramente lo llevó a confiarse. Fue una dura noticia, dada por el general Gómez Padilla: «Ha sido dado de baja John Jairo Arias Tascón, alias Pinina». En respuesta, un carro bomba con ochenta kilos de dinamita explotó en el barrio El Poblado, dejando cuatro muertos, noventa heridos y pérdidas materiales calculadas en más de mil millones de pesos. Así era aquella guerra: ojo por ojo, diente por diente.

También fue ejecutado el socio y primo hermano del Patrón, Gustavo Gaviria Riveros. Fue ultimado por la Policía Nacional el 12 de agosto de 1990. Este golpe, como muchos lo saben y cuentan, fue también duro para el Patrón, sin embargo, él siempre se mantenía muy fuerte. Ya antes habíamos sufrido otro golpe brutal: la muerte de Gonzalo Rodríguez Gacha, alias el Mexicano. Estas bajas debilitaron paulatinamente al cartel de Medellín y empoderaron por su parte a los enemigos de Pablo y don Jorge Ochoa. Los mafiosos caleños celebraban cada golpe que recibíamos. El cartel de Cali había convencido con dinero a Jorge Velásquez, alias el Navegante, para que entregara al Mexicano. Su muerte le devolvió la esperanza a un país que estaba prácticamente tomado por la mafia. El 19 de diciembre de 1989 cayeron Gonzalo Rodríguez Gacha y su hijo Freddy Gonzalo en la finca El Tesoro, ubicada entre Coveñas y Tolú, después de una persecución con helicópteros coordinada por las distintas fuerzas armadas de la nación.

Enemigos por un lío de faldas

Por aquellos días, otro gran amigo y socio de Pablo fue ejecutado por los caleños en un hotel de Panamá. Se trataba de Jorge Elí, el Negro Pabón. Este hombre era otro asesino a sueldo. Pabón empezó con el Patrón desde que eran muy jóvenes, fue mi otro gran amigo en la organización por las épocas del comienzo de la guerra entre el cartel de Cali y el de Medellín. El Patrón apreciaba al Negro Pabón, sabía que era un bandido raso como él, un hombre frío ante el peligro, pero también muy rápido en la acción. El Negro era un personaje entrañable, también salido de la pobreza del barrio Aranjuez de Medellín. No conocía el miedo, había forjado su carácter en la prisión y en las calles más duras. Viajó a Estados Unidos y allí fue detenido por un cargamento de cocaína. Estando en las cárceles norteamericanas, hizo amistad con Alejo Piña, otro bandido y traficante de drogas de la ciudad de Cali, con quien compartió parte de su condena.

El Negro Pabón defendía a su amigo de otros presos a puño limpio, a balazos o con puñal, lo que tuviera a la mano. Con sus 1,76 de estatura, su cuerpo musculoso y ágil era capaz de moverse en cualquier terreno. A los ocho años de pagar prisión en Estados Unidos, salió en libertad Alejo Piña. Al despedirse del Negro Pabón, se ofreció para cualquier cosa que necesitara su familia. El Negro, seguro de la amistad que habían construido durante los largos años de presidio, le encargó que fuera a Medellín donde su mujer y mirara cómo estaba. Alejo se despidió de su gran amigo y protector y salió de prisión a disfrutar de su libertad. Pero el Negro no volvió a saber nada de Piña. Al año siguiente, salió de prisión y se dirigió a la ciudad de Medellín en busca de su mujer y de su gran amigo de juventud y benefactor, don Pablo Escobar. El Patrón ayudó al Negro Pabón con algo de dinero para que pudiera disfrutar la recuperada libertad en su amada ciudad de la montaña.

Un domingo cualquiera, el Negro Pabón fue al estadio de fútbol a ver un partido entre su equipo del alma, el Deportivo Independiente Medellín, y su eterno rival, el Atlético Nacional. No llevaba escoltas, apenas se estaba acomodando a su nueva vida al aire libre. Al salir del estadio, subió a su Mercedes Benz deportivo y condujo rumbo al barrio El Poblado. Circulando por la autopista, fue interceptado por dos hombres en una moto, uno de los cuales le disparó sobre seguro. El Negro maniobró espectacularmente y se salió de la bronca. Huyó con cuatro balazos en su cuerpo. Como no llevaba pistola, no pudo contraatacar. Por fortuna para él, ninguno de los tiros era mortal; solo uno le había afectado un brazo, mientras que los otros disparos habían entrado y salido de su cuerpo sin mayores consecuencias. El Negro no fue al hospital, sino que buscó refugio en un escondite de Pablo. Hasta allí llegó un médico particular y constató que la herida del brazo no era mayor cosa, lo mismo que las otras tres. Al día siguiente, el Negro se presentó donde el Patrón en El Bizcocho, un escondite en la parte alta del barrio El Poblado de Medellín, para contarle lo sucedido.

En aquella época, la persecución aún no era tan fuerte. Escobar se movía de forma semiclandestina pagando a las autoridades locales modestas sumas de dinero. El Patrón, al enterarse de los graves hechos del día anterior, ordenó buscar a los sicarios que osaron atentar contra su amigo de juventud. Se corrió la voz por los barrios y todos fuimos en busca de los pistoleros. Algo era evidente: acá se estaba atentando de frente contra el mismo Pablo Escobar y contra toda su estructura. Si le tiraban a su amigo le podían tirar a cualquiera de nosotros, incluyendo al mismo capo. Este era un asunto que no se podía dejar pasar por alto.

Al cabo de diez días atrapamos a uno de los sicarios en el barrio Castilla de Medellín. El mismo Pablo y el Negro Pabón lo interrogaron cara a cara. Ni siquiera hubo necesidad de torturarlo. Este hombre, al ver al Patrón, lo contó todo.

—Señor —fueron sus primeras palabras—, a nosotros nos contrató un amigo del barrio Aranjuez.

Le siguió la pregunta obligada:

—¿Y cómo se llama su amigo?

Fabio, que era el nombre de aquel sicario, contestó con el nombre de quien le había dado la orden y nos facilitó su ubicación exacta. A las doce horas, el que había contratado a los sicarios para el atentado contra Pabón estaba amarrado de pies y manos ante Pablo y el Negro. Aquel era un hombrecillo asustado y temeroso que lo negaba todo. Por tanto, su tortura fue brutal. Hastiado del dolor, el hombre capturado soltó esta perla: «¡A mí me el que me contrató fue Alejo Piña! Yo no sé nada más».

Con un ojo reventado, la cabeza fuertemente golpeada y un brazo partido en varias partes, recibió un certero balazo que le trajo alivio a su desesperada situación. Pero ¿por qué Alejo Piña?, aquella era la nueva pregunta del millón. El Negro se desplazó a Cali para hablar con otro de sus amigos, Pacho Herrera, el patrón directo de Piña y cuarto mando dentro del cartel de Cali. Mientras tanto, el otro sicario que faltaba por encontrar fue ubicado por la gente del Negro Pabón y corrió la misma suerte de su compañero: fue ajusticiado a balazos. Estos tres pobres diablos, a fin de cuentas, no importaban nada. Lo importante era llegar hasta el fondo del asunto, descubrir quién estaba detrás del atentado.

A los cinco días, volvió el Negro de la ciudad de Cali. Traía una respuesta que cambiaría para siempre el rumbo de las cosas. Resulta que Alejo Piña, cuando salió de prisión, fue a visitar a la mujer del Negro, tal y como este le había pedido. Sin embargo, este hombre, ni corto ni perezoso, decidió quedarse a vivir con ella y se hicieron amantes. Al salir el Negro de prisión, Alejo se distanció de la Flaca, como la llamaban, y planeó fríamente el asesinato de Pabón para sacarlo del medio. Parecía estar todo muy claro, pero las cosas se complicaban aún más.

El Negro Pabón fue y visitó a su mujer para propinarle una golpiza por lo sucedido. Le gritó todo en la cara y le advirtió de lo que les podría pasar a ella y a Alejo Piña por aquella traición. La Flaca avisó a su amante y este huyó a New York despavorido, intentando salvarse de las garras del Negro Pabón. La historia no pasaba de ser un simple lío de faldas, pero a Pablo Escobar había algo que no le cuadraba en todo esto: no estaba muy convencido de que el patrón de Alejo Piña, don Pacho Herrera, no supiera que Piña planeaba atentar contra el Negro Pabón. Era un asunto muy serio, muy delicado, demasiadas cosas estaban en juego.

Hélmer Herrera Buitrago, alias Pacho Herrera, era un narcotraficante de grandes ligas, no era un tipo cualquiera. Enviaba docenas de toneladas de cocaína cada año a Estados Unidos. Era un hombre peligroso, asentado en Cali, socio de los otros tres pesos pesados del cartel de esa ciudad: los hermanos Gilberto y Miguel Rodríguez Orejuela, junto con José Santacruz Londoño, llamado don Chepe. Las cosas se ponían tensas. El Negro Pabón se separó de la Flaca y la dejó seguir su vida sin hacerle más daño. Alejo Piña se alejó también de la mujer que los había enfrentado y se dedicó a hacer dinero desde el exilio, preparándose para su guerra contra el Negro Pabón. Pero entonces sucedió otro acontecimiento que complicaría aún más las cosas entre los carteles.

Hacía seis meses, habíamos secuestrado y matado a Hugo Valencia, un peligroso narcotraficante de Cali. Había sido un favor realizado por solicitud directa de los hermanos Rodríguez Orejuela. Hugo Valencia estaba en guerra con Miguel Rodríguez y se fue a refugiar a Medellín en una de sus salidas de Cali. Bastó una llamada para que Pablo accediera a sacar del camino al peligroso enemigo de los hermanos Orejuela. Nosotros lo ubicamos prontamente, lo secuestramos, le quitamos cuatro millones de dólares y luego lo asesinamos con Pinina y la gente del Chopo. Hasta ahí, todo bien: Hugo Hernán Valencia, muerto. Pero el destino parecía estar confabulándose para consolidar una guerra a muerte entre los bandos más notorios de la mafia colombiana.

En los años 1985 y 1986, el cartel de Cali y el cartel de Medellín se unieron para procurar la libertad de algunos de sus más importantes miembros, presos fuera del país. Por el de Cali estaba preso don Gilberto Rodríguez Orejuela, y por el de Medellín, don Jorge Luis Ochoa Vásquez. Fueron detenidos en España cuando vivían refugiados en ese país, llevando una vida de esplendor y lujo. Aquella historia tuvo su comienzo a finales de 1984; huyendo de la persecución que desató el Gobierno contra la mafia por el asesinato del doctor Rodrigo Lara Bonilla, ministro de Justicia, don Gilberto Rodríguez Orejuela y Jorge Luis Ochoa Vásquez cayeron presos en cárceles de alta seguridad en España, como la de Carabanchel.

Estando allí recluidos, Estados Unidos solicitó su extradición. La mafia colombiana utilizó todo su poder monetario y comenzó una fuerte puja por traer a Colombia a los dos capos. Los norteamericanos, por su parte, intentaron también inclinar a su favor la balanza, sobre todo por Jorge Ochoa. En julio de 1986, ambos capos recibieron una gran noticia: su deportación a Colombia. Decidieron hacer un pacto. Como la puja entre los gobiernos fue brutal y hubo mucha publicidad, los norteamericanos estaban heridos en su orgullo: su extradición iba a ser en Colombia. Todo esto se logró gracias a que el Gobierno español, concretamente algunos funcionarios de la justicia, se quedaron con treinta millones de dólares de la mafia colombiana. Nada es gratis en este mundo.

El pacto era sagrado y consistía en lo siguiente: ninguno saldría de prisión antes que el otro. En Colombia, los dos saldrían el mismo día. Esto se pensó así para evitar que, con el escándalo, si uno de los dos salía libre, el otro fuera extraditado por vía administrativa en cuestión de horas. Los norteamericanos y el Gobierno nacional mantenían a los dos capos en las cárceles colombianas con procesos de poca monta.

Mientras tanto, intentaban por todos los medios lograr su extradición. Don Jorge Ochoa incumplió el pacto: sobornó a un juez colombiano y consiguió su libertad en primera instancia. Don Gilberto supo que había sido traicionado y por poco lo extraditan. Sin embargo, a los pocos días también salió de prisión.

Don Jorge Ochoa viajó a Cali en noviembre de 1987 para hacer las paces con su amigo y este lo recibió en el hotel Intercontinental. Allí celebraron su libertad y supuestamente se reconciliaron. Don Jorge Ochoa salió rumbo a la ciudad de Medellín y en Palmira, Valle, fue detenido por un mayor de la Policía Nacional amigo de Gilberto Rodríguez Orejuela. Su paseo en un bello Porsche 911 blanco le iba a costar caro.

De nuevo, Jorge Luis Ochoa se encontraba a las puertas de una extradición. De Valle del Cauca fue trasladado a Bogotá; parecía inminente su viaje a Estados Unidos. La Embajada norteamericana enfilaba todas sus baterías. El cartel de Medellín también.

Sucedió algo más para que arrancara definitivamente la brutal guerra entre los carteles de Cali y Medellín. Pablo Escobar llamó a su amigo Miguel Rodríguez Orejuela para pedirle que le devolviera el favor de la muerte de Hugo Hernán Valencia. El Patrón le pidió que le ayudara a ubicar a Pacho Herrera en Cali y que le recibiera a una gente en esa ciudad para asesinar al poderoso capo. Esto lo hizo Pablo Escobar a espaldas del Negro Pabón, ya que el Negro nunca quiso aceptar que Pacho Herrera tuviera algo que ver con su atentado, pues siempre habían mantenido una gran amistad. El Patrón tenía claro que, para poder llegar a Alejo Piña, primero debía quitarle el apoyo financiero y militar que recibía de parte de su gran jefe. Los hermanos Rodríguez Orejuela se reunieron y fueron donde Pacho Herrera para contarle las intenciones de Pablo Escobar. Aquel fue su gran error: a los Rodríguez se les olvidó el apoyo de Pablo Escobar y la familia Ochoa cuando su situación era compleja en España; se olvidaron también de la ayuda en el caso de Hugo Hernán Valencia. Estaban rompiendo sus pactos.

Pacho Herrera era socio en los envíos de droga de los dos hermanos. Don Jorge Luis Ochoa fue afortunado y, a cambio de una fuerte suma de dinero, salió de prisión el 31 de diciembre de 1987, en medio de una lluvia de críticas de la prensa nacional y la Embajada norteamericana. Don Jorge se escondió en la infraestructura de Pablo Escobar y le confirmó al Patrón lo que ya se sospechaba: quien lo había delatado era Gilberto Rodríguez Orejuela, ese era el hombre que había pactado su captura en manos de la Policía Nacional. Los factores para comenzar la guerra estaban dados, las cartas se encontraban puestas sobre la mesa.

En Cali se unieron Gilberto y Miguel Rodríguez Orejuela, Hélmer Herrera, alias Pacho Herrera, y José Santacruz Londoño, alias don Chepe. En Medellín se unieron el clan Ochoa, compuesto por Jorge Luis Ochoa, Fabio Ochoa, Juan David Ochoa, John Freydell y José Orejas. Hicieron coalición también con ellos otros pesos pesados, como el Mexicano, Gonzalo Rodríguez Gacha, Pablo Escobar Gaviria, el clan Galeano Berrio y el clan Moncada. De esta forma, en enero de 1988 se dio inicio a una guerra a muerte entre los dos poderosos grupos. Una de las guerras entre la mafia más sanguinarias de toda la historia de Colombia.

La Catedral: una parodia de la cárcel.

La Catedral era nuestro mayor premio. Para entonces habíamos perdido sicarios, como el Pitufo y unos 200 anónimos que también mataban para nuestra organización. Finalmente encontraríamos un lugar de descanso. Este era el sitio adecuado para recobrar fuerzas y financiarnos de nuevo. La sensación de llegar a La Catedral en nada se parecía a la que tuve cuando entré a la cárcel de Bellavista. Allí iba herido, sin saber con qué me iba a encontrar. Cuando uno llega a una cárcel tan compleja como esa, mil cosas le pasan por la cabeza, en el mundo del crimen se hacen enemigos muy poderosos y en prisión se encuentra uno con ellos, frente a frente. El que corre el riesgo es siempre el que entra. El que ya está allí tiene armas, gente y poder, un conocimiento previo. Es una pelea de burro amarrado con tigre suelto, como dicen por ahí. Los bandidos más avezados dentro de la cárcel suelen llevar un puñal en el recto, protegido por un pequeño tubo para burlar las requisas de los guardias penitenciarios. Este puñal puede ser la diferencia entre la vida y la muerte para un prisionero cualquiera.

Todas las prisiones tienen una puerta grande que recibe a los reos. Es la entrada al gran monstruo. La requisa por parte de la guardia inicial es fuerte, con desnudo integral, en busca de puñales y droga. Luego viene la asignación de patio, según el delito por el que uno haya llegado y de acuerdo al grupo delictivo al que uno pertenezca. La entrada al patio es traumática, pero no puede aflorar el miedo. El mayor opresor del preso es el preso mismo, son cosas básicas que se aprenden en estos lugares. Cada penal tiene un olor característico, pero las cárceles siempre son nauseabundas. Es como si la pestilencia de la muerte y el crimen las rondara por el aire y viniera de su propio espíritu.

La cárcel de Bellavista era vieja, llena de historias y muertos. Allí adquirí una buena experiencia gracias al apoyo de Tyson, del Patrón y de mi amigo Pinina. La cárcel transmitía muy mala energía, con solo entrar y pisar el patio ya uno estaba cansado. Había casos muy complejos: condenas de cuarenta y hasta sesenta años, presos con condenas que sumaban hasta cien años. Son delincuentes que han cometido asesinatos dentro del penal y ya no pueden acumular más sentencias, bandidos puros que andan pensando a toda hora en la maldad. En el aire se respira el odio, la doble moral, el engaño, la mentira y la traición. El peligro constante de una puñalada se vive a cada momento, así como la alerta máxima ante un posible envenenamiento en las comidas. Todo esto crea un ambiente pésimo y difícil de soportar. Siempre andan por ahí los buscapleitos, cazando peleas en todo momento; y, claro, también está la pugna por el control del patio, la pelea constante con los guardias por cualquier cosa.

La Catedral era, pues, un paraíso para nosotros: allí adentro todos éramos amigos. Sus instalaciones proporcionaban todo lo necesario para una vida de lujo y comodidades.

A las pocas horas de la entrega de Pablo Escobar para ser «encarcelado» en La Catedral, la Asamblea Nacional Constituyente prohibió la extradición. Nos encontrábamos protegidos por nuestros propios hombres y también por el Ejército. Difícilmente podríamos estar mejor. La mayor exigencia de Pablo Escobar para su sometimiento a la justicia no fue La Catedral en sí, él exigió que en la convocatoria de la Asamblea Nacional Constituyente se cambiara la Constitución Nacional y se prohibiera de manera definitiva la extradición de colombianos a Estados Unidos.

El clan Ochoa se sometió a la justicia antes que nosotros. Don Jorge lo hizo en enero de 1991, luego se entregaron sus hermanos. El seguro de ellos éramos Pablo Escobar Gaviria y nosotros, sus lugartenientes. El Gobierno del doctor César Gaviria expidió unos decretos para facilitar el sometimiento a la justicia del cartel de Medellín, pero la extradición seguía vigente. El clan Ochoa fue llevado a la cárcel de Itagüí. No tenían las comodidades de nosotros, pero sí un pabellón exclusivo para ellos, donde gozaban de visita diaria, buena comida, camas decentes y televisor en la celda, así como comunicación telefónica las veinticuatro horas del día. Solo teníamos un lío: la guerra con el cartel de Cali. Pabón, el hombre que desató la guerra, se fue del país a un viaje por Europa que empezaría en Panamá. Allí hizo una llamada a un amigo y este lo entregó a Alejo Piña. El Negro Pabón fue asesinado por un sicario caleño en el *lobby* de un lujoso hotel panameño. Al Patrón no le afectó mucho la muerte de su amigo, pero yo sí la lamenté bastante. ¡La guerra había comenzado!

Los norteamericanos y la prensa, tanto del país como del mundo entero, tenían el foco puesto en La Catedral. El Patrón recompuso la organización con el apoyo de su aparato militar en las calles de la ciudad. Estaban al frente Mario Molina Castaño, alias el Chopo; Brances Muñoz Mosquera, alias Tyson; Giovanni Lopera Zabala, alias la Modelo o Pasarela; Carlos Mario Alzate Urquijo, alias Arete; Dairo Cardozo Metaute, alias Comanche. El cartel lo financiaban traficantes como Alberto Areiza, alias el Campeón; Gerardo Moncada Cuartas, alias Quico Moncada; Fernando Galeano Berrio, alias el Negro Galeano y el clan Ochoa. Pablo Escobar enviaba sicarios a Cali de manera constante. La guerra era más que un hecho. Para manejar toda esta organización eran necesarias muchas cosas, entre ellas una comunicación confiable con sus distintos miembros. Pablo utilizaba lo que siempre le funcionó: algo sencillo, algo práctico, como el citófono de La Catedral y los correos humanos con cartas cifradas.

Por aquellos días, el Patrón también sufrió la baja de uno de sus grandes bandidos: Ricardo Prisco Lopera, alias Richard o el Prisco. Este era también un hijo legítimo de la violencia, líder increíble de más de 300 asesinos del barrio Aranjuez de Medellín. Ricardo poseía una mente ágil, aunque con cero educación; respiraba frialdad y fiereza, y siempre estaba listo para la guerra. Leal a la causa, de altura media, blanco, un poco obeso, llevaba siempre una pistola a la mano y tenía muy buena labia. El Prisco fue ejecutado por la Policía Nacional cinco meses antes de que nos entregáramos a la justicia, vendido, como en muchos otros casos, por uno de sus hombres de confianza a cambio de una millonaria recompensa. Este nuevo golpe lo recibió el Patrón de pie, con firmeza. Era la dinámica de la guerra en la que habíamos entrado.

La Catedral rápidamente se convirtió en un mito. Su terreno escarpado, clavado en la montaña, se cubría de neblina desde las once de la noche hasta las ocho de la mañana. Desde este lugar se controlaba la ciudad entera. Allí estaba el genio del mal con nosotros, sus secuaces.

La guerra contra el cartel de Cali no se detenía. Siempre había un nuevo reto por superar en la guerra contra nuestros enemigos. A diario se ordenaban asesinatos y secuestros como parte de nuestra estrategia del terror. Uno de los apoyos importantes para Pablo y para nosotros por aquellos días era Guillermo Zuluaga, alias Cuchilla, un bandido diferente, elegante, bien educado, bien hablado, un hombre para trabajos selectos, que estaba involucrado en el mundo del fútbol y listo siempre para la acción. Su especialidad y dominio del inglés lo llevó a ser jefe de sicarios en Estados Unidos.

También perdimos a otro miembro significativo de nuestras fuerzas: la Quica. El hermano de Tyson fue capturado en Estados Unidos sindicado de terrorismo. La Quica era un bandido sin educación, venido del barrio Castilla en Medellín, hijo de un expolicía muy violento. Después de Tyson, era el más fuerte de los tres hermanos Muñoz Mosquera. Hacían un gran equipo de bandidos con los Chepas. Dandenys Muñoz Mosquera fue inculpado de la bomba del avión de Avianca. Lo sindicaron también de querer atentar dentro de Estados Unidos contra personalidades importantes de ese país. Fue condenado a pasar el resto de su vida en prisión. La Quica estaba huyendo de la persecución en su tierra. Se había fugado por segunda vez de una prisión en Colombia. Del grupo de Tyson solo nos quedaban Brances, la Chepa y Tilton. La guerra estaba dura y nos estaba costando nuestros mejores hombres.

Tilton era un bandido medianamente educado, no tan moreno como sus hermanos, de 1,80 de estatura, muy fuerte y corpulento. Más refinado que el resto del grupo de los Tyson, se formó como atracador de bancos junto con sus hermanos. El barrio Castilla es un lugar deprimido, de clases bajas y muy bajas de Medellín. De allí salieron muchos bandidos liderados por Tyson que lucharon al lado de Pablo Escobar en las guerras que libró el cartel de Medellín. Tilton se había hecho famoso tras un atraco a un banco del centro de la ciudad, cuando se quedó sin munición ante un policía que le disparó; pero él, con dos tiros encima, le quitó el arma, lo asesinó y huyó con el botín y el revólver del agente como premio. Este hombre era un bandido verdadero.

Los tres hermanos trabajaban juntos, acompañados por la Chepa, y se apoyaban entre ellos. Su madre, una seguidora fiel de la religión cristiana, llevaba con frecuencia la Palabra de Dios a la cárcel de Bellavista. Era conocida por tener un gran mausoleo en el cementerio de San Pablo, que estaba dispuesto para enterrar a todos sus hijos. Se trataba de un mausoleo muy particular, donde sonaba música las veinticuatro horas del día, ya que allí ya estaban enterrados dos miembros de la familia.

En La Catedral, su barba prominente le daba al Patrón un aire de filósofo, que se acentuaba cuando la neblina invadía el penal. Cubierta por una ruana, se veía su figura enigmática recorriendo los pasillos del lugar como alma en pena. Silencioso, meditabundo, pasaba las horas de la noche de esta forma. Él sabía que aún no habíamos triunfado totalmente. Aparte de nuestros demás enemigos, faltaba acabar también con un grupo de paramilitares liderado por nuestro antiguo aliado, llamado Henry Pérez.

Sin embargo, en La Catedral se sentía un halo de poder y seguridad, la figura de Pablo Escobar nos sostenía allí a todos. El Patrón, como siempre, actuaba de noche y dormía en las mañanas. Día tras día, el lugar cobraba más vida, a diario recibíamos de una a quince visitas, todos bandidos y narcotraficantes. Para las visitas familiares estaban los domingos, entre semana se hacían los negocios. Pablo Escobar aprovechaba su tiempo en la cárcel recomponiendo el cartel de Medellín. Incluso, cuando algún bandido del Patrón estaba en problemas con la Policía, se iba a dormir a La Catedral. El Chopo lo hacía con frecuencia.

El Patrón vivía con toda intensidad, era una máquina del mal. Era a la vez un buen amigo y un buen enemigo. Su guerra a muerte contra el cartel de Cali no la descuidaba nunca, así la fuera perdiendo. La alianza de sus enemigos de Cali con los paramilitares, la Policía y los organismos de seguridad del Estado había puesto en aprietos al poderoso Pablo y a nosotros sus lugartenientes.

El mayor apoyo lo teníamos en hombres como el Chopo, un bandido sin educación, buen asesino, acelerado como ningún otro, un hombre que abusaba del licor y la marihuana, pero leal y valiente. De cabello escaso, un poco obeso, con una inteligencia única, sagaz, blanco, medía 1,70 de estatura; el Chopo era mujeriego a morir y no confiaba en nadie. Por cualquier cosa iba disparando a matar. Mantenía su pistola siempre a la mano. Solo con su mirada ya decía quién era. Le temía a la cárcel. Era un hombre difícil en las relaciones interpersonales; de sus borracheras siempre quedaban muertos y líos de balaceras.

Como el ratón y el gato

Nuestro apresamiento fue producto de un acuerdo entre el Estado, liderado por el presidente César Gaviria, y Pablo Escobar, con el fin de dar por terminada la política de extradición. Recibió su nombre del terreno que previamente había comprado Pablo y que figuraba como parte de la alcaldía de Envigado, Antioquia. Era un área de montaña empinada desde la que se divisaba perfectamente el municipio de Envigado y parte de Medellín. El lugar era estratégico y Pablo lo conocía a fondo. Contaba con área de juegos, cocina, habitaciones de lujo a modo de falsas celdas y alojamiento para los guardias. Estaba rodeada de muros y cercas de alambre de púa electrificadas de 10.000 voltios, que ofrecían seguridad a los miembros más buscados y, obviamente, al Patrón. Pablo controlaba su encendido y apagado desde su habitación. Lucía imponente en el día, y en la noche, cuando caía la neblina, era perfecta para una buena observación. ¡Propia de un capo de capos!

La intensa presión ejercida por Pablo Escobar con sus secuestros, asesinatos, carros bomba y acciones bélicas había acorralado al Estado. Así, llegó el día 15 de junio de 1991, cuando la Asamblea Constituyente reformó el artículo 23 de la Constitución política de Colombia y abolió la extradición de colombianos a Estados Unidos, dejando un gran alivio para una gran mayoria de colombianos, politicos, gobernantes, empresarios, periodistas y grandes académicos, tal cual como lo había propuesto el doctor Virgilio Barco Vargas en 1988, aunque la reforma fue rechazada entonces por algunos parlamentarios. Si aquellos ilustres hubiesen escuchado esta reforma, con seguridad se habría evitado tantos ríos de sangre de los colombianos. Nosotros, sus hombres de confianza, nos entregamos acompañados de su hermano Roberto Escobar Gaviria. El primero en entregarse fui yo. Me dirigí hacia un juzgado de instrucción criminal y me entregué a las autoridades a sabiendas de que en pocos días Pablo también lo haría, bajo sus condiciones. Yo ingresé a aquella casi mansión con un teléfono maletín autorizado por el Gobierno, desde donde informaba al Patrón de que todas las instalaciones estaban a su deseo y capricho. Incluso durante su construcción Pablo y yo la visitábamos muchas veces para supervisarla.

La habitación de Pablo contaba con una gran chimenea, dado que el clima era bastante frío, especialmente en las noches. Tenía *vestier*, cortinas de lujo, baño privado, cama confortable, cocina independiente, estufa, nevera y horno microondas. De su amueblamiento tomó cuidado su esposa María Victoria, o, como todos la conocíamos, la Tata. Mi celda contaba con ocho metros cuadrados, cama doble, baño con agua caliente, televisión, biblioteca y nevera. La Catedral también tenía áreas comunes: gimnasios, mesas de billar, mesas de ping pong, juegos de mesa y cancha de fútbol, donde Pablo jugaba sin derecho a perder, así le tocara jugar por espacio de cinco horas. En medio de todo este confort, no podíamos olvidar que tanto la Policía como la DEA y la CIA nos tendrían bajo vigilancia constante. Entonces volvió a sobresalir la genialidad de Pablo. Hizo instalar un citófono al inicio de la subida de la cárcel, más o menos a unos tres kilómetros en línea, y el segundo en su habitación. El cable debía estar al aire y a la vista de todos nosotros, de modo que sus órdenes y comunicaciones no fueran interceptadas.

También contábamos con un camión 600 aprobado por el Estado. En él había un compartimiento escondido donde cabían hasta seis personas. Las visitas oficiales se habían establecido los miércoles, sábados y domingo. La guardia la hacía el Ejército, pues no era prudente que lo hiciera la Policía, con la que ya habíamos librado una guerra. Los anillos de seguridad los conformaban los muchachos de Pablo. ¡La Catedral, toda una fortaleza!

Desde allí, Pablo empezó a reconstruir el cartel de Medellín, que había resultado muy afectado, no solo en lo económico, sino también en su estructura. También desde allí, Pablo dio inicio a una guerra contra el cartel de Cali, pues, habiendo tomado nota de la estrategia de Pablo y del poder que le dio la dinamita, decidieron atacar con la misma arma. Pablo recibió una información de un general de El Salvador contando que los Rodríguez habían comprado a otro militar salvadoreño unas bombas papaya, aún más poderosas porque estas estaban hechas con 500 libras de C4; que estaban buscando el avión AT37 para poder lanzarla desde el aire, porque, dada su letalidad y su poder de explosión, no podía ser lanzada desde un helicóptero o una avioneta. En ese momento, Pablo comprendió que su fortaleza ya no era tan segura, y que aquella dinamita que durante la guerra con el Estado fue su arma letal era ahora su peor enemigo. Pablo reportó al Estado la información recibida e inmediatamente se inició la construcción de las cabañas llamadas Guayana, donde más adelante dormía él.

Pero, como no todo era guerra, en La Catedral también hubo tiempo para la diversión. La chimenea de Pablo, donde ardía madera natural, producía una calorcita y un suave crepitar que invitaban al romance, envolviéndolo en un halo de misterio. Seis señoritas más bellas que la libertad subieron en el camión, todas ellas dispuestas a ofrecer su dulzura y placer. Los gustos exóticos de Pablo no se podían hacer esperar. Después de un buen *show* lésbico, Pablo nos permitía escoger nuestra princesa y luego nosotros las llevábamos a nuestras habitaciones. Licores finos, marihuana, comida de mar y música exquisita hacían de aquella Catedral toda una mansión de ensueño, hasta que el encanto se terminaba tras dos o tres días de diversión. Todo un fortín para los hombres de la guerra.

El Patrón y las mujeres: perdiendo un poco la compostura.

El Patrón tenía un famoso maletín de accesorios para el divertimento sexual. Las lesbianas eran su debilidad y en el maravilloso maletín había toda clase de juguetes para una buena función. Modelos y reinas de belleza frecuentaban la prisión cubiertas por la clandestinidad. El Patrón despertaba en las mujeres una atracción fuerte: era un conquistador nato, buen conversador, amable, respetuoso y generoso. Nunca le conocí una mujer fea. Cuando tenía una buena pareja lésbica iba al grano y se encerraba directamente en su lujosa celda buscando la intimidad. Para ello, contaba con una lesbiana aliada, que conquistaba mujeres jóvenes para iniciarlas en estos menesteres. La idea era que no tuvieran experiencia y que fuera su primera vez ante una mujer. La maldad y fogosidad de la lesbiana experimentada y la inocencia de la niña «virgen» enloquecían al jefe de la mafia. Entonces perdía su compostura.

El Patrón hablaba de esto sin reserva. En esos momentos, según contaba, se le olvidaba que el mundo de afuera existía. Eran los momentos de diversión del guerrero. Un cigarrillo de marihuana y media cerveza era todo lo que consumía en la rumba, siempre le gustaba tener el control de la situación. La verdad es que nunca lo vi borracho o fuera de sí. La chimenea de su celda era el lugar perfecto para la conquista: el frío que se sentía en Itagüí por la neblina se convertía en un gran aliado para crear un ambiente de misterio, con la cercanía del fuego se desinhibía cualquier mujer. Estar al frente de Pablo Escobar y dentro de La Catedral era una experiencia malignamente excepcional para muchas de las mujeres que ya se iniciaban como muñecas de la mafia.

El correo iba y venía, y yo a cargo de él. Cartas de apoyo, ofertas de negocio y placer, ofertas nacionales e internacionales, ofertas de personas que podían guardar grandes cantidades de dinero en los bancos de Suiza, rutas para el narcotráfico, ofertas sicariales que dejaron muchos muertos y solicitudes de ayuda donde unos pedían casa o carro, a las que Pablo en muchas oportunidades complació. La Catedral era toda una central del crimen. Pero, como dice la canción, nada es eterno en el mundo: el presidente Gaviria y la recién abierta Fiscalía General de la Nación se cansaron de tanto exceso. Pablo y yo, que jamás aceptamos un no como respuesta a nuestros caprichos o deseos, tampoco nos hicimos esperar. Ya fortalecidos y listos para la guerra nuevamente, Pablo decidió que nos íbamos a fugar. Yo... feliz, a pesar de que el ritmo de maldad, pasión y aventura quedarían atrás.

Eran las once de la noche. Nuestra fuga estuvo planeada desde el principio, ya que, en el momento de construir La Catedral, Pablo hizo dejar en una pared cuatro ladrillos pegados con yeso, fáciles de derribar con los pies. Solo lo conocíamos él y yo.

Faltando un par de días para nuestra fuga, y como preámbulo de despedida, el Patrón mandó traer en uno de sus aviones a dos candidatas a Reinas de la Belleza de Cartagena, para darme el mejor de los regalos. Ellas nos miraban con sorpresa y nosotros, con lujuria. Una vez terminada aquella faena, en la que reinaron los buenos modales y el lenguaje educado, comidas y licor propio de reinas, cerramos con broche de oro regalándoles sendos relojes Cartier y un sobre cerrado con 20.000 dólares a cada una, mientras que nosotros nos llevamos el mejor de los trofeos: una Reina de la Belleza en nuestras camas en La Catedral. Muchas de estas muñecas solo se acercaban a nosotros en busca de fortuna, otras por simple y mera curiosidad, para satisfacer su morbo de haber tenido un capo o un sicario en sus brazos.

A las siete de la mañana recibí una información del primer radio, que reportó haber visto cinco camiones del Ejército subiendo a La Catedral. Me fui afanosamente para reportarle al Patrón, pero me dijo que no lo interrumpiera, que estaba durmiendo, que me dejara de paranoias. Entonces regresé y nuevamente confirmé. Los muchachos me reportaron que los camiones no iban solos, que también iban dos *jeeps* con oficiales a bordo. Yo fui de nuevo a la habitación del Patrón, le informé y le dije que la familia de los Galeano estaba distribuyendo volantes sobre la ciudad de Medellín. En ese instante Pablo dio un brinco, tomó el radio y preguntó. Los muchachos respondieron lo mismo que yo dije, aunque añadieron que eran fuerzas especiales. Él cortó la comunicación y dijo: «Pope, eso sí es delicado».

Todos, Pablo y nosotros sus sicarios, estábamos en alerta. El general de la Cuarta Brigada de Medellín estaba en La Catedral. La cárcel estaba rodeada. Llamaron al director de la prisión. Entonces Pablo nos ordenó sacar las armas, así que corrí a mi celda-habitación por mi fusil R15, una pistola 10 mm y mis binoculares. Pablo sacó su SIG Sauer. Observé desde la montaña cómo dialogaban el general Jaime Ruiz Barrera, el viceministro de Justicia Eduardo Mendoza y el director de Prisiones, el general Navas Rubio. Entonces Pablo se comunicó por el citófono y pidió un diálogo con el director de Prisiones y el viceministro de Justicia, y un hombre vestido de traje completo. Al contrario de lo que yo pensé, aceptaron. El Patrón nos ordenó esconder las armas. Yo pregunté quién era aquel hombre de civil y me respondieron que era un procurador.

Las puertas de la cárcel se abrieron. Ingresaron el viceministro de Justicia y el director de Prisiones, y cuando las puertas se cerraron, la cárcel quedó completamente acordonada por las fuerzas especiales. Eso llevó a Pablo a pensar que aquella operación no era de rutina. Me dijo: «Pope, a mi señal, usted agarre al viceministro, que yo agarraré al director». Cuando ellos ya se acercaban a la celda de Pablo, agarré al viceministro y lo llevé a mi celda. Pablo agarró a al coronel, mientras que Valentín, el Mugre, Otto, la Garra, Roberto Escobar, Gustavo González Flores, Tato Avendaño, Cacho y el Gordo Lambas apoyaban la operación. Ya al mando de la operación, Pablo se pasó a mi celda con el coronel

—¿A qué vienen ustedes armados hasta los dientes? —preguntó.

—Venimos a trasladarlo a usted a la Cuarta Brigada —respondió el coronel.

Estábamos todos en silencio mustio, ya que cuando Pablo estaba al mando nadie podía hablar.

—Ese no es el acuerdo con el Gobierno —replicó el Patrón. Entonces se dirigió a donde estaba el coronel Navas y preguntó lo mismo.

—Venimos a cambiar la guardia por soldados —fue la respuesta.

Entonces Pablo me llamó aparte.

—Pope —me dijo—, estos miserables vienen a matarnos. Luego se dirigió a todos y anunció—: Todos los mandos del Gobierno quedan retenidos.

Como si guardara alguna esperanza, Pablo me pidió que le llevara el teléfono maletín a su oficina, acompañado del viceministro, a quien le pidió que se comunicara de inmediato con el presidente. Contestó el secretario de la Presidencia, quien se limitó a responder que era imposible interrumpir al presidente en ese momento, y añadió: «Usted queda notificado telefónicamente de su destitución por haber entrado a La Catedral, no eran las órdenes para cumplir que usted llevaba».

Ante tal desconcierto y entre esto y aquello, la tarde empezó a caer y, aunque los soldados ya me habían visto armado, no actuaron. Una vez caída la noche, La Catedral ya estaba totalmente copada por las fuerzas especiales. La guerra comenzaba de nuevo.

Por orden de Pablo, llamé a los medios y envié el comunicado: «Si nosotros somos atacados en La Catedral, el terrorismo dará su inicio nuevamente y esta vez con más fuerza». Al escuchar el comunicado, el presidente convocó a su Gabinete a una reunión de emergencia. Entretanto, Pablo y nosotros aún no pensábamos en una fuga. Comenzaron las negociaciones. El interlocutor era un miembro de bajo rango del Gobierno, pero, como siempre, Pablo tenía un plan B. Comprendió que, al colocar un interlocutor de bajo perfil, lo que el Gobierno realmente buscaba era tiempo. Entonces, ya caída la neblina típica de la zona, Pablo se aprovechó de que la conocía como la palma de su mano, dedujo que el coronel, aunque era antioqueño, no conocía la montaña y consideró además que la guardia que la conocía había sido cambiada.

—Los que se sientan capaces de aguantar la montaña van conmigo —dijo—. ¡Pope, nos vamos!

La neblina sería nuestro mejor aliado. Todos preparados. Pablo dio instrucciones precisas:

—Con el coronel y con Eduardo Mendoza se quedan los que no pueden adentrarse en la montaña.

Pasadas las doce de la noche, los altos oficiales empezaron a perder la compostura y el viceministro, desencajado, empezó a maldecir el momento en que había entrado a la maldita Catedral. También decía que los íbamos a matar. Yo le ofrecí agua, pero la rechazó. Ante la indecisión de algunos, Pablo eligió a sus acompañantes. Sigilosamente y a rastras llegamos hasta un punto muerto de la cárcel donde la montaña no dejaba ver a la vigilancia, que contaba con un gran reflector. Este camino nos condujo a un lugar con abundante vegetación, para luego llegar a la pared en la que nuestros cuatro ladrillos secretos nos devolverían a la libertad. Todos en silencio. Nuestra fuga era un hecho. Iniciamos la caminata sin que la guardia sospechara nuestra salida, lo que nos daría horas de ventaja. Pronto descolgábamos la montaña, acompañados de linternas que nos alumbraban el camino hasta Itagüí.

¡Lo logramos! Nos escondimos en una finca de un amigo de Pablo, donde nadie nos vio. Entramos a las cinco de la mañana. La señora y los hijos apenas se estaban levantando para mandar a los niños al colegio. Pablo tomó el control de la finca y envió al señor para otra finca y a los muchachos cada uno a sobrevivir por su cuenta. Él y yo solos nuevamente. Empezamos a observar, pero nada pasaba. El Gobierno aún no sabía que nos habíamos fugado. Eran las siete de la mañana y el país estaba en vilo, ya que los noticieros sensacionalistas no paraban de crear expectativas sobre lo que estaba pasando en La Catedral. Eran las siete y treinta de la mañana y empezaron a sonar bombas de aturdimiento, como si los soldados quisieran sacar conejos de la madriguera. A continuación, entró el Ejército disparando, esperando encontrarnos. Pero, ¡oh, sorpresa!, solo encontró a sus funcionarios, acompañados de Icopor, el Gordo Lambas y la Garra.

El lugar donde estábamos no nos permitía tomar suficiente distancia y tampoco nos ofrecía la seguridad necesaria, así que Pablo dijo: «Pope, nos vamos para Sabaneta, nos van a aplicar la operación rastrillo». Los muchachos ya se encontraban en la ciudad completamente seguros. Nosotros seguimos caminando la montaña, para a las tres de la madrugada alcanzar una finca de unos amigos de confianza que, con mucho cariño, nos ofrecieron una buena cama y comida. Después de un día de descanso y ya con la entrepierna pelada por el roce de los *jeans*, nos sentamos a escuchar nuevamente las noticias. —«Pablo Escobar y sus lugartenientes se han fugado de La Catedral» —anunció el radio.

—Pope, traiga un papel y esfero —ordenó. Así lo hice. Redactamos un comunicado en el que expresábamos la razón de nuestra fuga, para luego enviarlo al periódico *El Colombiano* de Medellín.

Ese día, el 23 de julio de 1992, era el hombre más orgulloso de este mundo, porque yo, Jhon Jairo Velásquez Vásquez, alias Popeye, estaba firmando comunicados con Pablo Escobar Gaviria, el capo de capos del siglo XX, que, para bien o para mal, quedarán en los registros de la historia de Colombia.

Cuentas pendientes

Era un día regular de los años noventa, el sol abrasaba con intensidad. Pablo, algunos compañeros y yo nos encontrábamos en el Magdalena Medio antioqueño, en una finca a unos treinta kilómetros de la hacienda Nápoles, el castillo y palacio del capo, quien, como si de un señor feudal de la Edad Media se tratara, tenía sometida a la población de la zona, a la que imponía «tributos». Un jefe paramilitar pidió audiencia con Pablo. Nombre: Henry de Jesús Pérez, jefe paramilitar. Audiencia concedida. Sitio acordado: Puerto Boyacá.

Pablo me ordenó llevar a su solicitante a una caleta de tránsito ubicada en las selvas de Puerto Boyacá. Muy a mi pesar, puesto que yo ya era buscado y además me encontraba enfermo, lo hice. En mis pensamientos, yo me decía a mí mismo que el Patrón estaba cometiendo un error garrafal al llevar a este hombre allá. Tomé un vehículo campero del cartel, enviando previamente un carro para que hiciera las labores de avanzada hasta la autopista de Medellín a Bogotá. Arribé al punto acordado. Henry Pérez se presentó de inmediato, acompañado de quince hombres fuertemente armados con fusiles AK 47 calibre 762. Él esperaba que podría ir acompañado de su grupo de seguridad, pero me opuse. Inicialmente no aceptó, pero, cuando le propuse ir en mi carro, mano a mano, cambió de opinión.

Tenía al lado a un hombre que había sido entrenado por el Mexicano, amigo y socio de Pablo, quien les permitía operar en la zona y procesar cocaína, pero debían acatar sus órdenes y, lo mejor, no permitirían la incursión de la guerrilla, puesto que contaban con un ejército de 150 hombres. Durante el camino, me di cuenta de que él estaba haciendo preguntas de inteligencia. Astutamente, respondí como siempre, con desinformación. La reunión se desarrolló con relativa normalidad por espacio de veinte minutos. Regresé a aquel hombre para que fuera recogido por su cuerpo de seguridad, pero, a diferencia de la charlatanería de venida, a su regreso no pronunció palabra alguna.

Cuando regresé a nuestra caleta encontré a Pablo pensativo. Después de treinta minutos, rompió su silencio:

—Pope —me preguntó—, ¿de qué hablaron en el camino?

—Patrón —respondí—, él nos estaba haciendo inteligencia, muchas preguntas respecto a la cantidad de hombres suyos en la zona y cosas así.

Para mis adentros yo sabía que Pablo había comprendido su error.

—Pope —decidió—, nos vamos de aquí en tres días. Este tipo no necesitaba nada urgente, solo quería saber nuestra ubicación.

—Patrón, vámonos ya —sugerí, pero él se negó, argumentando que estaba esperando algo urgente para la organización. Yo obedecí, a pesar de mis presentimientos de traición.

Dos días antes de nuestra partida, un helicóptero sobrevolaba nuestra caleta.

—Pope —dijo Pablo al verlo—, este miserable nos va a entregar, está mostrando la ubicación.

Como siempre, la astucia del Patrón se hacía presente. Ordenó:

—Pope, doble la seguridad y que todos estén en alerta.

La casa campesina que nos alojaba, ubicada en medio de la selva tupida, contaba con todos los servicios de confort, víveres en abundancia, radios adentro y en sus alrededores, radios a la entrada de la autopista hacia Bogotá, radios hacia el Magdalena Medio antioqueño, radios hacia Medellín, así como los llamados «moscas», encargados de reportar cualquier movimiento extraño en torno a La Danta, como se llamaba nuestra caleta. Reporte cada cinco minutos, registro de carros que rodaban por la zona, cantidad de acompañantes dentro de los vehículos con su hora de uso de carretera... Pablo se iba a dormir a las seis de la mañana, tratando de prever que no fuéramos atrapados en la hora boba que va desde las tres de la mañana a las seis. Yo era el encargado de la seguridad, lo que hacía que mis horas de descanso fueran escasas.

La noche siguiente a aquella desagradable visita, Pablo se fue a dormir a las dos de la mañana con *jeans*, camiseta y sus tenis en la mano, pidiéndome antes que lo despertara a las cuatro de la madrugada. Lo desperté a la hora acordada. Nos dirigíamos a una montañita de observación, pistola en mano, cuando el radio uno dio el siguiente reporte: «Diez camiones llenos de policía, se dirigen hacia el Magdalena Medio, vienen desde Medellín».

El operativo de la Policía daba su inicio. Escuchamos los helicópteros e inmediatamente nos agazapamos entre la maleza. La ráfaga de tiros desde los helicópteros hacia la casa y carros no se hizo esperar. Algunos policías descendían con sogas desde los helicópteros y no solo rodeaban la zona, sino que la aseguraban creando un anillo de seguridad tras otro, para a continuación emprender su avanzada hacia la casa, que ya estaba vacía. Sus radios reportaron: «No hay nadie en la casa». La orden de los superiores fue clara: «Inicien la búsqueda». Solo que se les olvidó llevar un guía para la selvática zona, que nosotros conocíamos muy bien. Aparentemente, retornaba la calma. Seguíamos caminando por la selva. De repente, un radio de nuestra vigilancia reportó: «Están descendiendo de unos camiones cientos de soldados, y se dirigen hacia la selva».

Pablo decidió que debíamos regresar a La Danta, pensando que, como ya había sido rafagueada, los policías se retirarían. Envió a alias Negro Mafia a hacer un recorrido de exploración. Nosotros quedamos a la espera. Llegaron las dos de la tarde y Negro Mafia no regresaba, así que concluimos que había sido atrapado y que, igual que nosotros, los policías estaban agazapados en la selva esperando algún movimiento torpe de nuestra parte. El área no representaba problema para nosotros, porque, no solo en sus alrededores sino en amplias distancias, en muchas rutas de la selva, Pablo había hecho enterrar canecas plásticas con comida enlatada y agua en previsión de alguna emboscada. Había que reponerlas cada mes, lo que significaba que sobrevivir sería muy fácil. Pablo decidió que nos íbamos para la caleta supersecreta.

Una de las reglas de oro del Patrón, y que era inviolable, consistía en que la caleta donde él iba a estar solo la podían conocer sus ocho hombres de confianza. Además, a pesar de nuestra condición, nosotros no podíamos ir a dormir allá. La supersecreta, una cabaña que había sido construida debajo de un árbol, la conocía también Negro Mafia, que ahora estaba ausente. Después de una larga caminata, llegamos allá hacia las diez de la noche.

—Pope —ordenó Pablo—, coloque un radio vigilancia riachuelo abajo y despiérteme a las dos de la mañana.

Las aguas de aquel riachuelo eran claras y cristalinas, pero no potables. La temperatura de la zona alcanzaba los cuarenta y dos grados: un calor infernal rodeado de humedad. Pablo estaba inquieto, lo que no era usual en él. Yo me hallaba sentado al frente de su habitación, velando su sueño. Los seis hombres restantes vigilaban la zona.

A las diez de la mañana, después de unas buenas horas de calma, el vigilante reportó: «Pope, cientos de policías van pasando por acá y llevan a Negro Mafia con un lazo amarrado al cuello». No había duda, a Negro Mafia le había ganado la cobardía y había delatado la ubicación de la supersecreta. Yo le reporté al Patrón e inmediatamente abandonamos la cabaña. Dio orden de que el vigilante se internase en la selva y sobreviviera por sus propios medios.

Eran las cinco de la tarde. La cabaña fue allanada, con apoyo de los helicópteros desde el aire. Estaban disparando ráfagas de ametralladora contra la selva virgen. Nosotros corríamos por entre los árboles de tronco grueso que nos protegían de las balas. Un helicóptero Hudge 300 no blindado, con el que casi siempre se movilizaba el general con su piloto y dos policías, descendió demasiado, lo que me permitió tenerlo en la mira. Apunté con mi fusil y, cuando ya me aprestaba a disparar para derribarlo, Pablo se me abalanzó diciendo:

«No, Pope, no lo podemos derribar, porque automáticamente ellos sabrán nuestra ubicación».

Continuábamos escondidos en la selva. Los helicópteros Bell 206 JetRanger, que transportaban dos pilotos y dos artilleros más cuatro policías, no cesaban de disparar. Tato, uno de mis compañeros, cometió un error: se paró en una parte clara y fue visto por los helicópteros, delatando además nuestra ubicación. Pero, como la suerte estaba echada, era tarde y no les quedaba combustible, los helicópteros debieron regresar para abastecerse.

Se nos brindó la oportunidad y Pablo decidió:

—Muchachos, regresemos. Ellos esperan que nos sigamos internando en la selva y aquí nos van a ajusticiar. Mañana habrá más policías por tierra y aire.

Ansiosos de aventura y llenos de energía, todos dijimos que sí. Ya a nuestro regreso y a no más de 500 metros de La Danta, vimos campamentos de la Policía. Tenían fogatas y centinelas, pero nosotros cruzamos agazapados y continuamos nuestro camino, llegando al río hacia las siete de la mañana. Pablo, buen conocedor de la zona, sabía que muy cerca había una pequeña tienda, así que envió a un muchacho por pan y gaseosa.

—Pope, no sé cómo diablos llevé a ese maldito del Henry Pérez a la caleta —repetía, rascándose la cabeza y agregando que no era posible que el Negro Mafia se hubiese torcido.

Increíblemente, por la radio entro un comunicado con la voz de Henry Pérez.

—Patrón —decía—, tírese por Puerto Boyacá, que yo lo recojo allá. Vienen más de veinte mil policías más por usted.

—Claro que saben dónde estoy —respondió el Patrón—. ¿No ves que fuiste vos el que me estregaste, *hijueputa*?

Inmediatamente, arrojamos al río tanto radios como baterías.

Los helicópteros continuaban sobrevolando la zona. Nosotros seguíamos atravesando la selva, ya cansados. Entonces Pablo ordenó que botáramos los fusiles para aliviar el peso. Nosotros los enterramos bajo la tierra para no dejar rastros y hacer evidente nuestra debilidad bélica. La caminata continuaba, nos íbamos alimentando de guayabas, naranjas silvestres y papayas que encontrábamos en el camino.

Habían pasado nueve días. Cuatro de mis compañeros se habían quedado tirados en la selva, incapaces de aguantar su dureza. Los que quedábamos decidimos descansar en un barranco. El Patrón, sereno como una roca, estaba feliz en medio de la aventura y el peligro. Yo igual. Una vez allá, nos acostamos uno pegado al otro para darnos calor. Yo, junto al Patrón, metidos en un nicho dentro de una roca, sin importarnos que estos fueran los sitios favoritos de los osos, tigrillos y culebras que ya habíamos visto en el camino. La lluvia no se hizo esperar, pero la luna alumbraba prometiendo regalarnos una gran noche. Al despertar, estábamos completamente mojados. Aun así, reemprendimos nuestro camino.

Con los muslos y caderas lacerados por el roce del pantalón, marchando a paso lento, pero llenos de valor, continuábamos nuestro camino. Repentinamente, la montaña crujió y se desprendió de ella una roca inmensa que rodó hacia nosotros. Corrimos para tirarnos y acurrucarnos en posición fetal. Quedamos aún más mojados y llenos de tierra roja de pies a cabeza. Ahora teníamos un elemento adicional a nuestra ya difícil condición: ¡arena hasta en las orejas!

—Muchachos —dijo Pablo—, si ven, no nos mataron en La Danta y casi nos mata esa piedra. Por eso es que yo les digo que no se preocupen por nada, porque la muerte llega en cualquier momento y donde uno menos se lo espera.

Continuamos nuestra caminata y divisamos una casa campesina, entonces Pablo dijo:

—Muchachos, ustedes van a entrar y, cuando ya la hayan asegurado, entonces yo entro.

Esto es un error, me dije. Ya teníamos algo de seguridad y ahora estaríamos nuevamente expuestos.

Entré a la casa e inicié la requisa. Encontré un par de campesinos, me identifiqué como Popeye y pregunté:

—¿Quién está en la zona?

—Muchos policías —respondieron—, y están buscando solventes.

Abrí la puerta de una de las habitaciones y encontré a un joven, que era el hijo de los campesinos. Me dijo que era estudiante de la Universidad de Antioquia en Medellín. Una vez asegurada la casa, le di la señal de entrada al Patrón. Allá nos bañamos, comimos y dormimos con pistola en mano. La señora, con un botiquín rudimentario, nos curó, y mató gallinas a diario para cocinar grandes sancochos, porque decía que aquel delicioso plato nos daría fuerzas para continuar. ¡Comimos como locos!

Después de tres días allá, Pablo me dijo:

—Ve, Pope, ¿vos has visto al muchacho?

—No —respondí.

Me dirigí a la madre y me dijo que él se había ido para Cocorná, un pueblito que quedaba a tres horas, que el muchacho había ido a comprar un hacha.

—¿Allá hay teléfono? —pregunté.

—Sí —contestó ella.

Al escuchar esta mágica palabra, Pablo agarró su camisa.

—Pope —me dijo—, vamos hasta el tajadero de leña.

Allí había un hacha casi nuevecita. La radio de la campesina decía: «Pablo Escobar y un puñado de hombres están acorralados por la Policía en las selvas antioqueñas». A continuación, se escuchaba: «Se busca a Pablo Escobar. Recompensa: cinco millones de dólares para el que informe dónde está, dos millones de dólares por Jhon Jairo Velásquez Vásquez, alias Popeye». Esto nos convertía en un botín para aquel al que se le despertara la codicia y el deseo de ser un nuevo rico.

—Pope —ordenó Pablo—, empaque comida y agua hervida en galones plásticos, páguele bien a la gente y vámonos.

Cuesta arriba de la montaña nos detuvimos para observar los alrededores. Todo lucía normal. Eran las cinco de la mañana del día siguiente a nuestra partida. Los helicópteros empezaron a sobrevolar la casa, y nosotros, observando. Cuando miré hacia la izquierda vi al joven montado en un caballo, acompañado de la Policía. Era evidente que el muchacho nos había delatado. Ya sin fusiles, pero con pistolas y valor, volvimos a emprender nuestra huida para llegar a una casita habitada por un niño de siete años y su padre, un pescador que, al ser despertado violentamente, se puso de mal humor. Entonces le pegué una patada en la cara que le tumbó unos dientes, por lo que sangraba profusamente. Los helicópteros disparaban ráfagas por la zona. Pablo le ordenó al pescador que nos cruzara al otro lado del río, pero este se negó argumentando que era de noche y que a sola vela sería muy peligroso. El Patrón observó el cielo y concluyó que su luna radiante sería nuestra luz.

—Muchachos, maten al niño a puñal —dije ante su negativa, guiñándole el ojo a Pablo.

—¡No! ¡Por favor, no lo maten! —respondió inmediatamente el pescador.

Yo sabía que en época de guerra no se escuchaba misa, así que ordené amarrar tanto a padre como a hijo del cuello, ya que, como la zona es bastante montañosa, las manos deben quedar libres por si resbalan.

El río estaba crecido, rugía como león herido golpeando las rocas. Junto a nosotros, los rehenes iban con boca tapada y lazo en el cuello. Detrás de nosotros, la tropa. Llegamos a la orilla y la luna nos servía de faro.

—Es imposible cruzar el río —insistió el pescador, ganándose un golpe en la boca por parte de Pablo.

—Se tira o se mueren los dos —apremió el Patrón.

El hombre se agachó, recogió agua en sus manos, se enjuagó la boca y escupió con sangre. Miró a Pablo con odio y, sin abandonar su soberbia, se cruzó el lazo entre la axila izquierda y el hombro derecho. Se lanzó al río sin pensarlo dos veces, nadó, cruzó por entre dos rocas filosas, se agarró de la raíz de un árbol que estaba a más o menos 300 metros y así logró llegar al otro lado del río, desde donde nos lanzó una manila con una piedra grande amarrada en su extremo.

—Muchachos —dijo Pablo—, quítense toda la ropa, incluidos los zapatos, y amárrenlos a su cuello, porque si no la corriente se los llevará.

Ahora estábamos desnudos a la orilla de río Samaná y a muy baja temperatura. Uno a uno, fuimos cruzando al otro lado.

—Patrón —pregunté entonces—, ¿matamos al pescador?

—No. Este hombre ha sido muy valiente al cruzar el río. Y el niño morirá si se queda solo en la selva.

Tan pronto como el hombre cruzó de regreso, nosotros nos llevamos la manila para no facilitarle el camino a los soldados, que no paraban de seguirnos.

A las siete de la mañana habíamos logrado llegar a la carretera. Como caído del cielo, apareció un camión 600. Lo detuvimos, nos identificamos e iniciamos la marcha hacia San Carlos, Antioquia.

—Amigo —dijo el Patrón, ya adentro de la cabina—, ¿cuánto vale su camión?

—Tres millones.

—Le doy diez millones por él —le propuso Pablo—, pero llévenos seguros.

Atrás, bajo la carpa, los muchachos empuñaban sus pistolas. La carretera era destapada, incómoda, pero segura. Ahora estábamos fuera de operativo. Pablo le ordenó a alias Pepsi que llamase a cierto número para decirle a Arete que viniera por nosotros. Tres horas más tarde, nos estábamos despidiendo del camionero, muy agradecido con Pablo por haberle dado semejante suma de dinero.

Arete y su grupo llegaron en dos carros para llevarnos a unas casas finca rodeadas por un lago. El sitio se llamaba El Peñol. Luego pasamos a la finca La Manuela, llamada así en honor a su hija. Por fin nos habíamos librado del operativo y estábamos limpios y bien comidos, pero Pablo vomitaba sin cesar. Vino dos veces un médico de la mafia, que le diagnosticó virosis y lo trató con inyecciones y algunas pastillas. Ocho días más tarde, Pablo estaba peor. Recibí un informe que decía: «La finca va a ser allanada, hay helicópteros sobrevolando cerca de la zona». Ante tal noticia y las condiciones de Pablo, yo tenía que reaccionar.

—Muchachos —ordené—, entierren los fusiles, simulen ser trabajadores y estén en alerta.

Tomé un carro, subí al Patrón, quien ya ni siquiera era capaz de sostener su pistola. Tomé la pavimentada hacia Medellín, e increíblemente, como había asegurado el camionero nueve días antes, no había ningún retén en la carretera. Llegando al túnel, Pablo ya empezó a perder el conocimiento. No se podía sostener sentado. Ya entrando a Copacabana se hallaba una finca de Ricardo Prisco, que era uno de los sicarios de Pablo y manejaba la comuna de Manrique y Aranjuez. Agua que tomaba Pablo, agua que vomitaba. Ricardo nos recibió amablemente y de inmediato montó un primer anillo de seguridad. Luego mandó llamar a su hermano médico, con un mensaje adjunto que explicaba las condiciones del Patrón. El médico llegó con jeringa y tubos en mano. Unas horas más tarde teníamos el diagnóstico: paludismo cerebral. Medicina cada hora, ampolletas... el médico trajo todo lo que el Patrón necesitaba, mientras yo limpiaba su vómito y lo cambiaba. Como cabía esperar, la medicina actuó y Pablo empezó a ecuperarse.

Entre cuidado y vigilancia, yo escuchaba la radio. Los periodistas estaban felices vendiendo la noticia diaria: «Pablo Escobar se ha escapado dos veces de la fuerza militar, pero aún continúa en la zona, ya que un campesino dio información». Ahí se confirmó lo que ya sabíamos: el muchacho universitario nos había delatado.

Diez días más tarde, el Patrón recuperaba su salud. Ahora sabía que el agua de la montaña no se podía beber y me ordenó que lo sacara de allí. Le pedí a Ricardo que me prestara una yegua y su mayordomo, lo llevé a cabestro hasta la autopista Medellín–Bogotá, donde nuevamente Arete nos esperaba. Me despedí de aquel gentil hombre, agradeciéndole sus servicios con dos millones de pesos. Arete, sus hombres y yo llevamos al Patrón a una de sus fincas en el medio oriente, donde finalmente se recuperó después de cuarenta días.

Pero, como la guerra no se detenía y había cuentas pendientes, Pablo envió una persona a Bogotá para confirmar lo que ya sabíamos. Henry Pérez lo había entregado la primera vez y el joven universitario, la segunda. Me ordenó matar al muchacho. Fui a la Universidad y, hechas las labores de inteligencia, lo maté. Mi ira desenfrenada y mi personalidad intestinal me llevaron a darle más tiros que sus veintiún años.

Llegado el año 1992, emprendimos nuestro pago a la traición de Henry Pérez. Pablo me ordenó que consiguiera dos muchachos jóvenes de Bello, Antioquia, que los avisara de que era una operación de alto riesgo, posiblemente mortal, pero que ganarían 200.000 dólares con los que sus familias quedarían bien económicamente. El objetivo era Henry de Jesús Pérez.

Los muchachos llegaron a Puerto Boyacá aparentando vender ropa puerta a puerta y por cuotas. Ya familiarizados la moto y los jóvenes, todo sería más fácil. La caleta para el arma la hicimos dentro del tanque. Me reportaron haber escuchado un rumor en la calle que decía: «Condecoración a Henry Pérez el día de la celebración a la Virgen».

Puerto Boyacá era un pueblo de calles polvorientas, en una zona petrolera donde la violencia era constante. El Ejército y los paramilitares habían desterrado a la guerrilla en cruentos combates. Como entre los señores feudales de la Edad Media, la lucha por las tierras y el poder no cesaba, sin importar cuántos muertos o heridos se debieran sacrificar. Allí Henry era el amo y señor de la violencia, el poseedor de la tierra y el poder, incluso de las menores que desfloraba sin compasión. Asesinaba a todo aquel que no cumpliera sus órdenes o no quisiera tributar. Con sombrero de gran señor, cadenas de oro en el cuello, anillo con diamantes y pistola en el cinto como muestra de poder, recorría las calles de aquel polvoriento pueblo. Pero muchas personas le decían: «Henry, cuídese mucho que Pablo lo quiere matar».

Llegó el día de la celebración y con él los honores y el jolgorio. Mis hombres, Pachito y Migue, pistolas Prieto Beretta, moto y valor, estaban listos para morir o vencer. Comenzó la celebración. Henry entró a la iglesia acompañado de su esposa Marina, como todo un pavo real, sonriendo a lado y lado. Creyéndose un dios, levantó su mano derecha como señal para que sus hombres armados se quedaran esperándolo en la puerta, con sus seis camionetas prestas para esperar al gran patrón. Los beatos ya copaban la iglesia. Al frente estaba la Virgen, a quien no se le pueden mostrar las armas. Pachito y Migue permanecían atentos a un descuido de la seguridad del gran patrón. Henry y su esposa se ubicaron en primera fila frente al sacerdote. La imagen de la Virgen lucía hermosamente vestida con corona y bastón de oro y diamantes que le había regalado el nuevo patrón. Faltando ya cinco minutos para la conclusión de la misa, los acólitos se preparaban para sacar a la Virgen y empezar la procesión por el pueblo. Pachito y Migue observaron que la guardia estaba adormilada y muy concentrada en la oración. ¿Quién iba a pensar que en plena iglesia dos osados sicarios dispararían a quemarropa contra Henry de Jesús Pérez? Su cuerpo cayó *ipso facto* y emprendieron de inmediato la huida, entre disparos dentro y fuera de la iglesia. La guardia no salía de su atolondramiento. En medio de la bronca, Pachito cambió su proveedor y salió corriendo hacia el parque del pueblo; Migue corrió hacia la carretera principal, con un grupo de guardias tras ellos; el otro grupo corrió hacia las camionetas para sacar sus fusiles, pensando que Pablo Escobar y Popeye los perseguían con su gran ejército por todos lados. La confusión era total. Beatos, pueblerinos, sicarios... todos estaban en *shock*. La guardia disparaba para todos lados, matando a un transeúnte y su hijo que pasaban por causalidad en su moto.

Migue logró llegar a una casa para ocultarse, pero lo encontraron y lo mataron, cayendo también aquella señora que tenía la puerta abierta a la espera de la procesión. Por su parte, Pachito corría tan rápido como podía. Alcanzó un potrero para coger la montaña y allí desaparecer, pero, cuando cruzaba una zanja, los proyectiles lo alcanzaron y también murió como un valiente bandido en acción.

Ahora Puerto Boyacá estaba libre de aquel personaje que, por ansias de riqueza y poder, mató a su propio padre para arrebatarle el control de la zona que él dirigía. Las tácticas de Yair Klein, su entrenador de guerra, lo habían convertido en un hombre que solo sembraba terror. Recibí la noticia en detalle en mi celda e informé al Patrón.

—Pope —ordenó él—, envíele el dinero a la familia.

Los hermanos Castaño y el DAS: una bonita pareja

Nosotros éramos viejos aliados de la familia Castaño Gil. Sin embargo, con el pasar del tiempo y de muchos sucesos desafortunados, los hermanos Fidel y Carlos se terminaron convirtiendo en nuestros grandes enemigos. El Patrón venía planeando su muerte, pero no iba a ser nada sencillo lograrlo. Tenía que ser una estrategia perfecta: estábamos obligados a matarlos a los dos; no se podía matar a uno y dejar al otro vivo. El sobreviviente se pondría en nuestra contra y sería un peligro para nuestras familias y allegados; lo tomaría como un ataque familiar y no como el ataque contra un bandido, con patente de corso para matar a nuestros niños y mujeres. Los hermanos Castaño Gil fueron sanguinarios desde siempre, no tendrían compasión con nosotros.

Fidel Castaño Gil era el mayor de los dos, un poderoso narcotraficante desde finales de los años setenta. Entró en guerra frontal contra la guerrilla de las FARC por el secuestro de su padre y su posterior asesinato. Los Castaño Gil eran descendientes de una familia nacida en un pueblito enclavado en las montañas de Amalfi, en el departamento de Antioquia, con fincas ganaderas en la región del Urabá. Fidel Castaño era uno de los mayores terratenientes de la época: un hombre poderoso, socio de Pablo Escobar en el narcotráfico durante los años ochenta. Su figura nunca pasaba desapercibida, con su 1,85 de estatura y su tez trigueña, oscura, casi de moreno. Impresionaban su cuerpo atlético y su mirada inquisidora, era muy buen conversador y se le conocía como gran amante de los juegos de azar. Como un verdadero artista del camuflaje, se movía en camiones por el monte y siempre iba vestido humildemente en la ciudad, donde se desplazaba en carros de servicio público o modestos autos. Prescindía totalmente de joyas o lujos, ni un reloj portaba con él. Un verdadero hombre de guerra.

Fidel era violento como ninguno, su corazón albergaba el resentimiento más extremo. Sentía un odio visceral por la guerrilla. Siempre carente de cualquier clase de escrúpulos a la hora de ordenar asesinatos, en una ocasión mandó a sus tropas a disparar con ametralladoras M60 en campamentos de petroleras. Era un día de mercado en el pueblo minero de Segovia, departamento de Antioquia, así que las víctimas fueron campesinos inocentes. El creía que todos eran guerrilleros o auxiliadores de la guerrilla. Ese día se habló de más de ochenta muertos y cientos de heridos en Segovia. En otra ocasión abrió una fosa común en una de sus haciendas y allí arrojó volquetadas de muertos. «Todos guerrilleros», decía él. Algunos lo llamaban Rambo. A Fidel le gustaba estar siempre al frente de su tropa, con una ametralladora M60, cruzado de balas, esgrimiendo sus músculos y dirigiendo a sus bandidos hacia la muerte y la destrucción. Nadie sabía nada de su familia, ni siquiera cómo se llamaba su mujer. Se rumoraba en el medio que, cuando una de sus novias quedaba embarazada, la asesinaba cruelmente junto con la criatura. Rambo tenía la teoría de que un hijo era un blanco legítimo para sus enemigos y él no se exponía en esas cosas. Era un hombre serio, más bien seco, poco amigable en el trato. A Pablo Escobar le decía Patrón.

Pablo Escobar lo sabía controlar muy bien. Su presencia le inspiraba respeto. Fidel Castaño era disciplinado como ninguno: cero licores, tampoco fumaba cigarrillos, mucho menos marihuana. Era un atleta consumado. De lunes a viernes corría cerca de veinte kilómetros diarios. El que lo viera se engañaba y no alcanzaba a descifrar quién era. Un hombre de hablar corriente en la cotidianidad, pero que cuando entraba a su mansión se convertía en un refinado caballero, todo un *gentleman*. Conocedor y poseedor de obras de arte de todo el mundo, su gran fortuna la había concentrado en una estupenda colección con obras de reconocidos artistas de todos los rincones del planeta. Contaba con un fino paladar para los vinos y poseía una hermosa cava. Rambo se ausentaba por periodos de tres o cuatro meses cruzando hacia Panamá, desde los terrenos del Urabá antioqueño. Algunos decían que hacía un gran trayecto a pie. Viajaba solo. Una vez en Panamá, se vestía bien, tomaba su pasaporte con nombre falso y volaba directo a París. Allí tenía su automóvil de lujo con chofer privado y un bello palacete donde podía dedicarse tranquilamente a su gran pasión: el buen vino.

Este hombre se daba la gran vida en la clandestinidad. Cuando quería regresar al país, a la guerra, lo hacía de la misma forma. Aparecía caminando solo, así llegaba un día cualquiera a su mejor hacienda, la famosa Las Tangas. Tenía que moverse clandestinamente, ya que en su contra pesaba una condena de veinte años por una masacre de campesinos. La cárcel era su gran temor.

Al lado de Rambo crecía su hermano, Carlos Castaño. Un hombrecito casi insignificante, de prominentes orejas, brazos débiles y manos grandes. De 1,70 de estatura o menos, Carlos tenía una voz más fuerte que la de su hermano mayor, pero no la misma valentía. Delgado, con fuerza casi de niño, pero con una mente superdotada para el crimen, Carlos Castaño era como un Pablo Escobar chiquito. Había sido entrenado en inteligencia por los israelitas y el Ejército colombiano. Era un excelente asesino. Su inteligencia y su dinero lo llevaron a permear el organismo de inteligencia más importante del país: el DAS (Departamento Administrativo de Seguridad Nacional), un cuerpo civil de inteligencia con gran poder dentro de la nación, que siempre fue controlado por el Palacio de Nariño y el presidente de la República. Su gran habilidad consistía en vender su lucha antiguerrillera para los propósitos de Fidel y los suyos. También se infiltró en la inteligencia militar y con el tiempo, como muchos saben, llegó a ser el jefe paramilitar más temido en toda Colombia.

Pablo Emilio Escobar Gaviria tenía principios izquierdistas y no cooperaba con los Castaño en su guerra. Tampoco recibía o aceptaba presiones de la izquierda para ir contra los Castaño, ya que estos aún cooperaban con los Extraditables, haciendo grandes operativos para esta organización paralela al cartel de Medellín. Sin embargo, había algo o alguien más significativo detrás de todo esto: el gran capo de capos, Gonzalo Rodríguez Gacha, alias el Mexicano. Este gran aliado de Pablo financiaba y protegía a los hermanos Castaño Gil. el Mexicano y los Castaño tenían algo en común: le habían declarado una guerra a muerte a la subversión colombiana. Atacaban a la guerrilla donde más le dolía, en sus frentes políticos en las ciudades. Así fueron asesinados más de 3.000 militantes de la Unión Patriótica, partido político que había sido creado en una de las desmovilizaciones de la guerrilla.

Lo más delicado contra la izquierda colombiana fue el asesinato de sus máximas figuras, como el caso del aspirante a la Presidencia de Colombia, Bernardo Jaramillo Ossa. Para esta época, el Mexicano había muerto, pero los Castaño se financiaban con otro narcotraficante: Fernando Galeano Berrio, alias el Negro Galeano. Carlos Pizarro León Gómez también fue asesinado dentro de un avión, cuando ya estaba integrado en la vida política nacional y había entregado sus armas. Él había sido quizás el principal líder del movimiento guerrillero M-19. Hombres como José Antequera, Rodrigo Pardo Leal y muchos otros cayeron víctimas de los Castaño y su alianza nefasta con el DAS.

Un día sonó una noticia importante en La Catedral: «¡No es posible, Albeiro Ariza está muerto!», exclamó el Patrón. Fue un golpe fuerte para Pablo y sus socios. Pablo envió a Tyson a Cali, a golpear allí en respuesta por la muerte del Campeón. Tyson iba tras José Santacruz Londoño. Pero entonces le llegó un anuncio importante a Pablo Escobar: Fidel y Carlos Castaño anunciaban una visita a La Catedral. Era una muy buena oportunidad para terminar de una vez por todas con ese problema. «Si suben los dos acá, se mueren», pronosticó el Patrón, organizándonos con armas de silenciador. El camión con compartimiento secreto serviría para sacar los cadáveres de la cárcel. El Patrón me ordenó llamar de urgencia al Chopo y Tyson. Todo estaba listo para este importante ataque. Sus escoltas serían asesinados en la casa del citófono. Se organizaron todos los detalles para que los hombres del Ejército que vigilaban la cárcel no sospecharan de nada. Sin embargo, algo le dijo a Pablo Escobar que los dos hermanos Castaño no vendrían juntos. Un error de estos no lo cometerían tipos tan astutos, y más sabiendo quién era Pablo Escobar. Pero todos estábamos listos para darlos de baja: el Chopo, Giovanni Lopera, Tyson, Comanche, cada uno con su gente. En La Catedral, Otto y yo éramos los elegidos para acabar con estas dos alhajas.

La confianza entre los Castaño y Pablo Escobar se había roto en 1990, cuando el líder del Partido Comunista Colombiano, Bernardo Jaramillo Ossa, y posterior presidente de UP, acudió a su amigo Pablo Escobar buscando una cita para un asunto de su seguridad personal, dado que sus temores de ser asesinado ya eran demasiado evidentes. La reunión se concretó por medio de un catedrático de la Universidad Nacional, amigo de ambos. El doctor Bernardo Jaramillo estaba en plena campaña presidencial y fue a la ciudad de Medellín, donde lo recibimos Pinina y yo. Íbamos con suficiente gente armada, así que lo apartamos de su escolta, compuesta por agentes del DAS. El candidato ordenó a su seguridad que lo dejara partir con nosotros. Lo llevamos al alto de Las Palomas, en Medellín. Allí, en la casa de Chucho Gómez, se dio el esperado encuentro. El Patrón le dijo que él no podía hacer nada contra los Castaño. Esto ya lo sabía Bernardo, pero quería insistir. El Patrón le advirtió: «En lo único que te puedo ayudar es dándote un consejo: ¡no te dejes escoltar por la gente del DAS! Fidel y Carlos Castaño tienen infiltrado ese organismo a muy alto nivel».

Escobar le explicó al candidato cómo los Castaño habían ayudado a los Extraditables en el asesinato del aspirante más firme a la Presidencia, el eminente liberal doctor Luis Carlos Galán Sarmiento. En su muerte fue clave el papel que jugaron los escoltas del DAS, directivos de la Policía y del Ejército. Bernardo Jaramillo se preocupó y pidió ser llevado de nuevo a sus guardaespaldas. Pablo se despidió con un fuerte apretón de manos del líder de la izquierda. Pinina y yo lo llevamos donde su gente y el notable político se despidió de nosotros con un dejo de preocupación. Nunca supimos cómo ni de qué forma, pero los hermanos Castaño se enteraron de la reunión, de tal forma que secuestraron e hicieron desaparecer al catedrático que había facilitado su casa para el encuentro. A los pocos días, el Patrón se enteró de la desaparición del profesor por boca de Pinina. Los únicos a quienes les podría interesar saber lo que se había dicho en esta reunión eran a la inteligencia militar y a los Castaño. El catedrático nunca apareció.

Desde aquel momento se rompió la relación de Pablo Escobar con Fidel Castaño y su hermano Carlos. Comenzó una guerra fría entre estos bandos con un acomodamiento de fuerzas y nuevas alianzas y traiciones en el bajo mundo. Pablo se enteró de que Carlos Castaño estaba en contacto con los jefes de la mafia caleña. Como resultado previsible de lo que se venía gestando, el 22 de marzo de 1990, Bernardo Jaramillo Ossa fue asesinado dentro del aeropuerto El Dorado de Bogotá, en una zona supuestamente segura. En el acto, el DAS sindicó a Pablo Escobar Gaviria por su presunta autoría del crimen. El Patrón se defendió y rechazó tal afirmación diciendo públicamente que él era amigo personal del candidato. Esta fue una maniobra sucia de los Castaño y el DAS contra el capo de la mafia. Fidel y Carlos buscaban que la guerrilla atacara a Pablo Escobar culpándolo de la muerte del líder de la izquierda. Y, conociendo al Patrón, sabían que él pelearía contra la guerrilla si era atacado. Buscaban que el capo se aliara estrechamente con la ultraderecha y el paramilitarismo en Colombia. De igual forma el DAS, al inculpar al enemigo público número uno de Colombia, tapaba su participación en el grave hecho y podía seguir actuando en contra de la izquierda colombiana, a la vez que ganaba dinero a manos llenas. Se completaba el cuadro que dibujaría la violencia de las dos décadas siguientes.

El 26 de abril de 1990 fue asesinado otro importante dirigente de la izquierda colombiana. Un candidato con altas posibilidades de llegar a la Presidencia de la República, el doctor Carlos Pizarro Leongómez, se convirtió en otra víctima de los hermanos Castaño, otro de los blancos políticos atacados por estos en su alianza de muerte y terror con las fuerzas oscuras del Estado, concentradas en el organismo de inteligencia del Gobierno. De nuevo el DAS, siguiendo el mismo patrón de las muertes anteriores, sindicó a Pablo Escobar por el magnicidio. El Patrón rechazó la acusación, que no tenía ningún fundamento.

Todos estábamos listos para acabar con el problema Castaño Gil. La orden del Patrón era clara: «Si no vienen los dos hermanos se aborta el plan». Todos estábamos en nuestros puestos, se sentía la adrenalina y el liderazgo del Patrón a la espera de lo que pudiera suceder con aquella visita. Estábamos de nuevo en un importante operativo de la mafia y su resultado sería central para lo que pudiera suceder de allí en adelante. Las fuerzas paramilitares llegaron a las diez de la mañana, pero solamente había un detalle en nuestra contra: Carlos Castaño Gil apareció solo en la casa del citófono, con sus escoltas. El Chopo me avisó de este detalle. Le pasé la información al Patrón y él me ordenó coordinar con el camión para subir a Carlos sin los escoltas. También me ordenó que no se desmontara el operativo, ya que Fidel podría aparecer de un momento a otro. El hecho de subir al líder paramilitar solo a la prisión no despertaría sospechas, ya que el ingreso a La Catedral no era para muchas personas. Carlos se saludó fríamente con el Patrón y fue directo al grano.

—Pablo —le dijo—, traigo un mensaje de la gente de Cali: quieren la paz.

El Patrón no le contestó nada, le pidió que lo acompañara a su oficina. Carlos Castaño se negó y pidió conversar en un lugar abierto. Se notaba nervioso y confuso.

—No estoy interesado en la paz —le contestó fríamente Pablo.

Allí se pusieron a hablar de otras cosas y entraron en una conversación sin ninguna lógica que justificara la visita de Carlos Castaño al penal. Tras cuarenta minutos de monólogos y respuestas vagas, Carlos se despidió del Patrón y yo bajé con él en el camión hacia el lugar donde lo esperaba su escolta. De pronto, Castaño se detuvo y se quedó mirando la montaña que rodeaba el lugar. También observó con interés las garitas de vigilancia y demás puestos de seguridad. Me miró y se despidió abordando el camión. Regresé rápidamente a la celda del Patrón y me ordenó llamar al Chopo para dejarlo ir.

—¿Usted notó algo raro, Pope? —me preguntó.

—Claro, Patrón, el hombrecito se estaba ubicando —le contesté.

—Lo mismo pensé yo —me comentó serio—. Preparémonos para un ataque dentro de la cárcel —dijo Pablo en conclusión, informado de lo que había hecho Carlos Castaño en el parqueadero.

Coincidimos en que posiblemente estaba buscando una posición para un francotirador o los accesos posibles para un ataque con un grupo por tierra. Recibí una llamada del Chopo: «Carlos Castaño no ha llegado en el camión, se ha bajado después de los controles del

Ejército y ha tomado la montaña». Entonces el Patrón ordenó que se desmontara todo el operativo de inmediato.

Pablo Escobar Gaviria tenía un detector de mentiras portátil: su mirada. Cuando le clavaba la mirada a un ser humano sabía si este le estaba mintiendo o no. A Escobar siempre era mejor hablarle con la verdad.

EL COMIENZO DEL FIN

El Mexicano y su guerra contra las FARC: inicios del paramilitarismo

Tyson, que había sido enviado a vengar la muerte de Alberto Areiza, regresó de Cali con la mala noticia de que el objetivo no era el poderoso capo José Santacruz, sino su padre, que se llamaba igual. Pablo le ordenó que no desmontara la infraestructura en Cali y mantuviera allí a sus bandidos.

Pasado un mes de la visita de Carlos Castaño a La Catedral, un grupo de hombres intentó ingresar a nuestro templo por la montaña, cobijados por los árboles y la bruma densa de la noche. El Ejército reaccionó y nosotros también. Una alerta temprana en la que el Ejército veía que algo se movía camuflándose en la manigua delató la posición de los intrusos. Estos se replegaron sin poder llegar a la cárcel. Ni siquiera hubo tiros en aquella noche de suspenso. Al menos, algo quedaba claro: el Ejército no estaba a favor de nuestros enemigos.

El tema, no obstante, le inquietaba mucho a Pablo Escobar. Cada día que pasaba, la cárcel adquiría más fuerza y al mismo tiempo nuestros enemigos hacían mayores esfuerzos por desestabilizarnos. Parecía que todo se estuviera acomodando para el fin de Pablo Escobar y el tenebroso cartel de Medellín.

Tras la ejecución de Henry Pérez por dos sicarios de nuestra organización, los enemigos de Pablo capitalizaron este hecho para elaborar el sometimiento del cartel de Medellín a la justicia. Cayeron lluvias de cartas sobre La Catedral. El segundo hombre de Henry Pérez fue a los medios de comunicación y llamó a Pablo Escobar «rata asesina» ante la opinión pública. Miré al Patrón a la cara cuando escuchamos la noticia, pero él no mostraba ninguna reacción.

El asesinato de Henry reafirmó el poder del Patrón y asustó a sus enemigos. La estrategia de ellos era desprestigiar al máximo La Catedral y obligar a las autoridades a sacar de allí al capo. Un enemigo como Pablo protegido por el Estado y tirándole a ellos era una situación muy compleja, algo totalmente indeseable. Los caleños lo necesitaban fuera de la cárcel y perseguido por las autoridades, para así poder llegar hasta él y ejecutarlo. Andaban detrás de su cabeza. También les preocupaba que Escobar estuviera rearmando el cartel desde la cárcel, fortaleciéndose económica y militarmente. El desgaste acumulado en siete años de guerra ininterrumpida los estaba superando. El cartel de Cali, no obstante, tenía un defecto: solo sabían pelear con policías aliados, no tenían bandidos de peso como nosotros. Lo que más preocupó a nuestros enemigos sobre aquel golpe fue que, el día en que fue ejecutado, Henry Pérez llevaba ocho escoltas muy bien armados consigo, mientras que nosotros solo necesitamos dos muchachos con pistolas para su eliminación.

Los problemas sobre La Catedral crecían como la espuma. Aviones norteamericanos sobrevolaban el penal constantemente tomando fotografías. Todos los días recibíamos información de diferentes planes para asesinarnos dentro de la prisión. Pero la verdad era que nada nos asustaba con Pablo al frente. El golpe contra Henry Pérez también enfureció mucho a los Castaño. El jefe paramilitar era su amigo, uno de los pocos que había osado enfrentarse al Patrón.

El paramilitarismo en Colombia venía ya de algunos años atrás. Había nacido públicamente el 12 de noviembre de 1981 con el secuestro de Marta Nieves Ochoa Vásquez. El clan Ochoa, junto con Pablo Escobar y el Mexicano, fundaron entonces el Grupo MAS, Muerte A

Secuestradores. Este grupo luchó también contra el grupo guerrillero M-19, pelea que se terminó con una tregua y una alianza. La tregua dio como resultado la liberación de Marta Nieves por parte del M-19, y la alianza con Pablo Escobar se forjó por su ideología izquierdista.

Sin embargo, el MAS no acabó allí. Fue creciendo hasta el Magdalena Medio antioqueño, donde se inclinó hacia el paramilitarismo, desplazando a las autodefensas campesinas, que eran grupos artesanales conformados por campesinos sin entrenamiento y mal armados. La gente de la región se había agrupado para defenderse de los ataques de la guerrilla de las FARC, del boleteo y del secuestro, así que el MAS les llegaba como caído del cielo. Este nuevo grupo se definió claramente como paramilitar, al ser entrenado por militares activos en tácticas de combate. Portaban el mismo uniforme de los militares y usaban fusiles Galil 7.62 de las Fuerzas Armadas de Colombia. A partir de entonces, militares y paramilitares realizaban operaciones conjuntas contra su enemigo común: la guerrilla de las FARC.

Pero lo que termina dando poder al paramilitarismo en Colombia es el apoyo decidido del Mexicano, que se convirtió en el brazo financiero principal de estas milicias y su entrenamiento militar. Rodríguez Gacha trajo armamento sofisticado a los paramilitares, creó escuelas de entrenamiento, contrató militares retirados como instructores y trajo al país al mercenario israelí Yair Klein para perfeccionar las técnicas de combate de estos grupos ilegales. Del Magdalena Medio, el paramilitarismo se expandió al Urabá antioqueño, donde fue liderado por Fidel Castaño Gil. El Mexicano decidió entonces entrar en guerra con la principal guerrilla del país, las FARC, que había atacado un laboratorio suyo, robándole diez toneladas de cocaína y asesinando a sus químicos profesionales, junto a otros trabajadores y personal de seguridad del laboratorio. Los paramilitares habían hecho el trabajo sucio que los militares no se atrevían a hacer: así, poco a poco, fueron entrando en el negocio de la cocaína, hasta convertirse en los principales protectores de la infraestructura del narcotráfico.

La Catedral, asediada por tierra y aire

Se filtró una nueva información que nos preocupaba, sin asustarnos del todo. Pablo fue informado por un contacto suyo dentro del Ejército salvadoreño de que los chinos habían comprado dos poderosas bombas, de 500 libras cada una, llamadas «bombas papaya». El Patrón se dirigió a una fuente confiable que le explicó que las bombas eran devastadoras y letales, pero que tenían un problema: solo podían ser lanzadas por un avión especial. Daba la casualidad de que estos aviones solo los tenía la Fuerza Aérea Colombiana. Aquí olía a un posible atentado. Pablo dio aviso al Gobierno y este tomó cartas en el asunto.

En la cárcel también establecíamos nuestras propias medidas de seguridad, como apagar todas las luces cuando había un sobrevuelo. Ya no dormíamos en La Catedral. El Gobierno nos autorizó a hacer unas cabañas en la montaña y allí pasábamos las noches, cuidándonos también de otro posible ataque terrestre. Los problemas crecían como una bola de nieve, pero nosotros estábamos acostumbrados a vivir bajo fuerte presión y teníamos un pararrayos muy fuerte y prácticamente indestructible llamado Pablo Escobar. Nada le preocupaba al Patrón, todo reto nuevo lo encaraba con decisión y valentía. Se construyó un refugio antibombas en la periferia del penal. El terreno, de unas treinta cuadras a la redonda, nos permitía movernos mucho y estar listos en caso de un eventual bombardeo.

Llegó una nueva información de muy buena fuente: los hermanos Rodríguez Orejuela estaban buscando personas a muy alto nivel dentro de la Fuerza Aérea para el tema de las bombas. Buscaban un piloto experto y un avión con las condiciones necesarias para terminar el trabajo. El Patrón no se amilanó y avisó a las autoridades sobre estas nuevas incidencias.

Nuestra guerra contra el cartel de Cali aún no arrojaba resultados satisfactorios. Teníamos la necesidad de matar a alguno de sus líderes para voltear la guerra a nuestro favor, pero solo caían peones de lado y lado; y, lo peor, eran más los inocentes muertos que los miembros de la mafia caleña caídos. Tampoco alcanzaban nuestros esfuerzos para llegar a los hermanos Castaño Gil. Sin embargo, no todo era tan malo. Las rutas del narcotráfico iban viento en popa, dentro del penal continuaban nuestras fiestas, la familia seguía visitándonos, todo parecía normal en nuestras vidas. El Patrón nos sorprendió decidiendo cambiar su *look*, aunque no abandonaba sus *jeans* ni sus tenis de taches. Se cortó la espesa barba y solo lucía su bigote, dejó de usar la ruana, se colocaba buzos diferentes y en las noches de frío usaba gorros rusos. Disfrutaba mucho de su familia, sobre todo de la pequeña Manuela, «su pequeña bailarina sin dientes», como declaró públicamente en algún momento. Así seguía pasando el tiempo en La Catedral, a pesar del asedio de tantos de nuestros enemigos.

Pablo recibió información sobre los hermanos Castaño Gil: estos frecuentaban semanalmente a los jefes del cartel de Cali. Sucedió entonces algo muy grave, algo que Pablo ya sospechaba de alguna forma. Dado que la extradición estaba prohibida en la Constitución Nacional de Colombia, un narcotraficante del peso y los problemas del Patrón podría terminar perjudicando de manera directa el negocio al grupo de Medellín. Efectivamente, mientras toda la presión de las autoridades estaba sobre esta ciudad, en Cali traficaban de lo lindo... Los hermanos Castaño Gil, buscando sacar provecho de esta situación, empezaron a mover sus fichas para convencer al Negro Galeano y a Quico Moncada de que no apoyaran ni financiaran más a Pablo Escobar y de algo más complicado aún: que se aliaran con la gente de Cali.

El Patrón recibió aquel golpe de pie. Se levantó de su escritorio, nos miró sin decir nada, caminó un poco con las manos atrás y se sentó de nuevo sin musitar palabra. Este era un hecho grave para el cartel de Medellín. Tanto el Negro Galeano como Quico Moncada se hicieron capos al lado de Pablo Escobar. No eran guerreros del peso de Pablo, sobre todo Quico Moncada, pero eran unos grandes traficantes de droga, con rutas, aviones y una muy buena infraestructura. Quico financiaba a Pablo cuando este tenía problemas de efectivo, al igual que al clan Ochoa. Quedarse sin su apoyo era perder un brazo financiero que por aquellos días era muy necesario, sobre todo teniendo en cuenta que el cartel de Medellín se estaba rearmando desde La Catedral. Este era un golpe fuerte, pero no definitivo, para Pablo Escobar y nosotros. Las rutas del narcotráfico estaban funcionando de nuevo bajo el control del Patrón, pero el Negro Galeano y Quico Moncada administraban y surtían la ruta estrella del cartel de Medellín: la Fania, la cual salía de Buenaventura cada dos meses en barco, cargada con doce toneladas de cocaína rumbo al golfo de México.

Una organización tan grande como el cartel de Medellín necesitaba un flujo de dinero constante. Eran muchas personas, muchos enlaces y sobornos los que se tenían que pagar a diario. Sin dinero, el cartel podría verse acorralado, sin el suficiente poder para adelantar sus movimientos cotidianos. Sucedió entonces algo que complicó aún más las cosas. Apareció asesinado Ariel Otero en la entrada a Puerto Boyacá. Lo encontraron torturado y amarrado, con un tiro de gracia. El principal sospechoso de su muerte era de nuevo Pablo Escobar, otro supuesto asesinato por órdenes que salían desde La Catedral. Llovieron críticas sobre el Gobierno y todos los ojos volvieron a ponerse sobre nosotros. Nadie olvidaba que Ariel Otero llamó públicamente «rata asesina» al Patrón, y Pablo Escobar era implacable con este tipo de cosas.

Lo curioso del tema era que no habíamos sido nosotros los culpables de aquella muerte. El asesinato del jefe paramilitar que heredó el poder de Henry Pérez fue ideado por el cartel de Cali. Otero negociaba armas y otros asuntos con la mafia caleña y desde la cúpula lo mandaron ajusticiar por sospecha de estar pasando información a un grupo de la DEA que no cooperaba con ellos. Aquí ya entraba en juego la Agencia Antidrogas de Estados Unidos, una organización que es cosa seria. A nadie le convencía ni le favorecía la guerra entre carteles tanto como a ella. Mientras un grupo de la DEA apoyaba a los caleños contra nosotros, otro grupo estaba recopilando información de los caleños para ir en su contra. Su plan era que, cuando cayéramos nosotros, irían tras los cuatro grandes de Cali.

El asesinato de Ariel Otero lo utilizaron para atacarnos vilmente. Al lado del cadáver del paramilitar dejaron un letrero en el que, supuestamente, Pablo Escobar se adjudicaba el crimen. Estos hechos llevaron a que la Embajada norteamericana presionara cada día más al presidente de Colombia para que nos sacara de La Catedral. Nuestros días allí ya estaban contados.

Un amor en medio de la muerte

A pesar de todo lo que sucedía, el destino me mostraba de nuevo el amor. Una hermosa mujer vino a visitarnos, al Patrón y a mí, en nuestro templo en la montaña. Se trataba de Ángela María Morales. Yo la conocía de mi barrio, el Éxito de Colombia. Ángela María era el sueño de todos los que la conocíamos. Tanta era su belleza que me parecía estar lejos de mi alcance, ya que yo era simplemente un joven flaco de *jeans*, camiseta y tenis blancos que no despertaba ningún interés en aquella jovencita que ya desde su tierna adolescencia trabajaba como modelo: piernas largas y torneadas, cabello negro, cara angelical, personalidad arrolladora. Ninguna mujer sabía caminar como caminaba ella, con ese arte para los tacones y esa sensualidad que te mataba. ¡Un verdadero sueño de mujer! Era un espectáculo verla desde mi balcón o desde el andén cuando salía de su casa para el colegio. Siendo apenas una adolescente, sus hermosas caderas y su voluptuosidad ya enloquecían a cualquiera. ¡Toda una reina! Ella era mi sueño, pero yo solo era un insignificante soñador. Ni en mis cálculos más optimistas estaba el poderla pretender. Sus 1,76 de estatura y su imponente presencia me asustaban.

Ángela era amiga del Patrón y fue al penal a una visita de cortesía con una amiga. Yo me alejé de mis funciones en el camión y el citófono, mi mundo entero se redujo a Ángela María. Ella estaba en mis terrenos y yo me atreví a coquetear. Quizás no volvería a tener otra oportunidad como aquella. El Patrón fue tras la acompañante de Ángela, que también era muy bella y sensual. Fui afortunado y logré llevarla a mi celda, que, si bien no era tan lujosa como la de Pablo Escobar, sí tenía baño privado, televisor, equipo de sonido, biblioteca y una buena cama. Allí finalmente la pude mirar a los ojos como nunca antes y desde aquel momento todo cambió para mí. Ella se convirtió en mi novia.

Dicen que solo se ama con total pasión una vez en la vida, pero yo estaba enamorado de nuevo. El primer día que la besé fue como besar un sueño y hacerlo realidad. Aquel momento fue uno de los más maravillosos de toda mi vida. En medio de tanta sangre y tanta violencia, mi corazón palpitaba como el adolescente que un día soñó con poseerla, cuando desde el balcón de mi casa veía cómo un mafioso la recogia en su flamante carro, despertando en mí una sed de venganza que años más tarde pude satisfacer. En mis comienzos dentro del cartel vi a aquel hombre en una discoteca, esperé pacientemente su partida, lo perseguí y lo asesiné en compañía de la señorita que estaba con él. Para mi sorpresa, al día siguiente, cuando llegue a la hacienda Nápoles, Pablo me ordenó salir a las calles y asesinar al sicario responsable de la muerte de su gran amigo Alfonso. Inmediatamente, me dirigí a la casa de mi amigo que conducía la moto. Allí, su madre, que me conocía muy bien, me invitó a pasar. Entré, le pregunté si él había contado a alguien lo sucedido la noche anterior y me dijo que no. Entonces saqué mi revólver y le disparé directo a la cabeza. Su madre gritó y tuve que asesinarla también. Tomé las placas de la moto de mi amigo y se las llevé a Pablo como prueba, y para eliminar cualquier indicio que me implicara. De no haber hecho esto, el muerto hubiese sido yo.

La primera vez que yo me había enamorado fue de una novia del Patrón, llamada Wendy Chavarría Gil, pero aquel romance terminó en tragedia. El destino la puso en mi camino para fortalecer mi espíritu guerrero, cuando, después del asesinato del procurador, yo me fui para Venezuela acompañado por ella. Pero, al ver que yo no podía complacer sus exquisitos gustos, decidió regresar nuevamente a

Medellín. A mi regreso, la busqué por espacio de tres meses, pero ella se negó rotundamente a regresar conmigo. Entonces, mi mente cegada por el rechazo anunció que su tiempo había llegado a su fin y envié las motos con mis sicarios, que finalmente terminaron con su vida.

Quico Moncada y el Negro Galeano: vientos de guerra dentro del cartel

Antes de vivir en El Éxito de Colombia, tuve mi casa en Itagüí, un municipio a diez kilómetros de Medellín. Allí el rey era Fernando Galeano Berrio. El Negro Galeano y su hermano Mario no perdían oportunidad para mostrar el esplendor del narcotráfico en el municipio. Paseaban por sus calles con hermosas mujeres en automóviles que solo se veían en la televisión. El Negro Galeano era popular y generoso, todo un personaje. Construyó todos los lotes importantes con edificios que tenía la localidad. Era un tipo bien presentado, siempre andaba muy bien vestido, moreno, de altura media. Su padre tenía en el municipio un depósito de materiales para la construcción. A pesar de su gran fortuna, casi nunca abandonaba Itagüí. Le gustaba mostrarse y pasear su éxito por las calles principales del municipio.

En aquel entonces, yo era un jovencito soñador y solamente lo miraba impresionado. Me llamaba la atención su forma de vida. Nunca pensé que su destino se fuera a cruzar con el mío.

Por su parte, Gerardo Moncada Cuartas, alias Quico Moncada, era un hombre delgado, normal, que no mostraba lo que era. Siempre buscó la protección de Pablo Escobar. Era como un industrial de la cocaína. Se convirtió, junto con Jorge Ochoa, en la salvación económica del cartel. Manejaba grandes cantidades de dinero en efectivo. No era un tipo violento, generalmente era amable y servicial. Gozaba de muy buena amistad con el Negro Galeano. Quico era incluso más rico que Pablo Escobar, toda una máquina de hacer dinero.

En La Catedral, yo trabajaba duro, organizando el camión para las citas del día del Patrón y contestando el citófono, pero la verdad era que solo pensaba en mi Ángela, quien me visitaba cada ocho días y a veces entre semana, siempre vestida como una princesa. Pero lo más importante era que su abnegación, amor y solidaridad crecían cada día más.

Pablo no quería aceptar ningún delito de los miles que había cometido, y este era uno de los pilares de la política de sometimiento a la justicia. Tampoco dejaba que nosotros aceptáramos ninguna participación en los graves hechos ocurridos en el país. En aquellos días se implantó la justicia sin rostro. Los fiscales no se dejaban ver y su voz era distorsionada. Era una justicia medieval, pero el Estado tuvo que recurrir a ella, ya que todo funcionario que abriera un caso jurídico contra Pablo Escobar o nosotros solía terminar muerto.

Tuvimos una buena Navidad en paz y en familia. En términos generales, seguíamos disfrutando de nuestro triunfo. No teníamos la extradición encima y vivíamos en una prisión muy cómoda. Además, continuábamos con nuestras vidas desde la cárcel. El trabajo no era fácil, teníamos información que indicaba que los norteamericanos iban a infiltrar a un amigo del Patrón para que grabara una conversación de narcotráfico y así tener un argumento de peso para intervenir La Catedral. Por tanto, había que registrar a los amigos y socios del capo. Esto era muy complejo y debía hacerse con mucho tacto. Todo el día yo subía y bajaba escaleras llevándole razones a Pablo Escobar, ya que él permanecía en las cabañas y del citófono hasta aquel lugar había más de kilómetro y medio de distancia. Cuando subían Quico y el Negro Galeano debíamos llevarlos en el acto donde el Patrón, pero ya requisados. Como Pablo Escobar apenas estaba reconstruyendo las finanzas de su organización, Quico Moncada y el Negro Galeano se habían comprometido con el sostenimiento de la cárcel.

Los primeros diez meses, las ayudas llegaron puntualmente en el camión designado. Aquel era, más que todo, un dinero simbólico que le mostraba al Patrón que los caleños no habían incorporado a sus dos socios y estandartes financieros del cartel de Medellín. El Negro Galeano intercedió en algún momento por los hermanos Castaño y prometió que él los controlaría. Pablo le dijo a su socio que él no los estaba atacando.

La prisión era más criticada cada día, ya que los detractores del proceso de entrega a la justicia decían que el único narco que había allí era Pablo Emilio Escobar Gaviria, y que nosotros sus lugartenientes estábamos allí para garantizar la seguridad de nuestro gran líder, mientras los bandidos que movían las comunas estaban en las calles. Dentro de la organización, los más importantes eran Rubén, alias la Yuca (este fue asesinado por orden del mismo Pablo Escobar, ya que se le estaba saliendo de control); luego el Chopo, después Pinina, el Arete, Otto y el Mugre; luego seguía yo, que estaba por encima de Giovanni Lopera Zabala, Ricardo Prisco Lopera y los Tyson.

Entonces pasó lo que tenía que pasar. Un buen día no llegó el medio millón de dólares, sino solamente cincuenta millones de pesos metidos en una caja. Pablo miró el dinero con tranquilidad y me dijo: «Envíele eso a Quico y al Negro con el siguiente mensaje: "Pablo Escobar no recibe limosnas de nadie, ni se está muriendo de hambre"». Los dos capos se preocuparon y trataron de calmar al Patrón. Pero a este no le preocupaba el dinero, sino la Fania, y que sus dos socios y amigos estuvieran haciendo tratos con los caleños a sus espaldas. Todo estaba dado para acabar con la organización y sucedió algo que le dio un tinte fatal, algo que ya se veía venir. El Tití, un sicario del Chopo, encontró una caleta con veintitrés millones de dólares de la que al parecer nadie tenía noticia. Esto llevó a que Quico y Galeano fueran a La Catedral a intentar aclarar las cosas. El dinero le pertenecía al Negro Galeano.

Pablo no lo pensó dos veces y me ordenó organizar una reunión con el Chopo, Arete, Cuchilla, Tyson y Comanche. Se sentían vientos de guerra y muerte dentro de la propia organización. La orden era clara: muerte a Quico Moncada y a su hermano William Moncada; muerte también a Fernando y Mario Galeano Berrio; acabar con sus amigos y guardaespaldas; recoger dinero y bienes. Dentro de la cárcel, permanecíamos en estado de alerta para matar a los que subieran. Así murieron Quico Moncada, su hermano William Mario Galeano Berrio, Fernando Galeano y una veintena de sus hombres. El control que teníamos dentro de la cárcel nos permitía actuar sin ninguna restricción. El Patrón se quedó con dieciocho de los veintitrés millones de dólares, el resto se repartió entre Tití y su gente.

Esta matanza trajo sus consecuencias dentro de la mafia. Los Castaño se unieron de frente al cartel de Cali y de aquella balacera sobrevivió el chofer y escolta de confianza, un señor llamado Diego Murillo Bejarano, alias don Berna. Este entrenaba fuerzas del Chopo, pero después del asesinato de los Moncada se unió a los Castaño Gil. El Gobierno recibió la denuncia del asesinato, por parte de Mireya Galeano Berrio y Rafael Galeano Berrio, el 22 de julio de 1992.

De nuevo en prisión: la cárcel de Itagüí

La cuarta vez que llegué a prisión fue a la cárcel de Itagüí. No era tan confortable y campestre como La Catedral, pero todavía teníamos algunas prebendas. Al patio llegó también el clan Ochoa. Allí estaba su jefe, Jorge Luis Ochoa Vásquez, y sus hermanos Fabio y Juan David. Había visita casi a diario, comida procedente de la casa de los Ochoa, rejas por todos los lados y cemento. En este penal estaban los muchachos que fueron recapturados dentro de La Catedral; así fueron llegando Otto, el Mugre, Roberto Escobar y Gustavo González Flórez.

Allí me vinieron recuerdos de la despedida del Patrón. Yo fui el único que me quedé con él después de la fuga. Un buen día fui a recoger el correo, en el que venía un teléfono de maletín. En aquella época no existían los celulares. Pablo me notó bajito de ánimos y me preguntó:

—¿Qué le pasa, Pope?

—Señor, viene un teléfono —le contesté.

—Si tiene miedo, entréguese con mi hermano y Otto a la cárcel de Itagüí —me dijo serio y mirándome a los ojos.

—Patrón, usted sabe que tenemos encima a los norteamericanos, a los ingleses, a los israelitas. Con este aparato nos ubican en el acto —le repliqué respetuosamente.

—Usted lo que está es enamorado. Mejor váyase a prisión —me dijo con una sonrisa—, que allí puede ver a menudo a su hermosa novia.

—Lo voy a pensar, señor —respondí.

Le contesté con una venia y me retiré a la habitación que ocupaba dentro del escondite que teníamos en la parte baja del barrio El Poblado. Estábamos escondidos en una casa de clase media alta. Aquella sería una decisión definitiva para mi vida: por un lado, yo quería estar al lado del Patrón, y por el otro, estaba perdidamente enamorado de Ángela. Estando en la caleta solo la había podido ver un par de veces en un lapso de dos meses. Pablo Escobar me había llevado a verla junto a su esposa, la Tata. En la prisión, en cambio, la podría ver fijo miércoles y domingos. Además, me preocupaba el teléfono. El Patrón era extremadamente tranquilo y podría hacer uso del teléfono en cualquier momento. Yo sabía que la visita en la cárcel era de ocho de la mañana a ocho de la tarde, tiempo suficiente para embriagarme de amor y placer en el idilio de un simple mortal con una diosa. Otra cosa que me preocupaba eran Fidel y Carlos. Se rumoraba que ellos iban a atentar contra nuestras familias e iban a matar a nuestras mujeres en pago por la muerte de los policías. Todo aquello daba vueltas sin parar en mi cabeza.

La Policía y los enemigos del Patrón sabían que yo estaba con él desde que firmamos el comunicado del 24 de julio. Mi familia podría ser el primer objetivo. Sin embargo, si yo estaba en prisión, el interés sobre mí disminuiría casi por completo. No lo pensé más y fui donde Pablo Escobar. Él estaba viendo televisión.

—Ya lo decidí señor —fue lo primero que le dije.

—¿Qué decidió? —me preguntó él sin dejar de mirar la pantalla del televisor, con el control remoto en la mano derecha.

—Me voy, Patrón —le contesté en voz baja, pero sin quitarle la mirada a la cara.

—Yo ya lo sabía —me contestó él con una sonrisa amable.

Al amanecer de aquel día que recordaré por siempre me despedí del Patrón, mi líder y mi mejor amigo. Me dirigí a la cárcel de Itagüí y me entregué por segunda vez a las autoridades colombianas. Un abrazo y unas gracias por todo fue lo último y único que recibí de Pablo Escobar Gaviria.

En la cárcel de Itagüí yo vivía un idilio con mi novia, logré descansar y tener más tranquilidad. Sabía que las bombas papaya no las podrían arrojar allí, ya que la prisión estaba en zona urbana, y, si no las habían logrado disparar en La Catedral, en Itagüí era poco probable que lo hicieran. Mientras tanto, afuera se intensificaba la guerra entre los caleños y el Patrón. La Policía regresó a Medellín con su grupo especializado: el bloque de búsqueda. Un numeroso grupo de 300 policías especializados en la lucha contra nosotros, acompañados de la DEA, la CIA, el Ejército Colombiano, la DIJIN, el DAS y numerosos civiles. El cartel de Medellín se dividió debido a la muerte de los Galeano y los Berrio. Muy pocos de los mafiosos en activo continuaban con el Patrón. Algunos se pasaron del cartel de Cali a las filas de los Castaño. El Patrón no se doblegó y siguió peleando. Así surgieron los Pepes (Perseguidos por Pablo Escobar). Este grupo nació bajo la dirección de los hermanos Castaño Gil, los hermanos Rodríguez Orejuela, José Santacruz Londoño, Hélmer Herrera Buitrago, la Policía, la DEA, la CIA, el DAS, la DIJIN y un desconocido hasta aquel momento, Diego Fernando Bejarano, alias don Berna.

Allí en Itagüí estaba Fabito, Fabio Ochoa, que era un buen hombre, inteligente, más bajito que sus hermanos, con cara de niño, un verdadero «come años». Por su tranquilidad, siempre fue el soporte de don Jorge Ochoa cuando este estuvo capturado, siempre amable y respetuoso en el trato con nosotros los lugartenientes de su gran amigo Pablo Escobar, pero era de armas tomar cuando se veía acorralado. Por su parte, Juan David Ochoa era un petulante, muy bien vestido, pero no se relacionaba fácilmente con las personas. Siempre prefirió mantener una marcada distancia con nosotros.

Del pabellón 3 de la cárcel fuimos trasladados con los Ochoa al pabellón 1, un lugar más encerrado y pequeño. El tiempo que estuvimos con los Ochoa fue bueno y tranquilo.

Los Pepes: el principio del fin

Cada día se nos complicaban más las cosas en la organización. Llegaron noticias de la calle: los Pepes habían montado cuarteles criminales en Monte Casino, la mansión de Fidel Castaño, y sede también en la Escuela de Policía Carlos Holguín, en la ciudad de Medellín. Se rumoraba que habían visto a Fidel Castaño, vestido de policía, entrando a una de las fincas de recreo del Patrón en el oriente antioqueño. También se supo que el Patrón estaba peleando por medio de sus bandidos: Tyson, Giovanni Lopera, el Arete, el Palomo, el Chopo, Comanche, Cuchilla y cada uno de estos con su ejército. Se decía también que los Pepes iban a llegar haciendo un túnel hasta nuestro pabellón para volarlo y, como consecuencia, las visitas diarias fueron prohibidas y se impuso un régimen penitenciario: visitas femeninas y familiares los miércoles y domingos, de 8:00 a.m. a 5:00 p.m.; sábados, visita de hombres, de 8:00 a.m. hasta las 5:00 p.m. El resto de la semana la pasábamos totalmente solos.

Afuera, en las calles, la guerra no daba tregua. Los Pepes encontraron y ejecutaron a Johnny Edinson Rivera Acosta, alias el Palomo, asesinado en Itagüí tras un tiroteo que duró tres horas, en el barrio Calatrava. Los Pepes estaban tras nuestra sombra. Así comenzaba el principio del fin para el cartel de Medellín y su máximo jefe, Pablo Escobar.

El Arete decidió someterse a la justicia y fue también llevado a nuestro pabellón. Otro que dejaba solo al Patrón en el momento en que quizás más lo necesitaba. La presión era fuerte en las calles. A pesar de la paranoia que nos perseguía, mi novia no me abandonaba. Ella iba religiosamente a la visita semanal, vestida como toda una princesa y acompañada de su hijo Alejandro, de solo cuatro años de edad e hijo de un empresario de Bogotá. La situación era muy compleja, pero el amor no me dejaba ver el peligro para mi amada y su hijo. La ciudad de Medellín estaba en guerra entre policías aliados con los Pepes por un lado y Pablo Escobar Gaviria y los pocos aliados que le quedaban por el otro, mientras que en las calles se sufría mucha angustia e incertidumbre.

El Patrón perdió otro hombre importante cuando Giovanni Lopera Zabala, alias la Modelo, se sometió a la justicia y también fue llevado a nuestro pabellón. Los Pepes asesinaron a Luis Guillermo Londoño White, hermano de Diego Londoño White, un importante empresario antioqueño que nos daba información de personas ricas de la ciudad para luego secuestrarlas. Mientras tanto, el Patrón se financiaba del clan Ochoa, el secuestro y el narcotráfico. Pero los Pepes estaban adquiriendo cada vez más fuerza y ahora empezaban a asesinar a nuestros abogados. Cada día que pasaba, la situación era más crítica para nosotros, que perdíamos fuerza y poder mientras nuestros enemigos ganaban. Los Pepes asesinaron al doctor Guido Parra y a su hijo, el abogado Raúl Zapata Vergara, obligando a nuestra defensa a emprender la huida por temor a ser asesinados, de modo que nos quedábamos sin defensa jurídica.

Gustavo González Flórez, alias Tavo, no aguantó la prisión y se hizo trasladar a la cárcel Bellavista de Medellín. Allí podría delatarnos por la muerte de los hermanos Galeano y los hermanos Moncada, pero uno de sus aliados informó al Patrón por carta y este lo mandó ejecutar a bala en el patio de especiales de la cárcel Bellavista, aunque lo llevaron herido al hospital.

El Patrón y nosotros recibimos aún otros dos golpes brutales: primero, Brances Muñoz Mosquera, alias Tyson, fue ubicado y asesinado en una casa del barrio Belén, en Medellín, un 28 de octubre de 1992. Fue durante un operativo de un comando armado de la Policía y los Pepes, quienes colocaron dos cargas de explosivos accionados con mecha lenta para derribar la puerta, pero Tayson respondió desde el patio de la casa con disparos de pistola, hasta caer finalmente como todo un guerrero de las calles. La guerra era cada vez más cruenta. A los pocos días, también fue asesinado, esta vez en el barrio El Poblado, Paul Daniel Muñoz Mosquera, alias Tilton, otro golpe más que los Pepes nos asestaron.

Así pues, en los barrios caían como moscas los asesinos, que eran la base de la organización. Torturas, asesinatos, bombas de lado y lado. El Patrón repostó y fue a una casa del barrio La Castellana, en compañía de su hijo Juan Pablo, en busca del capitán de la Policía Fernando Hoyos Posada, le colocaron una bomba en la puerta y el mismo Pablo entró y mató allí de un disparo al capitán, uno de los hombres más importantes en la inteligencia policial del bloque de búsqueda. Luego, el Patrón también mandó detonar una bomba en Bogotá, en el centro comercial de la calle 93, un exclusivo y transitado sitio de la capital, para a continuación salir en compañía del Chopo a las calles a animar a sus bandidos. Entretanto, el cartel de Cali no podía estar mejor. La guerra contra el cartel de Medellín no solo estaba casi ganada, sino que los hermanos Castaño se encontraban a sus anchas después de haber tomado la ciudad de Medellín, y empezaron a disfrutar de su poder.

El clan Ochoa y Pablo Escobar recibieron un duro golpe. Los Pepes asesinaron a José Orejas por no querer luchar contra Pablo Escobar. Por si fuera poco, sucedió algo aún más complicado: localizaron a Guillermo Zuluaga, alias Cuchilla, en un apartamento, lo secuestraron y fue llevado vivo a Cali por la Policía para venderlo a los caleños. Allá fue torturado y metido vivo a una máquina de picar caña, en un gran banquete de sangre para los cuatro jefes de la mafia caleña, que en ese momento se creían los dueños del mundo.

Todo estaba ya muy mal, pero bien dice la sabiduría popular que toda situación difícil puede empeorar. El Chopo, Mario Alberto Castaño Molina, fue ubicado y asesinado en un apartamento del centro de Medellín por la Policía y los Pepes cuando intentaba coger su pistola. Otra excelente noticia para los caleños y los hermanos Castaño Gil, y otro duro golpe para el cartel de Medellín.

Pablo atacó y trató de secuestrar en Bogotá a Lisandro Ospina Baraya con un grupo de bandidos sin experiencia. Este señor era hermano de uno de los colaboradores de los Pepes, de Chapulín, un nieto de doña Berta Ospina, la viuda de un expresidente de la República de Colombia. Un comando de quince hombres falló en el intento de secuestro y lo ejecutaron de dos balazos.

Dairo Cardozo Metaute, alias Comanche, aliado de Pablo Escobar, se sometió a la justicia y también fue recluido en nuestro pabellón, al igual que José Fernando Posada Fierro, alias Fierrito. Este era quien le manejaba las rutas de narcotráfico al Patrón después de la muerte de su primo y socio Gustavo Gaviria Riveros. Por aquellos días, los Pepes también asesinaron a Rodrigo Osorio, en su finca de Sabaneta, Antioquia. Este era el contador principal de las actividades de narcotráfico de Pablo Escobar. Dentro de esta fila interminable de asesinatos, también fue víctima de los Pepes Carlos Arturo Henao Vallejo, hermano de la esposa de Pablo Escobar, con lo que dieron comienzo al asesinato de nuestras familias.

La cárcel de Itagüí seguía su ritmo, pero no era lo mismo que La Catedral. No teníamos un líder y estábamos solos. Nosotros no reconocíamos a Roberto Escobar como líder. Yo únicamente me la pasaba como loco disfrutando de mi novia. El cartel de Medellín se derrumbaba y yo en mi idilio estaba como insensible a lo que pasaba a mi alrededor. Otro de nuestros abogados fue asesinado, el doctor José Salomón Lozano Cifuentes, a pesar de haber abandonado nuestros procesos. La guerra es la guerra y por aquellas fechas no había compasión con nadie.

Pablo Emilio Escobar Gaviria contraatacó y ordenó el asesinato de la juez Miriam Rocío Vélez Pérez y tres de sus escoltas. Esta juez llevaba dos investigaciones contra el Patrón y esa era la consigna. Sin embargo, Pablo ya estaba solo, moviéndose con bandidos sin experiencia, andando por las calles prácticamente desprotegido y con un precio por su cabeza de cinco millones de dólares. Los hermanos Castaño conocían toda la organización, los lugares de desplazamiento de Pablo Escobar y a muchas de las personas que trabajaban para él, y esto les daba gran ventaja en el ataque.

Carlos Castaño, al igual que el Patrón, iba a los operativos en persona y, arma en mano, entraba primero. Después supimos que hasta Cuco, nuestro experto en explosivos, se había unido a los Pepes y traicionado al Patrón, así como muchos de las bandas de Medellín. La pregunta que los Pepes hacían era directa: «¿Con Pablo o contra Pablo?». A los que se tardaron más de un segundo en responder los ejecutaron a sangre fría y en el acto, y aquellos que respondieron de inmediato que sí tuvieron que convertirse en informantes o enemigos nuestros: no había opción. Así lo hizo Gustavo Upegui, lo mismo que la Chepa, un estrecho aliado de los Muñoz Mosquera, y ahora pasaban todos sus bandidos de Castilla a engrosar las filas de los Pepes. El enforzamiento hacia las bandas delincuenciales como mecanismo de presión y desestabilización de la estructura criminal de Pablo estaba dando resultado para los Pepes.

Otro hombre importante al lado de los Pepes era Diego Fernando Murillo Bejarano, alias don Berna, que llegó a ser una pieza clave en la persecución contra nosotros, pues nos conocía desde adentro. Alto, de 1,80 de estatura, obeso, con una sola pierna y dientes grandes. A primera vista, por su lento andar debido a su prótesis, no parecía representar mayor peligro. Pero don Berna era un hombre letal. Siendo chofer y escolta del Negro Galeano, se atrevió a enfrentarse a Pablo

Escobar y a su organización. Don Berna siempre fue un hombre valiente, inteligente y gran estratega. Muy pronto se ganó no solamente la confianza de Fidel y Carlos Castaño, sino la de los cuatro grandes capos de Cali, para luego formar parte del bloque de búsqueda.

Bandas tan poderosas como La Terraza también se aliaron con los Pepes y combatieron contra nosotros y nuestros aliados. Así era y es la mafia. Un día son tus aliados y al otro día son tu peor enemigo. El poder de los caleños, los hermanos Castaño y don Berna era total, con el beneplácito entusiasta de la DEA, la CIA y la Policía Nacional,

Al ser colombianos de nacimiento, estos criminales ya no temían una extradición a Estados Unidos, pues ya estaba prohibida. Fue suprimida de la Constitución Política de Colombia, tras pasar primero por un marco de comisiones de trabajo y sesiones plenarias. Finalmente llegó a la Asamblea Constituyente y hubo una votación secreta que dio como resultado cuarenta y ocho votos afirmativos, cero negativos y cuatro abstenciones. Es decir, hubo consenso mayoritario entre los liberales, así como en otros partidos, incluyendo a indígenas e integrantes del EPL, MSN y Alianza Democrática M-19. Se establecieron incentivos como la rebaja de pena para aquellos que se sometieran a la justicia. Con ello se pretendía que la abolición de las extradiciones se convirtiera en una herramienta más fructífera para la justicia. Todo esto no se consiguió de cualquier manera, fue un importante logro del Patrón y de nosotros sus lugartenientes que ahora favorecía también a nuestros enemigos y le proporcionaba un gran alivio al presidente de Colombia, César Gaviria Trujillo, para poder gobernar.

La fuga de Pablo Escobar y nosotros de La Catedral puso a tambalear su Gobierno después del asesinato de Luis Carlos Galán, que le brindó su oportunidad de oro para ser presidente. Sus enemigos decían: «¡Se ganó la Presidencia en el entierro del doctor Galán Sarmiento!». En efecto, su suerte cambió radicalmente con aquel hecho. El doctor Gaviria era el segundo en la lista política del doctor Galán y el día de su funeral, Juan Manuel Galán, el hijo del caudillo asesinado, le entregó las banderas de su padre en pleno cementerio. El rechazo generalizado del pueblo por la muerte del doctor Galán llevó a la Presidencia de la República al doctor César Gaviria Trujillo. Ahora solo faltaba que Pablo Escobar cayera y todo estaría consumado.

De Antioquia a la capital: la cárcel Modelo

Fui trasladado del presidio de Itagüí a La Modelo de Bogotá, una verdadera cárcel. Este penal contaba con más de 5.000 prisioneros en su interior, envueltos en el olor nauseabundo que llenaba cada rincón. Gritos, riñas, música por todos lados y, lo peor, un pasillo central que infundía miedo: era como un monstruo vivo con ansias de devorar a quien pasara por allí. Pero el buen Dios nunca me desamparó: en medio de aquella locura inhumana y sangrienta había un edificio de cuatro pisos, llamado Alta Seguridad, que Dios me dio por refugio. Era un oasis en medio de aquel infierno. Allí se encontraba detenido Iván Urdinola Grajales, un poderoso narcotraficante del norte del Valle del Cauca. Estaba casado con una hermana de su líder, el famoso hombre del overol, Orlando Henao Montoya, amigo de Hernando Gómez Bustamante, alias Rasguño.

Este grupo era fuerte, conformado por bandidos guapos y atrevidos venidos del Águila, El Divino, Roldanillo y demás pueblos del norte de ese departamento. Urdinola tenía treinta y seis años y era un negociante como ninguno, con gran poder tanto militar como económico. Eso le permitía una vida de confort y una alta seguridad dentro del penal, pero sobre todo el beneficio de poder ser visitado por su familia, ya que no podía ser extraditado. Esto último nos lo debía a Pablo Escobar y nosotros sus lugartenientes, que libramos la guerra contra el Estado. Por eso don Iván le guardaba mucha gratitud a su amigo Pablo.

Este hombre me recibió muy bien cuando fui remitido al pabellón. Me llevó a su celda, donde tenía línea telefónica, y me permitió llamar a mi novia y mi familia. ¡Caí parado, como los gatos! A final de cuentas, la cosa no era tan grave en La Modelo. Don Iván tenía gran cantidad de comida de sus haciendas, así que nunca hubo escasez de alimentos y no tuve por qué comer de la bazofia carcelaria.

El tema obligado: Pablo Escobar y la guerra contra la gente de Cali. Pero él era amigo de los caleños y, más complicado aún, muy amigo de Fidel y Carlos Castaño. Lo que me tranquilizaba era que lo hablaba sin tapujos. Incluso recibía cada semana un dulce de papayuela muy famoso en la tierra de los Castaño. A don Iván le fascinaba. Pero yo no me podía confiar, tenía que estar siempre alerta, porque los enemigos del grupo de Pablo Escobar ahora estaban por todas partes. Poco a poco, y como parte de mi estrategia de vida dentro de la cárcel, me fui ganando el cariño y aprecio del importante personaje. Una alianza con don Iván me garantizaba la vida en la cárcel Modelo.

Las celdas allí no eran malas del todo. Tenían baño privado, plancha de cemento para un colchón y una pequeña cocinita. Se podía tener televisor y radio, e incluso un escritorio pequeño dentro de la celda. El frío de Bogotá lo combatía con buzos, cobijas y una pequeña tina que me proveía agua caliente. Con el pasar de los días me fui organizando. Mi novia se vino a vivir a Bogotá con su hijo para ofrecerme la visita dominical en un horario de 8:00 a.m. a 5:00 p.m. El estar lejos de Medellín era más seguro para mi novia. También para mí, tras la amenaza de los Pepes de dinamitar el pabellón donde yo había estado.

Don Iván fue detenido en su hermosa hacienda La Porcelana, en el Norte del Valle, en 1980. Todos sus procesos quedaron en el país, a pesar de que la DEA lo tenía en la mira. Cuando hablamos me hizo una pregunta a quemarropa.

—Popeye —me dijo mirándome fijamente a los ojos—, ¿quién ordenó la muerte de Hernán Valencia?

—Los hermanos Rodríguez Orejuela, don Iván —le contesté sin quitarle la mirada.

—Viejos *hijueputas*. ¡Ya lo sabía yo! —replicó él.

Hugo Hernán Valencia había sido amigo y socio de don Iván.

—¿Pero por qué le quitaron cuatro millones de dólares? —inquirió.

—Porque se necesitaba dinero para financiar la guerra contra la extradición —le contesté sin dudarlo y sin dejar de mirarlo a los ojos.

Le expliqué que el Patrón había recibido una llamada de los Rodríguez Orejuela, en la que le informaban que Hernán Valencia estaba en Medellín, porque tenían una guerra contra él y lo necesitaban muerto.

—Nos dieron un dinero por asesinarlo, pero el Patrón tomó la decisión de secuestrarlo para robarle el dinero que tenía —le comenté a don Iván.

Él era superacelerado y hablaba duro. La situación se me podría estar complicando al revelar este secreto. En la calle, un hecho como este me hubiera costado la vida a manos del Patrón.

—Don Iván, a raíz de este hecho y el problema que hubo con el Negro Pabón es la guerra que tenemos hoy —le agregué para completar la historia.

Él se quedó pensativo, estaba un tanto alterado.

—No lo entiendo. Explíqueme bien —contestó don Iván.

—Señor, los Rodríguez Orejuela y el Patrón eran amigos. Se unieron para traer de España a don Gilberto y a don Jorge Ochoa —le comenté, intentando esclarecer lo que había confesado—. Todo empezó con un atentado que sufrió el Negro Pabón.

—Oiga, Popeye, ¿quién le disparó a Hugo Hernán Valencia? —me preguntó él secamente.

—Pinina y yo —le contesté sin dudarlo, pues yo ya estaba jugado. Él frunció el ceño.

—¿Pero por qué lo torturaron? —inquirió. Se notaba indispuesto, casi con rabia.

—No señor. Nosotros lo tratamos bien —le respondí al instante—. Lo que pasó fue que los Rodríguez Orejuela empezaron a llamar diciendo que no fuéramos a dejar volar ese tipo y que ellos no estaban de acuerdo con el secuestro, que eso estaba muy largo. El Patrón autorizó todo para calmar a los hermanos Orejuela y nos ordenó a Pinina y a mí que no lo fuéramos a dejar vivo, que teníamos que asegurarlo. Nos lo repitió tres veces. Así que Pinina y yo tomamos la decisión de darle mucha bala, por temor a que quedara vivo.

Sin decirme nada, don Iván salió de mi celda y se alejó. «Se me complicó la situación», fue lo primero que se me vino a la mente. Sin embargo, por otra parte, era bueno que este poderoso hombre supiera qué clase de personas eran los Rodríguez Orejuela.

Aquel día no salí de mi celda. Llegada la noche, escuché música en la celda de don Iván, quien más tarde me mandó a llamar. En cuanto entré, comprendí que había bebido

—¿Sabe qué, Popeye? —me dijo—. A mí me gusta la gente como usted, que habla de frente.

En aquel momento yo descansé un poco. Empecé una buena amistad con don Iván con el paso de los días, mientras que afuera la guerra seguía recrudeciéndose.

¿Un muerto en el dentista?

A nuestro pabellón llegó trasladado desde Itagüí Otoniel González Franco, alias Otto, para enviarle un mensaje a Pablo Escobar: «Si se entrega de nuevo a la justicia, lo moveremos de cárcel en cárcel hasta que lo podamos matar». Otto fue muy bien recibido por don Iván y por mí. Este hombre llegó con aires de capo, mirando de igual a igual a don Iván. A los pocos días ya estaba convirtiéndose en un problema, por mi amistad con el señor Urdinola. Él no lograba entender que nuestras condiciones habían cambiado, que estábamos solos y con una guerra perdida y, lo peor, que estábamos muertos en vida. Para Otto, don Iván era un caleño y, por tanto, un enemigo. Tampoco entendió que la mafia, los norteamericanos, la Policía, el Estado y la sociedad estaban todos en nuestra contra. La llegada de Otto a la cárcel fue una gran molestia. Don Iván se le fue de frente y los demás presos del edificio lo rechazaron en el acto.

Llegó otro peso pesado de la mafia al edificio de alta seguridad de La Modelo: se trataba de Jairo Correa Alzate, conocido como Caballo. Este capo sufrió mucho, estuvo a dos días de ser extraditado. Tan visceral era su miedo a la posibilidad de ser extraditado que cargaba una pócima de veneno por si le notificaban su extradición, aunque la arrojó al sanitario en julio del año 1991, cuando su abogado suprimió esta posibilidad. Había sido capturado tres meses antes que cayera esa ley, en julio de 1991. Yo lo conocía de la calle, ya que fue amigo del Patrón y nuestro, su zona de influencia era La Dorada, en el departamento de Caldas. Caballo no era un mafioso del común, era un hombre refinado, todo un caballero. Se trataba de un hacendado poderoso, amante de las mujeres bellas, casado con Claudia Zapata, culto, muy bien presentado, elegante y cortés. Recibió su remoquete por el gran amor que tenía por los caballos. Solo sus mejores amigos lo llamaban Caballo, los demás debíamos llamarlo don Juan. Su gran defecto era el orgullo.

Claudia Zapata, su esposa, era una mujer de extrema belleza. Procedía de Antioquia y era amiga mía y de Ángela, mi novia. La amistad con ella nos acercó aún más a don Jairo. Don Iván Urdinola y don Jairo Correa hablaban el mismo idioma, eran dos pesos pesados y se entendían a la perfección. La llegada de Jairo Correa mejoró el panorama en el pabellón, ya que se veía gente bonita, amable, que venía a visitarlo.

Pero Otto seguía siendo la causa principal de los problemas en el pabellón: era un tipo sin educación, que no pedía permiso para coger las cosas ajenas. Se adueñaba del teléfono horas completas, no saludaba en las mañanas, se burlaba en la cara de uno por cualquier cosa, miraba a las mujeres ajenas descaradamente, haciendo todo tipo de comentarios irrespetuosos, y nunca medía sus palabras. Físicamente, carecía de un ojo, lo que le daba un aspecto aún más desagradable. Cuando queríamos dormir, él ponía música a todo volumen y, a la hora del comedor, su comportamiento era el de un cerdo. Todos lo evitábamos sistemáticamente. Era toda una pesadilla. Su adicción a la cocaína ya lo había absorbido totalmente.

Un buen día, a Otto le molestó una muela y pidió ir al dentista del penal. El hecho de salir del pabellón de alta seguridad a odontología era por regla general peligrosísimo, porque justo por allí se movían toda clase de presos. El edificio nuestro era seguro y todo el que estaba recluido en alta seguridad debía tener un perfil alto. El lugar era cuidado con celo por la guardia penitenciaria. Este pabellón contaba con una puerta de hierro gruesa y un pasillo protegido por un muro, luego otra reja más nos separaba de los demás presos, y los guardias pasaban un cuidadoso proceso de selección. Aun sabiendo el riesgo que corría, Otto insistió groseramente en ser llevado a odontología. El comandante del pabellón, un teniente penitenciario que ya lo conocía, lo sacó sin más miramientos. Dentro del penal, los guardias no portan armas de fuego, solo un bastón de mando (un pequeño palo de un metro de largo). El teniente se hizo acompañar por cuatro guardias y llevó a Otto a odontología.

No pasó nada. Todo normal. Otto regresó tranquilo, con una nueva cita para dentro de ocho días.

Al poco tiempo me llamaron don Iván y Jairo Correa.

—Pope, vamos a matar al miserable del Otto.

—Bien pueda —les contesté frío y con rabia—, maten a ese perro. Pero acá en alta seguridad no se puede, señores —añadí.

—¿Usted es que es *güevón*, Pope? —me contestaron—. Ni de riesgos. Lo vamos a matar en la odontología.

—Es una muy buena idea —respondí, convencido de que Otto ya era hombre muerto.

Otto no se ayudaba para nada. Esa no era la persona que yo había conocido tiempo atrás. Siempre había sido mala gente, pero no tanto como en ese momento. Todos los ataques que nos hizo durante esa semana nadie quiso escucharlos, ya que era un muerto molestando la vida. Finalmente, llegó el día de la esperada cita odontológica. Todos contábamos los minutos para el gran suceso. Esta vez, un cabo penitenciario sacó a Otto con dos guardianes más. Salió de su celda, cerró la puerta con fuerza y se fue sin despedirse de nadie. Lo miré de reojo y me dirigí a mi celda a esperar la noticia. Nadie iba a decir nada. Nosotros éramos los enemigos públicos números uno del país y quizás, en cierta forma, del mundo entero. Al que matara a uno de nosotros le daban una medalla y le hacían una estatua.

El Patrón seguro que lo tomaría como un hecho más de guerra. Además, por aquellos días, nosotros ya lo habíamos dejado solo y eso no lo afectaría mucho. Dos capos del tamaño de don Iván y Jairo Correa no fallarían. Me alegraba que Otto ya no me fuera a tirar saliva en la cara cuando se reía de algún proyecto que yo emprendía dentro de la cárcel. Yo ya sabía que él le había enviado una carta al Patrón diciéndole que yo me había torcido, por el simple hecho de respetar unas normas de convivencia mínimas y tratar de crear una relación respetuosa con don Iván Urdinola.

Eran las diez de la mañana, hacía diez minutos que los guardias habían salido con Otto y no se escuchaba nada. Al cabo de media hora, el cabo y los dos guardianes regresaron con una algarabía tremenda.

—¡Casi matan a Otto! —se escuchó en los pasillos.

Caras largas en nuestras celdas.

—Pero ¿cómo así? —le preguntó don Iván fingiendo sorpresa.

No veíamos a Otto por ninguna parte.

—Un tipo se nos fue encima con dos pistolas y le disparó al hombre. Este se protegió y solo le alcanzó a meter un balazo —dijo agitadamente el cabo.

«Bueno, algo es algo», pensé yo.

—¿Y Otto? —le preguntamos casi al unísono al cabo.

—Lo llevamos a la enfermería. La guardia entró con fusiles y lo están cuidando —remató él.

—¿Pero el balazo es grave? —preguntamos.

—No, no, es un rasguño —dijo el cabo moviendo la cabeza.

Nos retiramos a la celda de don Iván cuando ya habían salido el cabo y los guardias.

—¡Qué sicario tan malo! —bromeó don Jairo Correa.

—¿Y ahora qué vamos a hacer con ese *hijueputa*? —preguntó don Iván.

—Pues fácil —les dije, tratando de evitar más problemas—, no lo dejemos entrar al pabellón.

Un rato más tarde llegó un guardia y nos comentó:

—Otto está furioso en la enfermería y dijo que si regresa acá va a hacer una masacre, porque él sabe que ustedes lo mandaron matar. Y está con el director de la cárcel en su oficina.

—Bueno, ¿y será que esta cosa con ojos es adivino? —dije yo.

Una duda me embargaba: el asesino, ¿qué había pasado con él? No todo salió mal aquel día. Otto fue trasladado a la cárcel de Itagüí, donde lo esperaba Luis Carlos Aguilar Gallego, alias Mugre, su gran amigo. Este también se había sometido a la justicia en fechas recientes en compañía de Roberto Escobar, el Arete, Comanche, José Fernando Posada Fierro, Tato Avendaño, Icopor, Giovanni Lopera Zabala, Valentín Taborda y Lenguas. Otto llegó allí con la versión de que yo me había unido a los caleños para matarlo.

El sicario había sido un muchacho del patio 4 que no tenía mucha experiencia en el manejo de dos pistolas. Entró encapuchado a la odontología, disparando como loco. Los guardias y el odontólogo corrieron a protegerse y en la algarabía de otros presos que estaban allí, Otto logró llegar a la puerta y salió en veloz carrera, con un balazo en la espalda. Nada de gravedad, pero al fin descansamos de este insecto. Después de su partida, el ambiente mejoró notablemente y mi presidio era más llevadero. El mal sicario no recibió un solo peso y la vergüenza lo llevó a pedir traslado de cárcel.

Los «buenos» días en la cárcel Modelo

Se podría decir que estábamos pasando una buena época dentro de la cárcel. Nosotros teníamos privilegios, logrados por don Iván y Jairo Correa. Entre estos estaba el hecho de que nuestra visita entraba sin tener que hacer fila. Esto era algo realmente bueno, ya que la visita de los demás presos tenía que hacer fila desde las dos de la mañana, en medio de un frío que penetraba los huesos, para poder ingresar —con algo de suerte— a las ocho de la mañana. Insultos, malas palabras y empujones, entre otras cosas, era lo que se vivía en esa fila. La requisa a las mujeres de los presos era brutal: si la guardiana sospechaba de alguna le hacía tacto vaginal sin dudarlo. Las mujeres pasaban al lado de docenas de toallas higiénicas que las guardianas les hacían quitar a las visitantes, muchas de ellas con el periodo. ¡Un caos completo! En un día de visita normal, fácilmente ingresaban unas 7.000 personas, y, en un día con visitas de niños, la cifra pasaba los 9.000. Todo por una sola puerta. La cárcel Modelo era una cárcel vieja y mal construida, con reformas hechas a medias. Yo no estaba dispuesto a permitir que mi princesa se sometiera a una requisa de esas.

Para los ajustes de cuentas, la cárcel estaba pasando de los cuchillos y el veneno a las armas de fuego. La llegada de pesos pesados de la mafia a la prisión, junto con los que iban tras ellos, complicaba el ambiente de la cárcel, llenándola de peligros inusitados. Mujeres especializadas en entrar a la prisión elementos prohibidos se arriesgaban cada ocho días por una buena suma de dinero. Por sus vaginas ingresaban marihuana, cocaína, bazuco, balas y toda clase de contrabando. Había una gorda grandísima que, en dos entradas, logró introducir una pistola 7.65, más muchas pistolas pequeñas que ingresaba fácilmente. Era capaz de meter una granada en su vagina; la forraba bien y listos, para La Modelo. Mujeres ancianas de sesenta y cinco y hasta de setenta años ingresaban bolas de droga grandísimas en sus vaginas. Yo organicé mi rutina y hacía que me ingresaran cervezas Heineken. Don Iván, su whisky, y don Jairo Correa, su champaña Don Perignon. Nos pegábamos tremendas borracheras. Yo ya tenía un minicomponente en la celda y allí escuchaba mi música guasca y tangos. ¡Por un momento creo que se me había olvidado la guerra!

En Medellín no se oía de muertos de nombre. Estábamos acabados. Se escuchaban muertos de las comunas, en el proceso de reacomodación de las bandas de sicarios. No obstante, cada vez que en la televisión daban un extra, yo prendía mis alarmas: «Mataron al Patrón», era lo que pensaba cada momento. Con todo lo que pasaba en un país en guerra, solo se oía hablar de la familia de Pablo Escobar. Finalmente, la estrategia de los Pepes y la Policía Nacional era presionar por su lado débil, y no estaban equivocados, pues su familia era su gran talón de Aquiles. Los Pepes habían lanzado un *rocket* al apartamento de Doña Tata, que estaba refugiada junto con Juan Pablo y Manuela en casa de su madre. Su situación era desesperada y la única solución que se veía en el horizonte era sacarlos del país.

Contrario a lo que yo esperaba, me llegó una carta del Patrón por medio de un abogado reclamando explicaciones por el atentado a Otto. También venía una carta para don Iván. Fui a la celda de este y llamamos a Jairo Correa. Allí analizamos la respuesta y estuvimos de acuerdo: «¡Ni por el putas le vamos a decir la verdad!». Aproveché para que don Iván le mandara decir al Patrón que la amistad que teníamos no significaba que yo estuviera torcido, como lo aseguraba Otto. Los dos poderosos hombres le temían a Pablo Escobar, así estuviera acabado casi por completo. Este secreto me acercaba más a don Iván y Jairo Correa. Yo tenía que hacer alianzas estratégicas dentro de la prisión, en previsión de que el Patrón fuera asesinado. Mi prioridad era poder proteger a mi familia y a mí mismo en aquella situación tan tensa. De todas maneras, me seguía preocupando la gran amistad que tenía don Iván con Fidel y Carlos Castaño Gil; debido a su continua comunicación, no me dejaban dormir tranquilo.

En La Modelo conocí a un gran hombre: don Orlando Henao. Jefe de jefes de la mafia del Norte del Valle. Un personaje que inspiraba respeto, un legendario bandido, ahora jefe de la mafia. Don Orlando venía de abajo, se había forjado a sangre y fuego. Siempre andaba muy bien vestido, moreno, de 1,75 de estatura, ya entrado en años, delgado, fumador empedernido, de mirada fría y pocas palabras. Yo había hablado con él por teléfono en un par de ocasiones, cuando lo comunicaba con el Patrón. Lo apodaban Come Negro, nunca supe por qué, ni me atreví a preguntarlo. El señor era muy amable y respetuoso conmigo. Visitaba la prisión con frecuencia para hablar con su cuñado don Iván Urdinola. Tenía el mismo halo de poder que el Patrón. Despertaba admiración y respeto. Era amigo de Pablo Escobar, los hermanos Castaño y los cuatro grandes de Cali.

La guerra no le asustaba, pero sabía que el poder que estaban acumulando los Rodríguez Orejuela era, al menos, inquietante. Claro está que la mafia de Cali lo pensaría dos veces antes de meterle el diente a la gente del Norte del Valle. Allí había pesos pesados como don Orlando Henao, su cuñado Iván Urdinola Grajales, el hermano de don Orlando, el Mocho Arcángel, Henry Loaiza Ceballos, alias el Alacrán, Víctor Patiño Fómeque, Cuchilla y el más rico de todos: Chupeta.

—Pablo está acabado y la extradición me preocupa —me dijo en alguna ocasión don Orlando.

Por fin alguien que veía más allá de sus propias narices dentro de la mafia.

—Señor, cuando nos maten a todos, incluyendo al Patrón, se verá lo que va a pasar con los ganadores —le respondí.

Él no me contestó nada, se quedó mirándome mientras llevaba el cigarrillo a su boca. Se recibieron noticias de la cárcel de Itagüí: Otto estaba insoportable. Ya ni el Mugre ni Arete lo soportaban y decidieron mantenerlo a distancia.

La guerra ya se había empezado a librar entre nosotros mismos. El fin de la organización de Pablo Escobar era real y palpable.

5

LA MUERTE DE PABLO ESCOBAR

La caída de Pablo Escobar: el final de una era

Llegó al fin la noticia, sucedió lo que todo el mundo sabía que iba a pasar. La noticia estalló como una bomba a nivel mundial: el 2 de diciembre de 1993 es ubicado y ejecutado Pablo Escobar Gaviria en la ciudad de Medellín.

Quedé frío. Helado.

Una cosa era con el Patrón vivo y otra muy diferente sin su apoyo. Sentí vergüenza y remordimiento por haberlo dejado solo. Se reunieron todos mis compañeros en un solo televisor. Me sentí desamparado y triste. Con lágrimas en el alma, recordé todo lo vivido al lado de este gran hombre. En aquel momento más que en ningún otro entendí las verdaderas dimensiones de la importancia de Pablo Escobar: la noticia dio la vuelta al mundo una y otra vez. ¡Fue algo brutal!

—Pope, no esté triste —me dijo don Iván para consolarme—. Era lo mejor que nos podía pasar a todos, incluso al mismo Pablo.

—¡Ay, don Iván, esto es muy duro! —le contesté mirando hacia el piso.

El hombre del Norte del Valle se veía feliz. Don Iván me contó que en Cali la fiesta era total. Una gran Navidad para la mafia caleña, la Policía, la DEA, la CIA, la Embajada norteamericana, el país entero y, sobre todo, para el presidente de la República, el doctor César Gaviria Trujillo. Felices la familia de los Galeano, la familia de los Moncada, las familias de los miles de víctimas que dejaron las guerras de Pablo Escobar y su causa.

Sin embargo, quizás los mayores beneficiados fueron Fidel Castaño y su hermano Carlos, junto con el aún anónimo Diego Fernando Murillo Bejarano, alias don Berna. Perdía la familia del Patrón y nosotros, que estábamos en prisión y quedábamos a merced de nuestros poderosos enemigos. Los amigos que nos quedaban se aliaron a los triunfadores. ¡Incluso el clan Ochoa!

Tres millones de dólares en efectivo los convirtieron en los ganadores. Los Pepes se comprometieron a no tocar sus propiedades ni a su familia y podrían vivir en Medellín. El clan Ochoa podía circular libremente. ¡Todo en contra nuestra! La familia del Patrón quedó completamente desprotegida.

En total descontrol, el hijo de Pablo soltó esta perla ante los medios de comunicación: «¡Voy a matar a esos *hijueputas* que mataron a mi papá!». Esto lo colocó directamente en la mira de los Pepes, junto con doña Tata y Manuela. Juan Pablo, con sus casi dieciocho años de edad, era un pichón de bandido. Él ya había estado, por ejemplo, en el asesinato del capitán de la Policía Fernando Hoyos Posada, en Medellín. No le faltaba experiencia, gracias a lo que aprendió de nosotros sus lugartenientes, cuando por orden del Patrón nos acompañaba para vernos torturar enemigos de la organización. Juan Pablo realmente disfrutaba la tortura.

Jairo Correa Alzate decía que, sin la extradición y sin Escobar, el futuro era prometedor para todos. Comenzó a hablar pestes del Patrón. Yo callaba por prudencia. Mi estrategia era el silencio. Todo estaba mal y el futuro para todos aquellos que estábamos en prisión era negro e incierto. Era solo cuestión de tiempo que nos mataran. No dejaba de pensar en la gran amistad de don Iván con los Castaño y los cuatro de Cali, así como las fuertes críticas del antiguo aliado del Patrón, Jairo Correa. Él se desbocaba diciendo lo que talvez siempre quiso decir, pero se callaba por físico miedo.

—¡Se lo tenía merecido, ese perro *hijueputa*! ¡Por secuestrador y asesino! —fue lo último que le oí decir a Caballo antes de irme a mi celda y cerrar la puerta.

Música y carcajadas era lo único que se escuchaba en la celda de don Iván y Jairo Correa. Alguien tocó a mi puerta, pero yo no contesté. No me atreví a escuchar ni ver los noticieros. Ahora, el que estaba mal ubicado era yo. Ir a la cárcel de Itagüí sería mi lugar seguro. Me quedé dormido al ritmo de la música. Al otro día, como a las diez de la mañana, fui a donde don Iván para pedirle el favor de que me ayudara a hablar con don Gilberto Rodríguez para buscar un encuentro con la familia de Pablo Escobar, pues quería ayudar a la familia del Patrón. Don Iván, que estaba con una resaca terrible, me dijo que hablaríamos por la tarde y me pidió una cerveza de las mías. En la tarde, con varias cervezas ya en la sangre, se animó a ayudarme y acordamos enviar un emisario a Residencias Tequendama, donde se refugiaba la familia de Pablo. Él fue con instrucciones concretas. El mismo día regresó sin haber podido concretar nada. Estaban de sepelio.

En su momento, doña Tata recibió a nuestro emisario y fue con Juan Pablo a la cárcel Modelo. Ya habíamos logrado hablar con don Gilberto, porque lo único que lo conmovió fue la solicitud de don Iván. A mis ruegos solamente contestó con grosería y altanería. Doña Tata estaba muy afectada emocionalmente, al igual que Juan Pablo. La señora comentó que los Pepes no dejaron que ninguna funeraria arreglara el cuerpo y que el Patrón ya olía muy mal. Seguramente era una estrategia para que lo enterraran pronto, pensé para mis adentros. Don Iván les comentó lo molestos que estaban Gilberto Rodríguez y demás socios por el anuncio que había hecho Juan Pablo. Esto dijo don Gilberto: «¡Yo tengo que matar a ese malparido ahora que tengo el poder o, si no, en veinte años este me tumba el bastón y me mata!». Con el merecido regaño del poderoso hombre del Norte del Valle, se buscó una solución a este problema. Primero fue doña Tata a Cali y sondeó la situación bajo la responsabilidad de don Iván y su gente. Ella tenía que burlar la escolta que le había asignado la DIJIN, algo que, como mujer del capo, sabía perfectamente cómo hacer. Al otro día estaba doña Tata reunida en Cali con don Gilberto Rodríguez Orejuela, su hermano Miguel, José Santacruz Londoño y Pacho Herrera.

Ni Fidel ni Carlos quisieron asistir. Estaban muy ocupados, recogiendo el mayor botín de guerra en Medellín. Don Berna y Carlos

Castaño tomaron el control de todos los narcotraficantes de la ciudad, incluyendo al clan Ochoa. El botín era millonario en dólares y ahora todo traficante de drogas debía tributar a Carlos y a Fidel Castaño. Doña Tata regresó a la cárcel Modelo con una sonrisa en sus labios, hablando bellezas de los señores de Cali.

El camino estaba abierto para Juan Pablo y mi objetivo, cumplido. Don Iván lo hizo ir a la cárcel para aconsejarle antes de la cita con los Rodríguez y darle confianza. Juan Pablo le habló con respeto a don Iván y luego vino a mi celda.

—Pope, ¿usted me va a entregar a los enemigos de mi papá? —me preguntó. Se veía temeroso y preocupado.

—Vea Juan Pablo, usted ya estaba muerto. Don Iván, por fortuna, era amigo de su papá y yo ya hablé con él para ayudarles a arreglar su problema. Tenga en cuenta que esta es su única y última oportunidad para salvarse —le contesté yo, sin dejar de mirarlo a los ojos. Y agregué—: Si a usted le pasa algo en Cali, yo cojo un cuchillo de la cocina y mato a don Iván.

Bajo la seguridad y la palabra del poderoso capo y con mi apoyo, Juan Pablo viajó a Cali. Igual que la madre, Juan Pablo salió feliz y llorando. Don Miguel fue el que más lo aconsejó, don Gilberto se comportó como un ángel.El compromiso era que Juan Pablo debía corregir su rumbo e irse del país para nunca más volver. Doña Tata y Juan Pablo fueron nuevamente a la cárcel y, como gesto de gratitud, nos regalaron a cada uno una chaqueta del Patrón. Se despidieron de abrazo, rumbo a otro país, apoyados por la fiscalía de Colombia.

Yo le di las gracias a don Iván y le regalé la chaqueta que me trajo doña Tata. Me sentí feliz de haber podido ayudar a la familia de mi gran Patrón, pensaba que de esa forma él podría descansar en paz. A partir de ese momento, me convertí en escudero de don Iván.

Me refugié en los brazos de Ángela María, quien se convirtió en mi confidente y mejor aliada, siempre acompañados de una pequeña Biblia que todavía hoy ella conserva religiosamente. Nos casamos por la iglesia dentro de la cárcel nacional Modelo, para asi bendecir el fruto de nuestro amor que crecía en su vientre: nuestro hijo.

La extraña muerte de Fidel Castaño

Al mes de haber muerto el Patrón, algo extraño sucedió: don Iván me llamó a su celda.

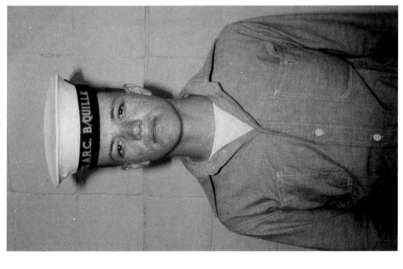

Ingreso a la Escuela de Grumetes de la Marina Colombiana de Jhon Jairo Velásquez Vásquez.

Jhon Jairo Velásquez Vásquez el día previo a su cedulación.

MNW. Primera Comunión de Jhon Jairo Velásquez Vásquez en compañía de su hermano Jorge.

MNW. Asesinato de dos grandes héroes de la patria: Doctor Luis Carlos Galán Sarmiento, candidato a la presidencia de la República, y Coronel Valdemar Franklin Quintero, comandante de la Policía en Medellín, por combatir las mafias narcotraficantes, destruir plantaciones cocaleras y haber arrestado a Fabio Ochoa Restrepo, padre del clan Ochoa.

MNW. 11-6-1985 Toma del palacio de justicia. El presidente Belisario Betancourt se niega a negociar con terroristas. Magistrados y servidores públicos fueron asesinados.

SE BUSCAN

PABLO EMILIO ESCOBAR GAVIRÍA

ROBERTO ESCOBAR GAVIRÍA

SOLICITADOS POR LA JUSTICIA

A quién suministre información que permita
sus capturas, por cada uno se ofrece como recompensa

US $ 10'000.000.oo
DIEZ MILLONES DE DOLARES

"GUSTAVO GAVIRIA" • "LA QUICA" • "ARETE" • "OTTO" • "CARLOS EL NEGRO" • "EL POLLO" • "EL NEGRO PABON" • "GORDO LAMBAS" • "POPEYE"

"CHALO" • "PITUFO" • "VICTOR" "EL SARCO" • "JHON LADA" • "LA YUCA" • "CACHO CHINO" • "ICOPOR" • "LA GARRA" • "VALENTIN"

y por cada uno de estos prófugos la suma de
US $2'000.000.oo
(DOS MILLONES DE DOLARES)

LLAME YA
☎ SANTAFE DE BOGOTÁ
222 - 5012

LÍNEA ROJA
SANTAFE DE BOGOTÁ
91 - 287 - 2908
91 - 287 - 2986

GRATIS DESDE
CUALQUIER CUIDAD
9800 - 10600
LÍNEA DIRECTA A MEDEL
4611111 - 4611112

SE GARANTIZA ABSOLUTA RESERVA

MNW. La policía Nacional encuentra el arma más letal para los narcotraficantes a través de los panfletos «Se Busca».

Arriba: MNW. Jhon Jairo Velásquez Vásquez y Maritza Wills en la cárcel de alta seguridad en Cómbita, Boyacá.

Abajo: MNW. 2-12-2014. Visita de Popeye a la casa de Roberto Escobar Gaviria, después de veintitrés años y tres meses de prisión.

MNW. 8-12-2014. Jhon Jairo Velásquez Vásquez en las montañas de Medellín, las cuales fueron refugio del capo Pablo Escobar Gaviria y donadas por este al Padre García Herreros, intermediario de la entrega del capo a la Catedral.

MNW. 11-9-2014. Popeye testifica para autoridades norteamericanas en el caso Krishna Maharaj, inculpado injustamente por un crimen realizado por el cartel de Medellín.

MNW. En esta página y la siguiente, serie de fotografías tomadas el 2-12-2014 en el cementerio durante la conmemoración del vigesimoprimer año de la muerte de Pablo Escobar Gaviria. Primera visita de Popeye al cementerio. Este *set* de fotos es inédito. Son imágenes exclusivas tomadas por Daniel Garzón Wills, hijo de Maritza Neila Wills.

—¡Pope, mataron a Fidel Castaño! —me dijo. Era algo para no creer.

—Lo mataron o se está haciendo el muerto —le contesté yo.

—No, *güevón*, la noticia está confirmada, ¡está muerto! —me explicó manoteando don Iván.

—¡Ay, Dios mío! ¿Y ahora quién va a controlar a Carlos? —dije yo preocupado.

Carlos Castaño era un tren a toda velocidad. El que lo manejaba era Fidel. Sin el maquinista, el tren arroyaría a medio país. Incluyéndome a mí probablemente. Yo no acababa de creer a don Iván. Conocía a Fidel y sabía que podía estar perfectamente en París, de incógnito, disfrutando de su triunfo. Pero también sabía que era muy ambicioso y que había llegado la hora de recoger la cosecha. Además, le gustaba mucho el poder. Pasaron los días y yo estaba muy pendiente de la llegada del emisario de Fidel con el típico dulce de papayuela, pero el hombre nunca más volvió. Este pequeño detalle hacía que la balanza se inclinara hacia la teoría de su muerte.

Sobre su desaparición había tres hipótesis, emanadas de la casa Castaño: la primera, que iba con seis de sus hombres hacia Panamá, dejando uno a uno en el camino, y finalmente se adentró en la selva para no volver a aparecer. Esta hipótesis no me convenció, ya que Fidel no utilizaba medios de comunicación, y menos sabiendo que a Pablo lo habían ubicado por una llamada de veintitrés minutos que le hizo a su hijo. ¿Cómo se iba a filtrar tan rápido la muerte de Fidel, si él se demoraba hasta seis meses en París? La segunda hipótesis era que la guerrilla del EPL atacó cerca de su finca Las Tangas y Fidel fue a pelear con su ametralladora M60, pero una bala de fusil le destrozó el corazón. La tercera hipótesis sostenía que su hermano Carlos había ordenado su asesinato. Con tantas y tan diferentes teorías, no era del todo creíble que estuviera muerto.

De vuelta a la realidad

Nació mi hijo Mateo. Este gran suceso me cambió la vida por completo. Su bautizo sería en la prisión, y sus padrinos, don Iván y su esposa, la señora Lorena Henao. Hicimos una pequeña fiesta, a pesar de mi condición de preso. Mi niño fue vestido como todo un príncipe y mi mujer estaba espectacular. Llegado el momento de efectuar el rito religioso, el sacerdote requirió la presencia de los padrinos.

—Pope —me dijo don Iván—, yo no puedo ser su compadre, esto me traería problemas a mí.

—Lo comprendo, señor —respondí, entendiendo la situación, y bajé la mirada.

Doña Lorena se ofreció a cargar al niño y rápidamente mi hijo tuvo un nuevo padrino entre los asistentes.

Después de la caída del Patrón, la cárcel Modelo se fue convirtiendo en un lugar mucho más complicado para mí. Solo se escuchaba que me iban a matar y, lógicamente, se necesitaban armas, así que yo debía cuidarme aún más. Carlos Castaño y don Berna controlaban Medellín en su totalidad. Se oía que a las comunas no solamente estaban llegando grupos de paramilitares con fusiles AK-47, 7.62, sino que Carlos Castaño estaba formando un enorme ejército en el Urabá antioqueño llamado AUC (Autodefensas Unidas de Colombia). Las AUC empezaron a propagarse por todo el país, financiadas por el narcotráfico. Mi relación con los Rodríguez Orejuela mejoró muchísimo. Don Iván me ayudó y envié a mi mujer a Cali a hablar con ellos. Allí, los hermanos la recibieron y le dijeron que no procuraban matarme, que, muy por el contrario, esperaban que yo los ayudara a desmontar unos delicados procesos jurídicos que Pablo les había fabricado durante nuestra guerra.

De la muerte de Fidel Castaño no se había vuelto a escuchar nada, pero no por ello yo dejaba de inquietarme. Don Iván me ayudó de nuevo y envié dos cartas: una para Carlos Castaño y otra para don Berna. Allí pedía a los dos poderosos que respetaran mi vida y la de mi familia y que cesaran sus ataques en prisión. Don Berna me respondió muy respetuosamente diciéndome que la guerra contra nosotros ya había quedado atrás. Carlos Castaño, en cambio, se ofendió de sobremanera y le dijo al emisario: «Yo no recibo cartas de asesinos ni de terroristas». El poder que estaba acumulando era enorme. En todo el país se oía acerca de los paramilitares: en el sur de Bolívar, en los llanos orientales, en el Magdalena Medio, en el Chocó, en Santander, en Urabá. Este hombre se estaba posicionando a sangre y fuego a lo largo y ancho de todo el país.

Así cambió el panorama de los bandidos en Medellín. Las AUC entraron con fusiles y un discurso público a las comunas que habían estado al servicio de Pablo Escobar, convirtiendo a los bandidos de barriada en peligrosos paramilitares. Esto trajo muchas muertes, ya que los bandidos son cosa seria, son indisciplinados y rebeldes; les gusta el licor, la rumba, las mujeres hermosas y, sobre todo, el dinero a manos llenas. El paramilitarismo quería que los bandidos recibieran un sueldo y obedecieran a rajatabla a un comandante paramilitar.

Uno de los pocos bandidos que no cumplían con las directrices de los paramilitares era el Negro Pabón, el jefe de la banda de asesinos La Terraza. Esta banda fue aliada nuestra y luego se volteó hacia los Pepes. Eran letales, muy buenos actuando en grupo, y leales entre ellos. Carlos Castaño y don Berna los toleraban porque sabían que eran unos grandes aliados. La mafia de Medellín estaba feliz sin Pablo y trabajando ya para los nuevos jefes.

Un miembro más de la familia Castaño entró en la pelea, se trataba de Vicente Castaño Gil. Tras la desaparición de Fidel, Carlos lo buscó para que lo ayudara con la gran empresa de las AUC. Don Vicente dejó su labor de empresario minero y se unió al proyecto paramilitar. Era un hombre cerebral, tranquilo, con visión de negocio y muy inteligente.

Carlos Castaño y don Berna eran los nuevos dueños del mundo. Tenían poder militar, control sobre la mafia y apoyo del Estado. Todo esto se reflejaba en un gran poder económico. Este gran poder hizo que la mafia del Norte del Valle se uniera a ellos, liderada por don Orlando Henao y Rasguño. Los caleños llevaron las autodefensas al Valle del Cauca y la mafia caleña se surtía de grandes cantidades de droga gracias a los laboratorios controlados por las fuerzas paramilitares. Los paramilitares coparon zonas estratégicas como el Chocó, con salida al mar; La Guajira, para la operación aérea; y Buenaventura, con salida al mar para abastecer a los barcos del puerto marítimo. El gran botín: las zonas sembradas de matas de coca. La Sierra Nevada de Santa Marta fue tomada por los paramilitares por ser estratégica en muchos sentidos; entre otras cosas, tenía salida al mar para las lanchas rápidas del narcotráfico. En la Sierra había miles de hectáreas de matas de coca, con sus correspondientes laboratorios. Un ala paramilitar controlaba las salidas al mar; otra, La Guajira, que es una zona privilegiada para sacar vuelos del narcotráfico. Una aeronave saliendo del interior del país no puede llevar tanta cocaína, pero, con el terreno ganado al salir de la alta Guajira, es menor la necesidad de combustible.

Los paramilitares tenían, pues, el control de pistas, laboratorios, sembrados de mata de coca y la distribución de la cocaína en Estados Unidos y Europa. Además, poseían contactos con la creciente y poderosa mafia mexicana. ¡Todo a pedir de boca! El Ejército de Colombia y la Policía apoyaban el proyecto paramilitar, pensando que así acabarían con la guerrilla. Además, se tenía que apoyar a los salvadores de Colombia, a los que habían ayudado a terminar con el terrible Pablo y su ejército de bandidos.

Orlando Henao entabló una gran amistad con Carlos Castaño, y lo frecuentaba en la zona de Urabá y Medellín. Carlos y don Berna se convirtieron en héroes nacionales. Los cuatro grandes de Cali seguían felices disfrutando de su poder y del amparo que les daban las autoridades. Tenían línea directa con la Policía Nacional a través del coronel Danilo González, hasta el punto de que él en persona les ayudaba cuando tenían problemas con el Ejército. Solo les faltaba consolidar el poder del cartel de Cali y comenzar a buscar un presidente de la República que estuviera bajo su control, aliar a la contraloría y de este modo consolidar su poder, porque teniendo congresistas como aliados el éxito estaría asegurado.

Desde la cárcel, don Iván Urdinola Grajales recibía información privilegiada que compartía abiertamente con su amigo Jairo Correa Alzate. El *whisky* y la champaña eran mis mejores aliados ante aquellos poderosos hombres, porque así yo les le quitaba la prevención y hablaban con propiedad de todos los temas que se tocaban en la mafia. Don Iván era un tremendo personaje. Hablaba rapidísimo, su espíritu era más grande que su cuerpo y le encantaban los problemas, aunque en la cárcel asumió una actitud completamente opuesta. Era un negociante nato y un excelente jugador de cartas. Esta pasión la compartió en libertad con Fidel Castaño Gil. En una noche podía ganar medio millón de dólares, o perderlos. Amaba profundamente a su familia. Su esposa, doña Lorena Henao, era una buena mujer, dedicada a su esposo y a la cría de sus hijos. Se veía que tenía un buen corazón, ya que había adoptado una niña y respondía por otro niño que don Iván también había adoptado en sus correrías. Con estos, eran cinco hijos en total dentro de aquella familia.

Claudia Zapata, esposa de Jairo Correa, visitaba con frecuencia el penal. Era un espectáculo verla. Alta, blanca, pelo negro a la mitad de la espalda, cara bellísima, elegante, fina. Vestía con clase y nunca paraba de hablar. Yo la conocía desde mi juventud en El Éxito de Colombia. Se diferenciaba de mi mujer en las caderas: Claudia no había sido bendecida con ese atributo. En algún momento, Jairo Correa se vio mal de efectivo y acudió a su amigo Iván para que le prestara cinco millones de dólares. Las propiedades de caballos eran importantes y respaldarían aquella deuda con creces. En cuestión de negocios, don Iván no tenía la menor ternura: accedió a prestar el dinero, pero convertido a pesos y al cinco por ciento mensual de interés. Hasta entonces todo iba bien.

Don Iván comprendió que Caballo estaba organizando de nuevo su operación de narcotráfico, pero guardó silencio. A él solo le interesaba que le pagara cumplidamente los intereses. El tiempo iba pasando y Caballo empezó a retrasar el pago de los intereses, lo cual creó fricciones entre los dos poderosos. Jairo Correa tenía gastos enormes: abogados, empleados, haciendas, aeronaves, su derrochadora esposa Claudia, escoltas, más los gastos en prisión, y además estaba reactivando sus operaciones con el narcotráfico. Una sola mansión que tenía en Santa Marta, a orillas del mar, le quitaba una gruesa suma de dinero mensualmente.

De repente, don Iván y Jairo entraron en disputa, amenazándose de muerte mutuamente. El ambiente del pabellón se tensionó. Jairo decidió cambiarse de piso dentro del edificio de alta seguridad y yo me quedé con don Iván.

Llegó a nuestro pabellón Julio Fierros para arreglar un problema de faldas. Había trabajado para Pablo y era mi amigo en la organización; lo llamábamos así porque le encantaban las armas, a las que llamaba «fierros». Era un narcotraficante de medio pelo, bandido sin mucho cartel que se movía con cautela y no se exponía mucho. En la guerra se alió con los Pepes y se cobijó bajo la tutela del propio Carlos Castaño y de Diego Murillo. Por fin despegó y se convirtió en un gran narcotraficante. Les movía grandes cantidades de cocaína en Estados Unidos a los paramilitares con su socio Nicolás Bergonzoli. Pero le fascinaban las mujeres bellas, lo cual le originó un problema con don Iván. El poderoso nuevo capo pretendía a una hermosa jovencita de escasos veintiún años de edad llamada Viviana.

—Yo no puedo aceptar nada de ti, porque yo soy novia de Iván Urdinola —contestó la joven a sus pretensiones.

—Ese viejo está en la cárcel y no se va a dar cuenta —le dijo Fierritos intentando convencerla.

Pero Viviana fue a la cárcel, a una cita amorosa, y le contó lo sucedido a don Iván. Este llamó por teléfono en el acto a Carlos Castaño y le advirtió que iba a matar a aquel descarado. Carlos lo tranquilizó y le recordó diplomáticamente que este hombre era clave para los paramilitares, pero prometió que lo iba a enviar a disculparse en persona.

Estaba yo sentado al final del pabellón y vi entrar a Julio. Me miró y no me saludó.

—¿Dónde está don Iván? —me preguntó con altivez.

—Ya viene. Está en el piso de arriba —le contesté serio.

No era el mismo Julio Fierros gran amigo. El dinero se le veía a simple vista. Sus 1,76 de estatura, su excelente vestuario, su particular cola de caballo y su Rólex de oro y diamantes le daban el aire de capo del narcotráfico. Se acercó a mi mesa, le acerqué una silla y se sentó. Me habló con aires de gran señor. Yo le contestaba con humildad, para dejarlo disfrutar de su orgullo. Criticó la cárcel y empezó a hacer alarde de su fortuna.

—¡Estoy trabajando superduro! —me dijo mirándome a los ojos.

—Me alegro de que todo le esté saliendo bien —le contesté igual de serio.

—Popeye, te vas a pudrir en la cárcel. Lo de ustedes está muy complicado —me dijo con sorna.

—Yo soy firme, usted me conoce, y aguanto lo que sea —le dije con una sonrisa.

Don Iván bajó a atender a su visitante y Julio se puso de pie para saludarlo. Este lo dejó con la mano estirada y lo condujo a su celda. Allí hubo una fuerte discusión. Don Iván no paraba de alegar y amenazar. Veinte minutos más tarde, la discusión se calmó y dos después salieron riéndose para despedirse de fuerte apretón de manos en la puerta de la celda. «Que chao, Popeye», es lo último que le escuché a Julio Fierro.

Don Iván estaba contento, lo único que quería era hablar duro y que lo respetaran. A Julio Fierros nosotros ya le habíamos matado un hermano que se había metido con un amigo del Patrón. Yo pensaba que Julio no sabía que habíamos sido nosotros, pero don Iván me contó que Julio Fierros le había hablado muy mal de mí y que le había contado lo sucedido con su hermano. «¡Cuídese, Popeyito!», me dijo don Iván.

Llegó llorando y asustado al edificio de alta seguridad un niño mimado de la sociedad: Santiago Medina, tesorero de la campaña a la Presidencia de Colombia del doctor Ernesto Samper Pizano. Lo enviaron a la más temida cárcel de Colombia para presionarlo y que no fuera a delatar a nadie. En aquella época, a los delincuentes de cuello blanco los recluían en casas decomisadas a los narcos. Don Iván fue conmigo a su encuentro para tranquilizarlo un poco y le ofrecimos una copa.

—¿Champaña o *whisky*? —le dijo don Iván.

—Champaña —contestó el abatido hombre con la mirada baja.

Fui por una botella que le habíamos robado a Jorge Correa y que habíamos guardado en la nevera para una ocasión especial. Mientras bebía su copa con desconfianza, me miraba aterrado. Don Iván lo llevó a su celda y allí le dijo que no se preocupara por mí, que no le iba a pasar nada. Santiago me miró.

—Doctor, nosotros no somos mala gente. Acá va a estar bien, mientras es llevado a un buen lugar —le dije.

Lo llevamos a una buena celda y le arreglamos pronto un lugar decente, con un televisor que ordenó don Iván para que aquel doctor pudiera descansar. Don Iván le prestó también el teléfono de línea y el gran doctor se pudo comunicar con su familia.

El calor de la champaña calmó a Santiago Medina y nos soltó esta perla:

—¡A mí me van a matar acá! Porque la mafia teme que yo hable y los perjudique a ellos y al presidente de la República.

Un gran escándalo había estallado como una bomba, haciendo correr ríos de tinta en el país y el mundo: la mafia de Cali y la del Norte del Valle habían financiado la campaña del doctor Ernesto Samper Pizano a la Presidencia de la República. Yo no podía creer que le estuviera saliendo algo mal a aquellos que nos vencieron y que emprendieron una estrategia política. Pero estaban equivocados los que pensaban que Santiago Medina se iba a dejar amedrantar. «¡Mi lealtad llega hasta que pise el primer escalón de la fiscalía!».

Medina sabía que el cartel de Medellín había asesinado en el año 1989 al doctor Luis Carlos Galán, aspirante a la Presidencia de Colombia, y que yo estaba en la cadena del homicidio. Santiago había sido tesorero de la campaña del doctor Galán, y su amigo personal.

En cuanto al escándalo, una llamada interceptada no se sabe por quién, entre Miguel Rodríguez Orejuela y el periodista Alberto Giraldo dejó al descubierto el escandaloso acto de corrupción. La llamada fue grabada y filtrada a los medios de comunicación. Se trataba del enemigo político del doctor Andrés Pastrana Arango. No se hablaba sino de esto. Se decía en la mafia que el dinero invertido en la campaña alcanzaba seis millones de dólares, enviados en cajas de cartón a la casa del doctor Santiago Medina y de allí a Fernando Botero, un hombre cercano al doctor Samper.

Santiago Medina tenía otro problema más, era claustrofóbico. Esto para un preso es realmente grave. Apenas le cerraban la puerta se desmayaba, y en ocasiones entraba en pánico.

Por otra parte, las cosas se seguían complicando entre don Iván y Jairo Correa. Cada uno vivía en su piso y solo se enviaban razones, pero Jairo Correa no pagaba el dinero adeudado. Don Iván empezó a cobrarle intereses sobre intereses al mismo cinco por ciento. Esto se convirtió en una bola de nieve para Caballo.

Don Iván consiguió su traslado hacia Palmira, Valle. Una cárcel más cómoda que La Modelo y mucho más cerca de sus terrenos de influencia. También se fue por alejarse de lo que ya se veía que iba a pasar en La Modelo. Una fuerte suma de dinero lo puso en Palmira. Se despidió de mí con un fuerte abrazo, me miró a los ojos con sinceridad. En ese momento recordé mi despedida franca y sincera con Pablo Escobar. Salió hacia la puerta, se detuvo y se dirigió hacia mí.

—Popeyito, cuídese mucho, porque Carlos Castaño está sobre usted —me informó en voz baja, tomándome del brazo.

—Gracias, don Iván —le contesté yo estupefacto.

—No le he dicho nada —me dijo antes de salir definitivamente del pabellón.

Fue triste para mí despedirme de este gran hombre. Sin embargo, con su traslado, la situación en el pabellón se relajó. Jairo Correa empezó a salir de su celda y de su piso y ya se comunicaba con nosotros, pero a mí me tenía entre ojos por haberme ido al lado de don Iván. Aun así, no tuvimos problemas.

El doctor Santiago Medina hizo buena amistad con Jairo Correa y Henry Loaiza Ceballos, el Alacrán, un peso pesado del narcotráfico que se presentó ante Fernando Botero cuando este fue nombrado ministro de Defensa.

Tras los pasos de los Rodríguez Orejuela

La DEA es cosa seria y sabíamos que ahora iba tras los cuatro de Cali. La agencia antidroga de Estados Unidos sacó de Colombia a los agentes que tuvieron contacto con el cartel de Cali y los hermanos Castaño, para organizar un bloque de búsqueda muy similar al que organizaron para acabar con nosotros. Los caleños no pelearon y cayeron los dos hermanos Rodríguez Orejuela. ¡Esto era increíble! A don Miguel lo entregó un hombre de su confianza, hijo de un general de la Policía Nacional. A don Gilberto lo entregó el hombre que le llevaba el correo y los víveres. En corto tiempo, los dos fueron enviados a la cárcel La Picota de Bogotá, donde llegaron sin temor a la extradición. Y esto debían agradecérnoslo a Pablo Escobar y los suyos, que en nuestra guerra contra el Estado habíamos acabado con las leyes de extradición, dejando el terreno allanado para nuestros enemigos de guerra. Afuera quedaron Pacho Herrera, José Santacruz Londoño y Carlos Castaño. El presidente de la República estaba con ellos. Ahora eran fuertes económica, política y militarmente.

El doctor Santiago fue presionado por todos lados para que no hablara, pero se mantuvo firme. Recibí en mi reclusión a un emisario de don Orlando Henao.

—Popeye, hay mil millones de pesos para que deje matar a Santiago Medina —me dijo sin sonrojarse.

—Venga en diez días —le dije mirándolo a los ojos.

Se fue, yo lo medité. La mafia sabía que yo estaba cuidando a Santiago. Yo le tenía cariño porque se le veía inofensivo y muy vulnerable. Además, guardaba la esperanza de lo que él me había prometido: «Popeye, cuídeme que yo salgo y lo saco de aquí». Yo sabía que no me podía ayudar a salir, pero sí me podía ayudar con el Gobierno para ir a una mejor cárcel. En nuestras tertulias, Santiago me contó que don Iván lo había presionado para que no hablara. Entonces supe que debía protegerlo aún más.

—Doctor Santiago, esto está preocupante —le advertí—. No le puedo decir más, pero se tiene que cuidar.

—¿Qué pasó? ¿Qué pasó, Pope? —me preguntó, poniéndose en pie.

—Nada grave, doctor Santiago —lo tranquilicé.

Le hice prometer que los sábados no saldría de la celda. Una tarea titánica para un claustrofóbico como él. Yo sabía por don Iván que Orlando Henao ya era aliado de Carlos Castaño y me podrían delatar. Fuera de eso, lo que me dijo don Iván antes de irse era muy revelador.

Me ofrecieron medio millón de dólares o más por traicionarlo, pero preferí jugármela por el doctor Santiago. Hicimos una bonita amistad. Él, en agradecimiento, le celebró el cumpleaños a mi mujer en su castillo. Fue una fiesta espléndida. El emisario de don Orlando volvió a los días y le dije que no me metería en eso.

Los sábados yo ajustaba mi revólver a la pretina del pantalón y me iba a la puerta de la celda del doctor Medina a protegerlo. Estaba cuidando mi futuro. Una pequeña ventana en la celda de Santiago Medina y otra en el baño le calmaban un poco la ansiedad al pobre hombre. Tenía que escoger entre el encierro o el balazo de un visitante que se quisiera ganar el dinero. En el pabellón no había una persona que fuera capaz de echarse ese muerto encima de frente. Una cosa es un asesinato en la calle y otra muy distinta dentro de la prisión. En la cárcel todo se cobra. Un menor de edad era el escogido para matar al doctor Santiago Medina, dado que por su condición no pagaría un solo día de cárcel.

Por aquel entonces salió de La Modelo Jairo Correa Alzate, trasladado hacia la cárcel de Itagüí. El Alacrán ya había chocado con él por los problemas con don Iván. Se despidió seriamente de mí y salió a buscar su libertad, que le estaba costando una fortuna. Todo con el dinero de don Iván o quizás con el obtenido con el tráfico de drogas.

El doctor Santiago fue a la fiscalía el día 12 de septiembre de 1995 y delató al presidente Samper Pizano, junto con su ministro de Defensa, el doctor Fernando Botero Zea, hijo del famoso pintor Fernando Botero Angulo. La fiscalía le dio la casa por cárcel al doctor Medina y le ofreció protección a cambio de su colaboración con la justicia. Nos despedimos con un fuerte y sincero abrazo, depositando yo en él todas mis esperanzas.

Como consecuencia de aquella delación, el ministro de Defensa, el doctor Fernando Botero Zea, fue detenido. La mafia entró en pánico, puesto que no solamente debían proteger el dinero invertido en el presidente de la República, sino que por primera vez, después de la era Escobar, surgió de nuevo el fantasma de la extradición. La mafia, que ya se sentía dueña y señora del Congreso y de la Presidencia de la República empezó a temer por la posible caída del presidente, el doctor Ernesto Samper Pizano. Entonces crearon una nueva estrategia. las mafias del Norte del Valle y los de Cali se aliaron, sumando también a Carlos Castaño Gil y Diego Fernando Murillo Bejarano. De esta forma, el paramilitarismo se extendía por todo el país.

Lujos carcelarios y guerra interna en los carteles del Valle

Medellín estaba copado con la fusilería de los paras, mientras que la presión de las autoridades se sentía en Cali. Henry Loaiza Ceballos, alias el Alacrán, decidió someterse a la justicia beneficiándose de los decretos promovidos por César Gaviria ante la presión de Pablo Escobar. Así se libraba de la posibilidad de extradición, que por aquella época se veía venir nuevamente. Parte de las ventajas obtenidas por Pablo era que, por regla general e independientemente de la gravedad de los delitos, no se podría permanecer en la cárcel por más de siete años si el sometimiento era voluntario y había confesión de los delitos. De esta forma, los capos y sus bandidos podían entrar a cárceles con visita a diario, teléfono, comida de la calle, licor, buenas celdas, buen televisor, gimnasio, juegos y, sobre todo, un gran disfrute de reinas de belleza y modelos que iban hasta allí para complacerlos. Sin embargo, todo este paraíso terrenal tenía un pequeño problema: la Embajada de Estados Unidos y la DEA.

A nuestro edificio de alta seguridad en la cárcel Modelo llegó el periodista Alberto Giraldo, que era también relacionista de la mafia. Este hombre fue detenido por el escándalo del dinero entregado a la campaña del presidente Samper Pizano. Don Orlando Henao, por su parte, estaba jugando a ser el nuevo Pablo Escobar, ya que su poder y dinero se lo permitían en aquel momento, y ahora su alianza con Carlos Castaño era estratégica para el cartel del Norte del Valle. Los cuatro de Cali y el grupo del Norte del Valle gozaban de una buena relación. El único integrante del Norte del Valle que cooperó con los Pepes fue Hernando Gómez, alias Rasguño, garantizando un buen ambiente y calma en el mundo de la mafia.

Sin embargo, el escándalo por los dineros del cartel en la campaña del presidente Samper era demasiado grande. Los Rodríguez Orejuela enviaron una persona de extrema confianza a la Embajada norteamericana para buscar un acercamiento de alto nivel con la DEA. El escogido fue William Rodríguez, hijo de Miguel Rodríguez Orejuela. La caída del presidente parecía inminente, por lo que se hacía necesario buscar un buen aliado para que, en caso de una extradición, se pudiera llegar a Estados Unidos en la mejor posición posible. No en vano a Gilberto Rodríguez Orejuela lo llamaban el Ajedrecista. William Rodríguez empezó a llevar información de don Orlando y gente del grupo del Norte del Valle a la DEA.

Por aquellos días recibí una mala noticia. Yo acostumbraba a llamar al doctor Santiago Medina a su hermosa casa, donde él recibía mis llamadas muy contento. Un buen día llamé y me dijeron que el doctor Medina estaba en el hospital. Pensé que sería algo pasajero. Traté de hablar con él, pero no pude. A los pocos días me enteré de la triste noticia: el doctor Santiago Medina había muerto de una afección renal. De nuevo volvía a sentirme triste y desamparado. Adiós a un buen hombre que, por culpa de los enredos de la política y la corrupción, conoció las entrañas de aquel horrible monstruo: la cárcel Modelo de Bogotá.

Los Rodríguez seguían delatando a sus aliados y amigos del Norte del Valle. Don Orlando se enteró por una fuente de la misma DEA y envió a su mejor hombre, apodado Varela, para vengarse. Este fue con bandidos puros del Norte del Valle y atacó en un restaurante de Cali al hijo de don Miguel Rodríguez. Allí murieron ocho de sus escoltas y William se salvó providencialmente, ya que un leal escolta se lanzó sobre él para protegerlo. El hijo de Miguel Rodríguez Orejuela salió sin heridas de gravedad. En la cárcel se sabía todo lo que pasaba en la mafia. ¡La pelea estaba como para alquilar balcón!

La guerra ahora era protagonizada por los Rodríguez Orejuela. Estos solo sabían pelear con la Policía y la DEA a su favor. De nuevo, un grupo de bandidos los atacaba, pero esta vez sus vidas corrían mayor peligro, pues se encontraban presos y la guerra era contra gente del mismo Valle del Cauca. Todo aquello me alegraba. Lo que no pudimos hacer nosotros al final de los días del Patrón lo estaba haciendo el cartel del Norte del Valle.

Carlos Castaño medió con la Policía para buscar un acercamiento entre los Rodríguez y don Orlando Henao. El hombre del overol fue a la prisión y ambos capos hablaron sinceramente. Los Rodríguez no reconocieron el «ataque», pero acordaron no ir a la guerra. Ellos ya habían perdido a su mejor hombre, el coronel de la Policía Nacional Danilo González, que se pasó al bando del Norte del Valle.

Los Rodríguez organizaron la cárcel y arreglaron el pabellón con lujos y comodidades. Su poder político les permitía nombrar al director del INPEC.

La celda de don Miguel tenía cortinas de lujo, piso de madera fino, cama de madera, biblioteca, baño privado con agua caliente, fotos familiares, tapetes importados, buen televisor con señal internacional y equipo de sonido. Su celda estaba localizada en el segundo piso.

La celda de don Gilberto, por su parte, en el primer piso, pero igual de lujosa a la de su hermano, aunque se distinguía por una bicicleta estática. La cocina era impresionante, con una chef que entraba todos los días al penal. Contaba con un cuarto frío y comida enlatada de gran calidad. El comedor era para cien personas, con platos que iban desde pato a la naranja hasta langosta y camarones a la plancha. Una amplia vitrina de postres cerraba el comedor.

El patio del pabellón fue arreglado con una cancha de microfútbol y otra de tenis. Y, al final del piso, en una habitación cerrada, tenían una buena mesa de billar. En el segundo piso acondicionaron dos celdas como gimnasio, con los mejores equipos y una buena sauna. También gozaban de numerosas visitas diarias como muestra de su gran poder. La mafia seguía, pues, en pleno funcionamiento. Nubes de abogados frecuentaban el penal, cada grupo con una función específica. William Rodríguez se recuperó de sus heridas sin mayores secuelas físicas y todo parecía volver a la normalidad.

Jairo Correa Alzate, alias Caballo, ya gozaba de su libertad. Salió discretamente de la penitenciaría de Itagüí y fue unos días a Santa Marta a disfrutar del mar y de su familia. Quiso también visitar su hacienda El Japón, así que envió a su familia adelante y a los cinco días su sueño de hacendado se cumpliría. Organizó una cabalgata con Claudia y los niños. Su escolta se reducía a un solo hombre armado. Aprovechando la fresca mañana, salió a disfrutar de su libertad en esta zona donde se sentía tan seguro, pero, de pronto, un comando paramilitar y algunos bandidos de Wilmer Varela, alias Jabón, y José Pineda, alias Pispis, armados con fusiles de asalto, lo abordaron para secuestrarlo sin disparar un solo tiro. Lo enviaron en helicóptero hacia el Norte del Valle. Le había alcanzado la mano de don Iván Urdinola Grajales y don Orlando Henao. Jairo no había pagado un solo día de intereses por el dinero prestado a don Iván en La Modelo y ahora le había llegado la hora de pagar todo el dinero y las amenazas de muerte al nuevo gran capo.

GUERRA EN LA CÁRCEL

Bochica y el secuestro de Juan Carlos Gaviria: un trabajo para el Estado

La cárcel Modelo seguía su dinámica. Desde allí se decidió la suerte del hermano del ahora expresidente César Gaviria Trujillo, en aquel momento secretario general de la OEA. A Juan Carlos Gaviria lo había secuestrado un movimiento de izquierda llamado Dignidad por Colombia, dirigido por el comandante Bochica. Lo delicado de este secuestro era lo que representaba a nivel mundial. El hermano del expresidente Gaviria, secretario de la OEA, en manos de un grupo de rebeldes, no era la mejor carta de presentación para Colombia ante el mundo.

En los meses siguientes, el escándalo del presidente Samper polarizó por completo al país. Los más perjudicados eran los mafiosos y la extradición. Bochica, desde la cárcel, dirigía a su gente. Los investigadores de la Policía sabían que él había ordenado el ataque contra el abogado del presidente y que tenía en su poder a Juan Carlos Gaviria. También sabían que estaba en prisión, pero no conocían exactamente su identidad, solo tenían la certeza de que era un hombrecito antioqueño, que se llamaba Hugo Toro y que había dirigido un motín en la cárcel del Barne, por lo que había sido trasladado a La Picota a un patio de comunes, donde estaba protegido por la invisibilidad de estar entre cientos de presos. Solo necesitaban unir el nombre de Hugo Toro con Bochica.

Orquestaron una gran operación de inteligencia no para seguirle la pista solo a Hugo Toro, sino para ubicarle la familia y a los miembros de Dignidad por Colombia.

A la cárcel Modelo había llegado Víctor Patiño Fómeque, quien se había sometido a la justicia en Cali. Un buen amigo mío y también aliado del coronel Danilo González. El importante miembro del Norte del Valle fue recluido en mi piso. Allí fue visitado por el coronel en persona. La misión para mí dentro de todo este plan era descubrir si Hugo Toro era efectivamente Bochica. Ahora, increíblemente, yo estaba haciendo un trabajo para la Policia Nacional.

Hugo Toro fue trasladado de la cárcel Picota a nuestro piso. Nos informaron que le fascinaban el licor, los tangos, la comida antioqueña, leer los diarios cuidadosamente (cuando encontraba algo de su interés se detenía a leerlo con cuidado) y ver noticieros. Le gustaba ir a misa y amaba a su familia por sobre todas las cosas. Víctor y yo urdimos nuestro plan para descubrirlo. Hugo llegó preguntando por su celda y yo se la enseñé, sin darle mucha importancia a su presencia. Víctor le procuró algunas comodidades y poco a poco Hugo se nos fue acercando.

Víctor Patiño, por su parte, organizaba bien su celda, que estaba acondicionada con todos los lujos, se daba unas buenas tandas de tangos, música de Julio Jaramillo y el Caballero Gaucho, acompañado de buenos licores y una excelente compañía femenina. Hugo se acercaba tímidamente y allí se embriagaba al son de la buena música y el ambiente agradable. Sus largos silencios los interrumpía para cuestionar qué hacia él en aquel pabellón de alta seguridad. Nosotros eludíamos el tema. Ya con el licor en su cabeza, se ponía eufórico y bromeaba. Todo detalle, por pequeño que fuera, yo lo informaba a Víctor y este a su vez al coronel. La situación era apremiante, ya que Dignidad por Colombia quería asesinar a Juan Carlos Gaviria y arrojarle encima un libro que había escrito Bochica.

En alguna ocasión llegó el periódico, tomé la parte menos importante y dejé la otra sección en la mesa. Vino Hugo y la cogió. Lo miré de reojo como siempre. Buscaba algo afanosamente y, cuando llegó a un titular que hablaba de Dignidad por Colombia, sonrió y se quedó un largo rato deleitándose con la lectura.

Aquella tarde sería definitiva en la labor de inteligencia encomendada. Empezamos la fiesta alrededor de las cuatro y media de la tarde: buena música, comida antioqueña, aguardiente y hermosas mujeres. Una para Víctor y otra para mí. Hugo, solo. La estrategia era empezar a alardear de nuestras mujeres y hacer sentir inferior a Hugo Toro. Todo esto cuando el licor estuviera haciendo efecto. Cerveza Heineken para mí, *whisky* para Víctor Patiño y aguardiente antioqueño para Hugo.

—Don Víctor —comencé—, usted sí es muy berraco. Toda esa fortuna que hizo en tan poco tiempo.

—No Pope —me respondió—, el berraco es usted. Andar con un hombre como Pablo Escobar y lograr tumbar la extradición.

Ignorábamos estratégicamente a Hugo en la escena, con su figura casi risible, bajito, delgado, blanco, barbado, mal vestido, sin una sola joya... seguro que se sentía inferior, pero callaba. Solo al calor del licor se reía un poco, más con rabia que con placer. Al cabo de media hora, Hugo nos soltó esta perla:

—¿Saben qué, par de *hijueputas*? —dijo golpeando la mesa con fuerza y aceptando nuestro teatralizado reto—. Yo soy el comandante Bochica.

En ese momento comprendí que aquel hombrecillo tenía malos tragos. Entonces bebí un sorbo de cerveza y lo calmé. En un tiempo prudencial, Víctor se retiró a mi celda para poder informarle al coronel sobre nuestra labor y dar un parte positivo.

Terminó la fiesta y yo me encargué de Bochica. Lo llevé a mi celda al son de unos buenos tangos para luego enviarlo fundido a la suya a las tres de la madrugada. A las seis de la mañana ya estaba en marcha un operativo gigantesco de las autoridades. Le secuestraron a la mujer, la hija y tres miembros importantes de su organización. Ya a las ocho de la mañana, en las oficinas de la dirección de la cárcel Modelo lo esperaban el coronel Danilo con otros oficiales de inteligencia, todos de civil. Bochica fue despertado por la guardia penitenciaria. «Don Hugo, lo necesitan en la dirección», fue el mensaje que le llegó. Sin siquiera lavarse los dientes y con la misma ropa de la noche anterior, Hugo Toro se dirigió a encontrarse con una dura realidad. «Señor

Bochica, tenemos a su hija, su esposa y tres de sus más importantes miembros».

Hugo no negó ser Bochica y pidió negociar. El mismo embajador cubano se dirigió a la cárcel Modelo. El punto más complicado en la negociación fue la salida de Bochica hacia Cuba. Después de un tire y afloje, Bochica aceptó que su familia y otros miembros de la organización salieran del país. De esta forma, Hugo Toro entregó a la Policía Nacional a Juan Carlos Gaviria. Una historia con final feliz. Algo que me llamó mucho la atención de todo esto fue lo que Bochica dijo al regresar al pabellón: «Negocié por la gente, si hubiera sido por mi mujer e hija, no lo hubiera hecho».

Demencias carcelarias

Jesús Amado Sarria, alias Chucho, se sentía seguro en la cárcel Modelo. Era un brujo consumado. En la terraza del pabellón colocó cuatro mesas pequeñas, las cubrió con su mantel y las llenó de comida: carne, pescado, arroz, pollo, fruta y agua. «Una ofrenda a la luna», sostenía con vehemencia. Estaba loco, pero era un hombre amable, convencido de su brujería. También estaba convencido de que yo lo iba a matar. Su mujer, conocida como la Monita Retrechera, era una narcotraficante reconocida en el medio. Había sido asesinada en la casa de un brujo.

A la cárcel de Palmira, Valle, llegó Hélmer Herrera Buitrago, alias Pacho Herrera o «el hombre de los mil rostros». Se sometió a la justicia de forma decorosa el primero de septiembre de 1996. Así pagaba su deuda con la justicia en apenas cinco años, para luego disfrutar libremente de su inmensa fortuna. ¡Otra ironía de la vida! ¡Otro enemigo nuestro que se beneficiaba de la lucha que Pablo Escobar y nosotros habíamos librado con el Estado!

El pabellón de alta seguridad de La Modelo tenía sus problemas y personajes muy particulares, como Alberto Giraldo. Estaba medio loco, algunas veces pasaba sus cosas y bajaba al primer piso, diciendo que había llegado la boleta de la libertad, no paraba de hablar de las orgías que hacían los políticos amigos suyos con lesbianas. Era un enfermo por los niños. ¡Todo un pervertido! Un día entró a mi celda y vio mi revólver. Inmediatamente fue donde Chucho Sarria a contarle y este entró en pánico.

Por otro lado, el Alacrán estaba corrido de la teja. Decía que le golpeaban en la celda de arriba. Esta era una estrategia, según él, para enloquecerlo. Aunque se había sometido a la justicia, no quería confesar nada, a pesar de que estaba sindicado de una masacre en su pueblo, Trujillo, Valle. Los muertos pasaban de cien. El sacerdote del pueblo, el padre Tiberio, fue asesinado y le cortaron la cabeza para luego jugar fútbol con ella. Cierto día le dije que confesara su crimen, porque igual sumando sus delitos no recibiría más de siete años de cárcel, por haberse entregado a la justicia: «Yo no soy sapo», me contestó furioso.

La fuga y muerte de Santacruz Londoño

Chucho Sarria me vendió y fui trasladado a la cárcel La Picota. Allí, el pabellón de alta seguridad está dividido en dos: el B para los ricos y el A para los pobres. Salió a recibirme don Iván y me llevó a su celda del pabellón B, toda una alegría para mí. Los Rodríguez Orejuela me recibieron bien, con su acostumbrada máscara de risas. Para este tiempo, José Santacruz Londoño ya se había fugado del pabellón A. Estaba en una diligencia judicial, la suspendió a propósito y dos horas después volvió la misma camioneta con vidrios polarizados a recogerlo con los supuestos fiscales y se lo llevaron. Fue una fuga espectacular.

En la época de la justicia sin rostro, los fiscales ingresaban a las cárceles a hacer sus diligencias totalmente tapados por una película negra que no dejaba ver a nadie dentro de sus camionetas. Solo se bajaban del vehículo dentro de un habitáculo apropiado para la diligencia. El vidrio grueso blindado y un distorsionador de voces separaban a los fiscales del indagado. El vidrio dejaba ver al reo, pero el preso no veía a los fiscales. La gente de Santacruz «gemeleó» el vehículo de la fiscalía y fueron por él. Quitaron ocho tornillos que aseguraban el bisel metálico y cortaron el vidrio. Un hombre gordo esperaba afuera con la puerta cerrada, ya que la diligencia no podía ser escuchada. A las seis de la tarde, el guardia empezó a tocar la puerta, pero nadie respondió. Se cansó de llamar, abrió la puerta y, ¡oh, sorpresa!, allí ya no estaba el cuarto hombre de Cali.

Santacruz Londoño fue a refugiarse a Medellín, con su supuesto gran amigo y aliado Carlos Castaño Gil, hasta que apareció de nuevo el funesto coronel Danilo González, llevando un pedido de la Policía Nacional y la DEA con la que los norteamericanos solicitaban que les fuera entregado Santacruz Londoño. Los temidos jefes paramilitares no lo pensaron demasiado. Lo citaron en Monte Casino, la casa de los Castaño, y lo asesinaron con frialdad. Lo llevaron a la Cola de Zorro, un lugar entre El Poblado y la avenida de Las Palmas en Medellín. Más tarde llegó la Policía y disparó ráfagas contra el vehículo campero donde estaba el cadáver, para que se leyera este titular en los periódicos: «Ajusticiado el poderoso narcotraficante José Santacruz Londoño en un enfrentamiento con la Policía Nacional». La fiscalía encontró más tarde que los impactos de bala de la Policía no coincidían con los balazos que le quitaron la vida al gran capo caleño. Igualmente, no pasó nada.

Leónidas Vargas, un mafioso de respeto

En la cárcel, los Rodríguez Orejuela se opusieron solapadamente a que yo estuviera con ellos. Fui trasladado a La Picota, donde me recibió muy bien el gran capo Leónidas Vargas Vargas, un hombre supuestamente adinerado y guerrero, socio de Pablo Escobar y Gonzalo Rodríguez Gacha en épocas pasadas. Su zona de influencia principal era el Caquetá.

Alejarme de La Modelo fue bueno. Allí estaba en peligro constante. Los rumores no cesaban, el ingreso de armas a la cárcel se estaba inflando cada día más por el conflicto que se vivía en el país entre los paras y la guerrilla. Don Leo siempre fue un mafioso serio y peleador. Era un hombre de estatura normal, blanco, obeso y de gran inteligencia. Había pagado por la muerte de Camilo Zapata, el Brujo de Bogotá, y su gente, por una guerra relacionada con un embarque de cocaína. Don Leo le mató a la gente al Brujo y este huyó a Medellín. Lo que tenía asustado a don Leo era que habían encontrado un bebe de seis meses nacido muerto que tenía en su estómago una foto del capo del Caquetá y su nombre. Brujería pura. Pero el Brujo Zapata se escondió en la peor época de Medellín. Los Pepes lo asesinaron para cobrar la recompensa puesta por don Leo, quien se impuso por la fuerza y la brutalidad como un mafioso de respeto.

Allí también estaba Bochica, quien me recibió bien, ignorante de mi participación en que lo descubrieran. El pabellón se veía pobre, pero no estaba mal. Las celdas eran grandes, con baño privado. Nuestro patio no estaba arreglado, pero era igual de amplio que el de los Rodríguez Orejuela. Don Iván me llamaba constantemente y algunas veces me invitaba a pasar allá un rato y yo me daba mis buenos banquetes.

En aquel pabellón vi a mi hijo dar sus primeros pasos. También allí disfruté de mi esposa. Todo estaba normal, hasta que una mañana sucedió algo impensado: don Leónidas Vargas salió repentinamente en una sábana, cargado por cuatro de mis compañeros, de urgencias hacia el hospital. Se salvó de milagro. A los tres días regresó muy enojado, pero, a pesar de su debilidad, no paraba de gritar: «¡Popeye me envenenó!».

De ahí en adelante, todo en reversa. Este señor no me convenía nada como enemigo, era un adversario mortal, así que intenté conversar con él.

—Hace tres días yo lo tenía a usted vigilado y lo vieron cuando entró a la celda donde estaba el suero.

—No entiendo, señor —le dije.

—No se haga el *güevón*, gran *hijueputa*, mentiroso —replicó, tocándose el estómago, acostado en su cama—. Yo le tenía una clave a la caja y cuando usted salió la revisamos. Usted abrió la caja.

No le dije nada, salí de allí y me fui a mi celda. Don Leo tenía la costumbre en la semana de aplicarse suero en la vena. Muy temprano, la enfermera del penal se lo colocaba. El fatídico día de su envenenamiento, la enfermera fue a buscar el suero y sacó el que estaba con veneno. Los que estaban tras el Viejo le metieron una botella de suero envenenada entrada de la calle y ahora yo había quedado como el culpable.

La guerra al interior de las cárceles bogotanas

Don Leo, por las sospechas infundadas de sus enemigos hacia mí, acudió a sus conexiones con el INPEC y me vendió. De nuevo sería trasladado a la cárcel Modelo. Busqué mi revólver y por fortuna aún estaba allí. Me lo metí oculto en la pretina del pantalón, para protegerme en caso de que algún incidente sucediera durante el viaje. Mis problemas iban en aumento.

—Juro que te mato. Perro *hijueputa* —fueron las palabras con que don Leo me despidió cuando salí de La Picota.

Era claro que yo era el chivo expiatorio de alguien más, pero me tranquilizaba el hecho de saber que don Leo tenía los enemigos verdaderos a su lado y que tarde o temprano él se enteraría de la verdad. Indagué en los bajos mundos y la guerra de Leónidas era con dos pesos pesados, muy pesados: don Víctor Carranza, el zar de las esmeraldas en Colombia, y Ángel Custodio Gaitán Mahecha, un oscuro personaje de la mafia bogotana, también esmeraldero y paramilitar. Don Ángel era el novio y protector de Claudia Zapata, la viuda de Jairo Correa Alzate.

Ni Henry Loaiza, el Alacrán, ni el periodista Alberto Giraldo ni Chucho Sarria vieron con buenos ojos mi llegada al penal. Tampoco quedé mucho tiempo libre del Viejo Leónidas, pues fue trasladado a La Modelo después de que en La Picota estallara una bomba contra él, que sin embargo mató a William Infante. Estaba paranoico, desconfiaba de todo el mundo.

Los paramilitares de las AUC aprovechaban al máximo esta situación de guerra y reajustes entre los carteles y nuevos capos. Iban colonizando nuevas zonas: Casanare, Meta, Putumayo, la propia ciudad de Bogotá y Medellín, que ya estaban ocupadas casi en su totalidad y bajo su poder. También estaban entre sus nuevos territorios Barranquilla, Santa Marta, Valledupar, Cúcuta, Manizales, Villavicencio y La Guajira.

Todos auguraban la paz con la muerte de Pablo Escobar, pero el país vivía ahora bajo el terror y la muerte causados por el paramilitarismo. Los muertos anónimos se enterraban por cientos en fosas comunes y «nadie respondía por nadie». Colombia entera estaba en guerra.

El Viejo Leónidas habló conmigo y me acusó de haberle armado la bomba. De nuevo el INPEC me vendió al poderoso mafioso y Popeye de vuelta a La Picota. Esta vez los Rodríguez Orejuela no me dejaron llegar al pabellón de alta seguridad y fui enviado con los delincuentes comunes. Lo peor era que don Leo ya le tenía precio a mi cabeza. Por medio de un emisario de don Iván Urdinola, me enteré de que matarme se premiaba con medio millón de dólares.

Era el momento de crear una nueva estrategia para sobrevivir, ya que fui alertado de que los Rodríguez Orejuela también tenían malas intenciones contra mí. Entonces denuncié públicamente y ante los medios sus intenciones y demandé ante la procuraduría que protegieran mi vida. La guardia penitenciaria se vio obligada a recluirme en el pabellón de sanidad, donde también tomé mis propias medidas de seguridad. Compré un revólver y me atrinchheré.

Allí estaba Pablito, también enemigo de don Leo, y formamos una alianza. Este hombre había sido quien armó una bomba en un carrito de control remoto con destino al poderoso capo. A causa de una herida de bala, Pablito estaba en silla de ruedas, lo cual lo hacía vulnerable dentro de la prisión. Estaba preso por la masacre de Trujillo y el infame asesinato del padre Tiberio.

—Bueno Pablito, cuénteme todo y nos unimos —le dije, mirándolo a los ojos.

—Pope, los que envenenaron a don Leo fueron William Infante y Rodríguez Cuadrado —me soltó—. Les estaban dando tres millones de dólares desde la calle —explicó con voz calmada. Al instante continuó—: Al fallar el envenenamiento, la mujer de William entró una dinamita. Vino un tipo de la calle y armó el carrito bomba. Nosotros habíamos entrado unos carritos a control remoto grandes y pequeños para jugar con nuestros hijos. Uno de los grandes, de más o menos treinta centímetros, fue el elegido.

Pablito no me lo dijo, pero yo ya sabía que él había colaborado con William Infante y Rodríguez Cuadrado en el envenenamiento de don Leo y en que corriera el rumor en mi contra cuando llegué al pabellón.

—Pope, a raíz de la salida suya, yo fui acusado por don Leo de ser su cómplice y por esto hice alianza con William y Rodríguez Cuadrado —me dijo Pablito sin siquiera sonrojarse—. Yo era el encargado de detonar la bomba. Se la metí una vez debajo de la silla del teléfono, y el Viejo solo decía: «Que carrito tan lindo, Pablito», pero esa vez no estalló. Otro día se la metí detrás de las cajas de gaseosa y tampoco estalló. En total lo intenté seis veces.

—Pablito —le dije mirándolo—, ¿usted conoce de explosivos?

—No, ¿por qué? —me respondió sin pensar.

—¿A cuánta distancia estaba usted detonando la bomba? —indagué.

—Como a diez metros —me contestó como si nada.

—Ay... Pablito, ¡usted es un animal! —le dije sorprendido. Él se puso a reír a mandíbula batiente.

—¿Por qué, Pope?

—Mi amigo, usted iba a ser el otro muerto. A esa distancia la onda explosiva lo habría matado en el acto, y más si le iba a detonar una carga explosiva detrás de las cajas de gaseosa. Los vidrios se habrían convertido en metralla —le expliqué, mientras él guardaba silencio—. Con el alcance de la señal de ese control remoto, la bomba se podría detonar desde una celda a más de treinta metros de distancia o incluso desde el final del patio. A usted no lo necesitaban, solo lo querían matar —le aclaré. Pablito ya no se veía tan sonriente

—¿Cómo estalló la bomba en la celda de William? —le pregunté.

—Como no funcionaba —contestó—, yo se la entregué a William, este la llevó a su celda y llamó a Rodríguez Cuadrado, allí ambos empezaron a manipular el carrito. Cuadrado tomó el control remoto del televisor y la bomba estalló.

Al parecer, William la tenía entre las piernas y estaba sentado con la espalda al muro. Todo el impacto lo recibió él. Las piernas quedaron en la celda, el resto del cuerpo cayó junto con el muro y la ventana a la Guayana. Rodríguez Cuadrado cayó al piso y perdió el ojo derecho, sufrió una fractura en el brazo y quemaduras. La celda de William Infante quedaba en el segundo piso. El Viejo Leónidas, después de la explosión, fue corriendo a decirle a Rodríguez Cuadrado, mientras este era llevado al hospital: «¿Quién lo contrató? ¿Quién lo contrató?». Rodríguez Cuadrado no le contestó nada.

Todo estaba muy delicado. Por si fuera poco, estaba peleado con mi mujer por un lío de celos que la había alejado de mí. ¡Yo solo en prisión, con don Leo y tantos problemas encima de mí!

Por esos días asesinaron también a la mujer de William Infante. La secuestraron, la torturaron y la mataron. También asesinaron a seis familiares más y a cuatro amigos del extinto asesino.

La muerte de Pacho Herrera y Orlando Henao

La familia de Rodríguez Cuadrado se salvó, ya que un hermano era funcionario policial de la SIJIN de Bogotá e hizo saber al capo que si los atacaba le cobraría duro. Aun así, no todo era malo. Fui informado que don Leónidas estaba muy enfermo, porque la cantidad de veneno que habían inyectado directamente en la vena le había afectado ambos: corazón y pulmones. El Viejo era un roble.

Me enteré de que el encargado de asesinarme era Abigail, un ex-miembro del cartel de Medellín. Entonces comprendí que debía tener una estrategia. Acordé turnos con Pablito, de modo que nos pudiéramos cuidar del uno al otro. También usaríamos un candado nuestro para poder cuidarnos de la guardia o de un ataque sorpresa.

El capitán de la guardia penitenciaria, el doctor Orlando Toledo Uribe, un viejo guerrero de las rejas, conocedor del inminente atentado contra mi vida, fue a las oficinas centrales del INPEC y exigió que yo fuera trasladado a alta seguridad. Una vez allí, me enteré de que Rodríguez Cuadrado ya estaba recuperado y había sido trasladado a la cárcel de Palmira, Valle. Don Leónidas fue trasladado a la cárcel de Itagüí, junto con Eduardo Tribin, su fiel escudero. La guerra lo acosó y salió huyendo, pero seguía siendo un hombre peligroso. En Itagüí se construyó un búnker impresionante y allí se atrincheraba. Pero su corazón se deterioraba más cada día. Llamé a un amigo en la cárcel de Itagüí y me contó los pormenores. Don Leónidas le decía a todo el mundo que me iba a matar.

Llegó un tiempo de aparente calma. Mi mujer volvió, pero ya la distancia y mis difíciles circunstancias, al igual que mi pensamiento, habían cambiado, porque yo también había comprendido que, si quería salir vivo algún día de aquella cárcel, debía despojarme de mis afectos y familia y quedarme solo para luchar por mi sobrevivencia. Entonces decidí que ni tan siquiera recibiría la visita de mi madre, mis hermanos o hermanas, a quienes rechacé en varias oportunidades. Así ellos estarían más seguros.

Ahora mi sueño era no solamente salir vivo, sino ver cómo todos y cada uno de aquellos capos de capos caían, con una pequeñísima diferencia entre su era y la nuestra: la extradición, que ya venía de regreso para hacer justicia. Entonces ellos entenderían la verdadera causa de Pablo Escobar. La Constitución fue modificada y se impuso de nuevo la temida extradición, pero la corrupción era total y los Rodríguez Orejuela, con su dinero y contactos, lograron que no fuera retroactiva.

Don Orlando Henao aprovechó la política de sometimiento y se entregó a la justicia. Todos quedamos asombrados de que se rindiera tan fácilmente. El mando de su organización lo tomó su mejor hombre: Wilmer Varela, alias Jabón, quien sufrió un atentado fallido ordenado por Pacho Herrera.

También presos estaban Cuchilla, Chupeta y Víctor Patiño Fómeque: las guerras de la calle ahora se concentraban en las cárceles de Colombia. Los poderosos capos vivían con una buena dosis de tranquilidad, porque la extradición no era retroactiva, pasarían poco tiempo en la cárcel y podrían salir a disfrutar de sus riquezas.

La investigación sobre el atentado a Varela señaló como culpable a Pacho Herrera. Don Orlando Henao mandó que lo mataran. Un tío del capo, que estaba entre sus mejores hombres, se ofreció para entrar a la cárcel como abogado y matarlo de frente. El tío consumó el asesinato, pero fue golpeado por los escoltas de Pacho Herrera, aunque pudo escapar y botar la pistola; la guardia lo capturó y protegió. No le pasó absolutamente nada. Lo que no pudimos hacer nosotros en medio de una sangrienta guerra lo hizo el tío del capo. Debo reconocer que esta noticia mejoró mi ánimo. El daño que este personaje nos había hecho había sido muy grande. Los Rodríguez cada día estaban más solos. Su poder iba en caída libre.

El hermano de Pacho no mostró tristeza alguna; al contrario, hablaba pestes del difunto. Pero era una estratagema. En realidad, planeaba asesinar a don Orlando Henao con una pistola introducida en una batería de recambio para su silla. Y ejecutó su plan: muerto don Orlando Henao.

En la historia de la mafia colombiana nunca se había vivido una guerra en la que dos grandes capos en conflicto cayeran tan rápido. Los Rodríguez Orejuela hicieron uso del poder del dinero que le habían dado a la campaña del presidente de la República y se fueron trasladados para Palmira, Valle, cerca de sus dominios y de su familia. Varela, por su parte, se fortaleció y acabó con la organización de Pacho Herrera.

7

LOS CORRUPTOS SE CUIDAN ENTRE ELLOS. SE CONDECORAN. SON FELICES.

El rastro de sangre del Caracol: guerra al interior del cartel de la Costa

El asesinato de don Orlando Henao favorecía principalmente a los hermanos Rodríguez Orejuela, porque era un capo menos y ellos no estaban en conflicto con Varela, haciendo de esta una buena época para su reagrupamiento. Arreglaron el pabellón a su gusto, organizaron visita a diario, chef para que asistiera su alimentación, teléfonos, televisión y todo el confort que el dinero les podía dar, sin olvidar el control que ejercían en la cárcel de Palmira. La diferencia estaba en que Pablo lo había hecho de frente, mientras que los hermanos Rodríguez Orejuela lo hacían de una forma solapada.

En Bogotá yo continuaba protegiendo mi vida de las garras del poderoso Leónidas y descansando de la presión de los Rodríguez Orejuela, pues desde su partida el pabellón quedó en calma. Pero llegó al pabellón otro capo de capos, don Alberto Orlando Gamboa, alias Caracol. A primera vista no aparentaba lo que era: un hombre insignificante, de escasa estatura, delicado, con voz chillona, trigueño. Lucía como un niño de doce años con la cara de un viejo de cuarenta y cuatro. Cuando lo vi, recordé un dicho de Pablo Escobar: «Policía pequeño, juez pequeño o mafioso pequeño, téngale miedo». Caracol tenía el control de Barranquilla y La Guajira. Estaba detenido por narcotráfico y era solicitado en extradición por hechos cometidos después del año 1997, cuando se reimplantó la extradición en Colombia. Buscaba desesperadamente la fuga ante el temor de ser llevado a las cárceles norteamericanas.

Las luchas por el poder dentro de las cárceles eran cada vez más fuertes. Yo resistía y mantenía una buena amistad con el Caracol, que se movía con tranquilidad por el pabellón, jugando cartas a toda hora y atendiendo a sus abogados. Por bronca en la cárcel de Palmira, llegó también al pabellón Jattin Arnulfo Pinto Vásquez, otro de los asesinos de confianza del Caracol. Allí, en una borrachera con cocaína a bordo, se había enloquecido y terminó ahorcando a una niña de quince años de edad, llamada Carolina Zuleta Cerón y nacida en el municipio de Yumbo, Valle. La niña la había llevado un familiar para vendérsela a Jattin por una tarde de placer. Por este atroz hecho fue detenido el director de la cárcel, José Álvaro Mosquera, acusado de permitir visitas de menores de edad sin el acompañamiento de un familiar adulto, del uso de licor y drogas dentro del penal, de visitas femeninas que amanecían en el penal, de salidas irregulares de prisioneros a la calle, etc.

Esto puso al descubierto que el INPEC había sido permeado por la mafia. La corrupción iba desde las oficinas centrales de Bogotá hasta el último de los guardianes en cualquiera de las cárceles de la institución. Los malos sueldos de los guardias, la corrupción de los directores de las cárceles y el descaro del INPEC en Bogotá no tenían ya límite. Sin embargo, no todos los funcionarios eran corruptos, muchos guardias suboficiales y oficiales tenían sentido de lealtad a su institución y no participaban en la cadena corrupta que había instalado la mafia. Pero estos debían callar, porque el poder del dinero y la corrupción eran imparables y todo aquel que osara poner obstáculos era silenciado con sangre. Los corruptos eran más y el dinero que corría por las cárceles era demasiado. Si un guardia o un cuadro de mando se les atravesaba en su camino, la mafia era informada por los corruptos y los mismos compañeros entregaban la dirección de la casa del guardia que no cooperaba. Los mafiosos cambiaban de cárcel cuando querían y de acuerdo a sus conveniencias. Si no se fugaban era porque les convenía más estar dentro de la cárcel, pues de este modo mantenían alejados a los norteamericanos.

Carolina Zuleta, la niña víctima de la locura de Jattin, fue llevada a Medicina Legal, pero, mediando una fuerte suma de dinero, el dictamen fue «muerte por sobredosis de cocaína». Jattin le había destrozado la tráquea. Sus enormes manos y su fuerza bruta acabaron con la vida de la niña. Este nefasto personaje medía 1,76, era fuerte como un toro, muy costeño, con boca grande, nula educación y violento como ninguno, pese a contar con solo veintiocho años de edad. ¡Pero el Caracol vivía orgulloso de su hombre!

Gilio Pinto, hermano de Jattin, fue asesinado en Barranquilla. Este se desesperó y empezó a maldecir cuando supo la noticia. Tomó un teléfono celular, llamó a Barranquilla y anunció una guerra a muerte. Cuando los Pinto iban a matar a alguien nunca se fijaban en nada, solo disparaban hasta conseguir su cometido. Ellos fueron responsables de más de 400 muertos en Barranquilla, Cartagena, Valledupar, Santander y La Guajira. Jattin anunció vía telefónica que se iba a vengar estrellando los bebes de sus enemigos contra las paredes. Pero estos contestaron a las palabras incendiarias de Jattin atacando con bala a sus amigos en el funeral de su hermano. Ni en la muerte se respetaba a los dolientes.

Las locuras de Jattin y un nuevo enemigo: el Caracol

Llegó al pabellón Gustavo Upegui, amigo y antiguo empleado de Pablo Escobar. Si bien es cierto que en el tiempo de guerra Gustavo decidió unirse a los Pepes, en la calle había sido mi amigo: un hombre educado, bien presentado, que ayudó a idear y construir la cárcel de La Catedral y le manejó los asuntos administrativos a Pablo Escobar en Envigado. Tenía temor de ingresar a la cárcel, pero yo lo tranquilicé.

Así reconstruimos nuestra amistad, Gustavo había caído preso por la muerte de unos secuestradores que tenían a uno de sus hijos. Era un bandido diferente. Con su inteligencia lo manejaba todo. ¡Un líder nato! Yo tenía muchísimos problemas y enfrentarme a él no era prudente.

Jattin enloqueció y empezó a tomar licor e inhalar cocaína sin control alguno. Ya todos sabíamos lo que le pasaba cuando estaba en ese estado. Lo que realmente tenía loco a Jattin era el miedo. Sabía que sin Gilio vendrían por él tarde o temprano y que él sería el siguiente objetivo de aquella disputa. En Barranquilla no se olvidaban de todas las locuras que hizo Jattin: todos los muertos, las propiedades que les quitó a muchas personas a las que luego asesinó a sangre fría. Así mismo, en su prontuario estaban todas las violaciones a las mujeres y atropellos a mafiosos y bandidos que realizó.

El Caracol ideó una genialidad. Estaba buscando su traslado para la cárcel Modelo, donde ya tenía su fuga lista en complicidad con el INPEC. La estrategia sería buscar un enfrentamiento con otro prisionero y así justificar su traslado. Necesitaba que introdujeran una pistola para él. Por si le encontraban el arma, tenía prevista una acusación para librarse: «La pistola me la entregó un tipo de buzo rojo». Y resulta que el único que tenía buzo rojo era yo. ¡Se me armó la gorda! La Policía Nacional, que entonces ya vigilaba nuestro pabellón para evitar la corrupción de la guardia, vino directo donde Popeye. El detenido para la fiscalía y el Caracol en mi contra. «¿Me ibas a matar *hijueputa*?», gritaba enfurecido el poderoso capo en su obra de teatro. En mi caso, la presunción de inocencia siempre era cero. Tuve que ir a mi celda y permanecer bajo llave e incomunicado.

El 31 de diciembre de 1998, a las nueve de la mañana, ocurrió algo aún más grave. Hugo Antonio Toro Restrepo, alias Bochica, Luis Fernando Acosta, alias Ñangas, y Freddy Llanos se fugaron de nuestro pabellón. El Ñangas contrató a un técnico para que conectara el sistema de cámaras de vigilancia a su televisor y desde allí observaba todos y cada uno de los movimientos de los vigilantes. En complicidad con un ordenanza, se fueron metiendo uno a uno en bolsas de la basura sacadas de la cocina a la calle. Casi doce horas después, la guardia y la Policía se dieron cuenta de la fuga. El escándalo alcanzó un nivel mundial.

Por una confusión con un arma que hallé en la celda de Bochica, fui trasladado nuevamente para La Modelo. Me recibió muy bien Ángel

Gaitán Mahecha, jefe paramilitar. Fui al lugar de siempre y allí estaba mi revólver esperándome. Lo llevé a la pretina del pantalón y salí al ruedo. Yo ya estaba jugado.

La Modelo ya no era la de antes: el ambiente estaba más pesado y el peligro acechaba de día y de noche. Llegó el peso pesado del paramilitarismo, Miguel Arroyave Ruiz, directamente de la casa Castaño. Esto para mí era extremadamente peligroso, ya que tanto don Miguel como don Ángel eran aliados de Carlos Castaño. Lo único beneficioso de momento era que don Ángel era enemigo de Leónidas Vargas, lo que nos obligaba a ser aliados parciales.

Ángel Gaitán Mahecha: un bandido sin escrúpulos

Ángel Custodio Gaitán Mahecha era todo un personaje. Forjado en las minas de esmeraldas de Boyacá, desde joven había sido permeado por la violencia en la que había nacido. Amante de la aventura, el dinero y el crimen, don Ángel se movía en la ciudad de Bogotá como pez en el agua. Era conocido en el mundo del hampa como un hombre peligroso y sin escrúpulos. No mataba con sus propias manos, sino que organizaba y lideraba grupos de limpieza. Era inteligente, sagaz, malicioso, con facilidad para expresarse, con poder de conocimiento y fuerte en todo sentido. Se sabía mover en las aguas turbulentas de los temibles esmeralderos, la mafia y el hampa criolla. Se le medía a todo: cobros de dineros del narcotráfico, intermediación en asesinatos, tráfico de drogas; era comprador y vendedor de armas y formaba parte del paramilitarismo.

Le fascinaba la guerra y sabía mucho de ella. Era ampliamente conocido en el país, pero yo lo vine a conocer en prisión. Con unos cuarenta y ocho años de edad, estatura media y barriga prominente sin ser obeso, poseía una mirada inquisidora, aunque era un hombre alegre, moderado con el licor. Amaba las peleas de gallos y los caballos de paso fino. Le gustaba vestir bien y ante todo era un declarado enfermo por las mujeres bellas. No respetaba la mujer de nadie, no le interesaba si era la mujer de un amigo, un empleado, un compañero de prisión o una funcionaria pública. Su brutal fuerza física y tez trigueña las adquirió guaqueando en las minas, según contaba él mismo.

Don Ángel fue el bandido con más antivalores que conocí en mi vida. Traicionero como ninguno. No conocía la amistad sincera ni la lealtad, porque el dinero y la maldad le habían invadido todo su ser.

Disfrutaba el dolor ajeno y de ello se alimentaba día a día. Ascendió en el mundo de las esmeraldas hasta alcanzar la cima de los reyes del embrujo verde, como Gilberto Molina y Víctor Carranza.

Este personaje tenía una suerte increíble. A pesar de haberse granjeado unos enemigos terribles en la mafia, logró salir varias veces libre y con vida de encerronas insalvables. Pero en una de estas se encontró preso en Estados Unidos. ¡Era increíble! Fue extraditado sin un proceso, sin un aval del Ejecutivo o de la Corte Suprema de Justicia. Esto demuestra cómo en Colombia puede suceder cualquier cosa. Don Ángel fue a una cita con su contacto, un puertorriqueño desconocido con quien conversó por largo rato, luego fue al baño, regresó a la mesa y ya no recordó más. Para cuando despertó ya estaba en un calabozo limpio y frío y con un dolor de cabeza insoportable. Le extrañaba que en la cárcel Modelo todo fuera tan limpio y silencioso, porque dentro de su larga vida delictiva él conocía esa cárcel. Al llegar la mañana, recibió su desayuno de manos de un guardia americano y preguntó dónde estaba, pero no obtuvo respuesta, ya que en el sistema carcelario americano no le está permitido a la guardia hablar con el prisionero. Esto ya lo sabía Ángel Gaitán. Con este detalle y con los gritos de otros presos que le hicieron ver su cruda realidad, comprendió dónde estaba.

Lo condenaron a veinte años de prisión en Estados Unidos. Pero la suerte no se le había acabado. La justicia norteamericana descubrió que el agente de la DEA que detuvo y llevó el caso de don Ángel trabajaba con Gonzalo Rodríguez Gacha. Además, existía una denuncia de secuestro en Colombia contra los agentes de la DEA y la CIA, a la que se sumó la versión de don Ángel sobre la forma en que había sido llevado a Estados Unidos. Todo ello dio como resultado su deportación a Colombia después de cinco años de prisión. Y, como la suerte no lo abandonaba, ya para su regreso, el Mexicano, su gran enemigo en el país, había sido dado de baja por la Policía Nacional.

Una vez en Colombia, retomó sus actividades criminales, pero ahora con más fuerza y menos enemigos de guerra. Su corazón estaba lleno de odio y sed de venganza. Le declaró la guerra al poderoso Leónidas Vargas, y tenía como aliado al poderoso zar de las esmeraldas, Víctor Carranza.

La Gata Angora y una broma muy pesada

A esta altura de mi encierro, estaba bien de salud, emocionalmente estable, y tenía un buen aliado en mi enemistad con Leónidas Vargas.

En mi contra tenía la amistad de don Ángel con Carlos Castaño, don Berna y el presidente Andrés Pastrana.

Los corruptos se cuidan entre ellos. Se condecoran. Son felices. Alberto Giraldo fue trasladado a la cárcel La Picota, mientras que el Alacrán se había hecho trasladar a la cárcel de Itagüí. La cárcel Modelo entonces tenía otra personalidad. El ambiente era más pesado aún. Don Ángel había llegado a la prisión con un escolta de don Víctor Carranza, también sindicado por la muerte del abogado de Leónidas Vargas Vargas. A su nivel, él era todo un personaje que no tenía ni la más mediana idea del significado de la prudencia. Sin embargo, aquella falta de educación a la postre le saldría muy cara. José Ramón Plazas, más conocido como Ramoncito, se ufanaba de su cercanía a don Víctor Carranza y utilizaba esto para cobrar dineros de deudas de la mafia a don Ángel. A este no lo veía como un jefe, sino como un amigo, lo cual le molestaba en demasía al Loco, Gaitán Mahecha. Chucho Sarria ya estaba en libertad, disfrutando de la inmensa fortuna dejada por la Monita Retrechera, ya fallecida y muy famosa por la llamada que le había sido interceptada al expresidente Samper Pizano, dando inicio al famoso proceso 8.000 en Colombia.

Mi pabellón seguía en continua zozobra. Miguel Arroyave y Ángel Gaitán Mahecha tomaron el control absoluto del pabellón de alta seguridad y de la cárcel trayendo su proyecto paramilitar también al presidio. Aunque parezca mentira, aquella preguerra me proporcionaba más seguridad, porque una cárcel en demasiada calma resultaba más peligrosa.

Don Miguel Arroyave sabía de mi conflicto con Carlos Castaño y don Berna y prometió no dejar que la mano de ellos me tocara en el penal. Esta misma promesa ya me la había hecho don Ángel Gaitán. Yo no me creía nada, porque con los años en prisión ya sabía que la traición era el pan de cada día.

Claudia Zapata vino a visitar a su poderoso novio, que desde su regreso de la cárcel estadounidense estaba más fogoso que nunca, debido a la abstinencia que la norma americana imponía. Después de una conversación conmigo y teniendo en cuenta la amistad que ella sostenía desde la infancia con mi exesposa, Claudia prometió interceder por mí ante su poderoso novio, a quien le mostraba su amor tirándosele encima como una gata en celo, mientras que don Ángel, muy orgulloso, disfrutaba de los placeres que ella le ofrecía. Una cárcel en compañía de una muñeca así es un verdadero placer. Sin embargo, de Jairo Correa Alzate a Ángel Gaitán había una distancia abismal. Claudia ya se había dejado permear por la maldad de la mafia. Se encerraba con Gaitán Mahecha en la celda a hacer el amor y ella gritaba como una loca haciéndose acreedora del mote de la Gata Angora. Esto alimentaba el ego de don Ángel, cualquier *latin lover* le quedaba en pañales.

Por aquellos días, mi matrimonio llegó a su fin. Pero, ya a esas alturas, yo estaba más fortalecido y había aceptado que no sabía cuántos años más debía permanecer preso, así que recibí el golpe de pie. Como táctica de guerra, siempre se buscan las debilidades del opositor. Por eso don Ángel empezó su ataque por mi vida sentimental ya rota, colocando música de despecho, ofreciéndome licor y diciéndome que mi exesposa ya tenía un nuevo marido, que estaba embarazada de nuevo y que mi hijo llamaba «papá» a otro. Yo le respondía que, por fortuna, mi hijo era avispado y tenía identidad clara de quién era su papá. Convivir con un personaje de estos no era fácil, y menos en un espacio tan reducido, pero aun así yo me fortalecía. Sabía que, si quería salir algún día debía despojarme de todos aquellos afectos y encaminarme a sobrevivir.

En mi vida nunca había conocido un hombre tan carente de escrúpulos como Ángel Gaitán Mahecha. Tuvo la osadía de tener sexo con la señora que preparaba la comida, al igual que con la manicurista que iba dos veces por semana. Un buen día llegó la señora a hacer su trabajo y don Ángel no estaba. Yo la llamé para que me arreglara las uñas de los pies y, como tenía confianza con ella, le pregunté:

—¿Por qué usted se encierra con don Ángel en la celda?

—Yo me encierro para trabajar tranquila.

Explicación dada a pregunta no formulada es confesión anticipada. Trajo el platón, sumergí los pies en el agua tibia y me preguntó:

—Pope, ¿y don Ángel?

—Ay, *mija*, más preocupados por aquí... —le contesté improvisando.

—¿Por qué, Pope? —me preguntó desprevenida.

—Mi amor, al viejo se lo llevaron muerto como a las tres de la mañana —le respondí entre meditabundo y consternado.

—¡Virgen del Carmen! —exclamó—. ¿Y eso? ¿Qué le pasó? —me dijo dejando a un lado una de sus herramientas de trabajo.

—Mi vieja, hace como dos días el señor se puso muy mal y un médico de la calle tuvo que venir a examinarlo, le descubrió unas manchas de color café en la espalda y se preocupó muchísimo —le fui diciendo sin dejar de mirarla a los ojos—. Al otro día regresó con el resultado del análisis de sangre que le había sacado.

—¡Cuente, cuente, Popeyito, que me está asustando! —me pidió la señora muy intrigada.

—*Mija*, ¡sida! El viejo tenía un sida incontrolable desde hace como tres años.

—¡Ay Dios mío! ¡Ay Dios mío! —comenzó a exclamar parándose de donde estaba y con una mano en el pecho.

—Pero no se preocupe, mi amor —dije yo, serio—. ¿No se acuerda que me dijo que usted solo entraba a la celda para trabajar tranquila?

—No, no Popeyito, ese desgraciado me cogía a la fuerza y me obligaba —me afirmó ella alzando la voz.

—¡Ay... *mija*! —le pregunté lamentando el hecho—. ¿Pero al menos don Ángel se colocaba un condón?

—¡Cuál condón ni qué nada! —me contestó llevándose ambas manos a la cabeza. Empezó a contarme intimidades, para luego ponerse a llorar y decirme—: Ay mis hijos, mis hijos... Pope, sujéteme que me desmayo.

Literalmente se le movió el piso. Esta broma se me estaba complicando. Me puse de pie inmediatamente y la senté en mi sofá.

—¡*Mija*, es una broma! Don Ángel está en la fiscalía en una diligencia judicial —la tranquilicé, mientras le tomaba las manos y le daba aire, pero ya no me creía.

—Usted me está diciendo esto para que me tranquilice —me contestó y estalló en llanto.

El avance paramilitar en las ciudades principales

La cárcel era cada vez más un campo de batalla. Se veía a don Ángel y a don Miguel entrando cargamentos de hasta veinte fusiles AK-47, pistolas, ametralladoras, granadas y munición. También la guerrilla de las FARC estaba entrando su armamento.

En la cárcel de Itagüí ya había sucedido un hecho grave. El 18 de agosto de 1993, Roberto Escobar, hermano del Patrón, recibió un sobre bomba que casi lo mata. Luego se supo que el sobre lo había armado el mismo Cuco, nuestro antiguo experto en explosivos que ahora trabajaba para los Pepes.

Don Miguel Arroyave fortalecía el Bloque Capital, que operaba en la ciudad de Bogotá y municipios aledaños, con el apoyo de Gaitán

Mahecha. Todo era un plan bien orquestado para la toma definitiva de Bogotá, y de la cárcel como su cuartel.

El Bloque Capital empezó a crecer con milicianos de derecha que no eran sino bandidos de la cadena del narcotráfico. Los lugartenientes eran: César Lalinde y su hermano Chiqui, el Tino, Veneno y el Paisa como jefes de zona.

Veneno era originario de Cali y por eso fue enviado a esta ciudad para disputar las oficinas de cobro que ya poseía Wilmer Varela, alias Jabón. Un buen día, en una de sus visitas, conocedor de mi experiencia como lugarteniente de Pablo Escobar, decidió consultarme.

—Oiga, Pope, ¿usted qué opina de mi entrada a Cali?

—Ufff, viejo Veneno, usted es hombre muerto —le contesté mirándolo a los ojos con total honestidad, porque el asunto era serio. Su juventud y ganas de aventura no lo dejaban ver más allá de sus narices.

—Humm... pues, Popeyito: Jabón es Jabón, y yo soy Veneno —me contestó serio.

No le dije nada más, eludí el tema. Veneno estaba haciendo un mal cálculo. Pensaba que Jabón no se iba a meter con él por estar él al lado de don Ángel y don Miguel Arroyave y, por ende, de la casa Castaño.

Alias el Paisa era cosa seria: venido de Medellín, del barrio Belén Rincón y miembro de los Pepes. Me contó que era amigo de Julio Fierros. Le pregunté por qué no trabajaba con él.

—No, pope, si Fierros se volvió sapo —me dijo rascándose la cabeza.

—¿Cómo así, mi amigo? No lo entiendo —le respondí intrigado, pues me costaba creer que se hubiera convertido en un delator.

—Pues sí, se cansó de ganar millones de dólares y Carlos Castaño le ayudó a hacer un arreglo con la DEA y ahora vive como un rey en Miami —comenzó a contar—. Está viviendo con la famosa modelo Natalia París y tienen una hija preciosa. Compró una casa superlinda, carros lujosos y un yate.

—Mi viejo, ¿y ese arreglo no es secreto? —indagué.

—Eso lo habla todo el mundo en Medellín, pero, como la suerte no es eterna, Julio Fierros salió bronqueado de Estados Unidos y ahora vuela directo Medellín-Miami —continuó explicando—. Hace quince días lo encontré en El Poblado e iba en tres carros blindados y con guardaespaldas.

Esto me tranquilizó un poco, porque al estar en Estados Unidos no se aliaría contra mí por la muerte de su hermano. Era evidente que ya no era aceptado como antes en la mafia antioqueña.

Carlos Castaño tenía un objetivo: que don Miguel Arroyave lo dejara matarme dentro del pabellón. Yo me decía: «Bueno, ¿cuál será la cosa de este *hijueputa* conmigo? Yo, soy un hombre acabado, sin poder militar, preso y casi indefenso». Entonces esperé veinte días a que don Miguel se tomara el suero de la verdad y le caí.

—Señor, yo no entiendo al comandante Castaño. Él es un hombre poderoso y yo soy un bobo. ¿Qué daño le puedo hacer?

—Usted le puede hacer mucho daño... —comenzó a decir, me abrazó y, ya con sus tragos en la cabeza, me soltó lo siguiente—: el atentado del avión de Avianca.

Entonces lo comprendí todo. Carlos Castaño estaba preocupado porque yo sabía de su conexión con la bomba en el avión en el año 1989, cuando Carlos Castaño trabajaba para Pablo Escobar. En el siniestro habían fallecido dos ciudadanos norteamericanos, y su Gobierno sospechaba de Carlos Castaño. La lista de las víctimas ya era extremadamente larga.

Una visita fatídica: Jaime Garzón en el pabellón de alta seguridad

Un día nos visitó el famoso humorista Jaime Garzón. Era amigo de don Ángel Gaitán Mahecha y Claudia Zapata. Vino al pabellón, me saludó formalmente y me pidió que me dejase entrevistar para su programa de humor. Yo acepté. Él hacía una parodia de un lustrabotas sin dientes que les hacía unas preguntas embarazosas a sus invitados mientras simulaba estar puliendo su calzado. El tema solicitado era la muerte del candidato a la Presidencia, el doctor Luis Carlos Galán, asesinado por Pablo Escobar y nosotros en el año 1989.

Ese día había fiesta en el pabellón. Don Miguel Arroyave estaba cumpliendo años, todo era alegría. Jaime Garzón se animó y también se tomó unos tragos. Pero la visita no era solo para convencerme de que aceptara la propuesta. Él también tenía el problema de que Carlos Castaño Gil lo quería matar. Bienvenido al club, pensé. El humorista quería que don Miguel Arroyave y Ángel Gaitán lo pusieran a hablar telefónicamente con Castaño para convencerlo de que él no cooperaba con la guerrilla de las FARC y que le perdonara así la vida.

Al final no se pudo lograr la comunicación. Carlos Castaño no estaba en la zona.

En el paramilitarismo era *vox populi* que Jaime Garzón había establecido un fuerte lazo con la guerrilla cuando fue alcalde menor del Sumapaz, una zona bajo fuerte influencia de las FARC. Jaime Garzón, aparte de ser actor, locutor, político, activista y abogado, era uno de los canales de comunicación entre las familias acaudaladas, los secuestrados y las FARC. El humorista era amigo de Ángel Gaitán Mahecha, pero todo el mundo sabía que era mejor ser amigo de un león con hambre que de don Ángel.

Al humorista yo ya lo había salvado en el año 1992. En el programa que hacía por aquel entonces se burlaba abiertamente del hermano de Tyson, la Quica, preso en Estados Unidos. Tyson subió a la cárcel de La Catedral y me soltó esta perla:

—Pope, mandé a matar a ese hijo de puta del Jaime Garzón, por burlarse de mi hermano —me dijo.

—Ay, mi amigo, ¡usted está loco! —le dije yo.

—¿Por qué, Pope? —me preguntó con cierta ingenuidad.

—Porque eso es superdelicado estando nosotros en prisión —le respondí. Acto seguido le advertí—: Mi amigo, a mí me da mucha pena, pero yo le tengo que decir esto al Patrón.

Sin que me contestara, me fui rumbo a la celda de Pablo Escobar a detener el operativo. Aquella vez se salvó el humorista de un final temprano.

Tan solo tres días después de su visita nos llegó la noticia: «Asesinado el humorista Jaime Garzón cuando se dirigía a Caracol Radio».

Al mediodía llegó el director del penal muy apurado.

—¡Virgen del Carmen! ¿Qué voy a hacer? —se lamentaba—. La fiscalía sabe que Jaime Garzón estuvo aquí y necesitan saber a nombre de quién entró.

Nadie decía nada. Don Miguel, callado; Ángel, igual. Entonces yo le dije al alto funcionario:

—Apúntenlo a mi nombre.

Esta respuesta cambió la expresión de su rostro. Enseguida yo firmé los documentos de ingreso de Jaime Garzón. El humorista había ingresado sin ningún control, como muchos de los asiduos visitantes de don Ángel Mahecha y Miguel Arroyave.

Colombia entera creía que no se volvería a presentar un gran asesinato que estremeciera los cimientos de la sociedad, ya que Pablo

Escobar estaba muerto y sus lugartenientes estábamos en prisión. Pero el país tenía ahora otro asesino de renombre: Carlos Castaño Gil. La sociedad colombiana rechazó fuertemente el asesinato del humorista, hora tras hora crecía el escándalo. Todos los ojos miraban hacia los paramilitares, en su cabeza: Carlos Castaño. La fiscalía y el CTI estaban sobre nosotros. Don Ángel fue llevado a la fiscalía. A don Miguel y a mí nos hicieron un allanamiento brutal. En mi caso, como siempre, la presunción de inocencia era cero.

Yo estaba tranquilo. Con Pablo Escobar aprendí a vivir bajo presión. Había, supuestamente, pruebas contra mí, pero supe dar explicaciones y no encontraron nada concreto. Don Ángel regresó asustado de la fiscalía y después se preocupó aún más cuando supo del allanamiento que nos hicieron a nosotros. Nos contó que lo llevaron a preguntarle por el asesinato de Jaime Garzón.

—¿Y usted qué dijo, Popeyito? —inquirió.

—La verdad —respondí. El hombre se preocupó más.

—¿Cuál verdad? —me preguntó.

—La única, don Ángel. Dije a qué vino el humorista —le respondí serio.

—¿Cómo así? ¿Cómo así? —reaccionó, disgustado.

—Pues, mi viejo —le contesté sin pestañear—, que el hombre vino a hacerme una entrevista.

Don Ángel descansó; sin embargo, me insistió con otra pregunta:

—¿Usted dijo algo de la llamada?

—No, señor.

El asesinato del humorista asustaba a los paramilitares, ya que ellos manejaban un discurso político de apoyo al Estado y sus instituciones y esto los dejaba muy cerca de las prácticas y el *modus operandi* de personajes como Pablo Escobar. La sombra del Patrón aún no había desaparecido de la memoria de Colombia, como si se hubiera convertido en una maldición.

COLOMBIA: PARAMILITARES CONTRA GUERRILLA

Carlos Castaño y la banda La Terraza: los hilos invisibles tras la muerte de Jaime Garzón

Tras la muerte de Jaime Garzón, el país entero se paralizó. Colombia quedó en estado de *shock*. Fue más fuerte la reacción de la sociedad colombiana por la muerte del famoso humorista que por el asesinato del caudillo liberal Luis Carlos Galán Sarmiento. Fue un duro golpe a la moral de los colombianos. Si Jaime Garzón en vida hubiera sopesado el amor que el pueblo colombiano le tenía, hubiera sido muy feliz. Sus honras fúnebres fueron apoteósicas, acompañadas por flores y clamores a su paso.

Tras presenciar el miedo que don Ángel tenía, vi que no era tan fuerte como yo pensaba. Carlos Castaño dio una muestra más de su vileza y citó al Negro Elkin con toda su gente a una finca de Córdoba. Allí ametralló a los miembros de la banda La Terraza, aunque dos de ellos lograron escapar con vida. Justificó su asesinato diciendo que el grupo La Terraza se le había salido de las manos y que eran unos asesinos despiadados. Pero la verdad era otra: aquella matanza solo era una cortina de humo para tapar el asesinato de Jaime Garzón.

Ante las cámaras de televisión, un grupo de bandidos de La Terraza denunció que ellos habían asesinado al humorista Jaime Garzón por orden del comandante paramilitar Carlos Castaño y que tenían en su poder el arma homicida como prueba de ello. Este golpe mediático fue una carga profunda a la credibilidad de Castaño y sus paramilitares. Los paramilitares que apoyaban a Castaño se unieron y, junto con la Policía Nacional, acabaron con la banda en una lucha nada fácil.

La guerra en la cárcel Modelo: un reflejo de la sociedad colombiana

La cárcel Modelo continuó su ritmo, estaba conectada con la calle a través de la guerra. El ingreso de armas al penal no se detenía. En los patios funcionaban los caspetes, tiendas improvisadas donde se puede comprar comida de toda clase. Los paramilitares aprovechaban los enfriadores de los caspetes para ingresar las armas a través de un contacto con los guardias que revisaban estos aparatos. Se sacaba el enfriador con la excusa de que se había dañado. Una vez supuestamente reparado, ingresaba de nuevo al penal, pero esta vez lleno de fusiles y munición.

La llegada de los presos nuevos al penal se denominaba «el tren», que podía tener hasta cien personas. Los bandos enfrentados se repartían «el tren». Cada día llegaban más guerrilleros y paramilitares. En el tren se clasificaba a los nuevos: «¿Guerrillero o paramilitar?», preguntaba el encargado. Según lo que contestara el reo, iba para el norte o para el sur. La cárcel estaba completamente dividida en dos.

También llegaban la mafia y los bandidos de cuello blanco con dinero. Una celda en el patio 3 les podía llegar a costar de 2.000 a 3.000 dólares. El dinero que se recogía iba a las arcas de don Miguel Arroyave y Ángel Gaitán Mahecha: era necesario apoyar al Bloque

Capital, comprar armas y pagar a la guardia carcelaria. La guerrilla también controlaba los negocios de su lado, el licor, la droga y la venta de celdas. Allí, una celda podía costar hasta 300 dólares. El que no tuviera dinero para ello, debía dormir a la intemperie, en los peligrosos pasillos centrales, y comer en el *wimpy*, como se le denominaba a la comida de la cárcel. El *wimpy* se encontraba en el lado de los paramilitares y era controlado por estos.

Granadas de mano, pistolas, revólveres, ametralladoras y munición entraban al penal por todos lados, día tras día. Cada bando montaba por su lado su propia seguridad, escuadrones de vigilancia al margen de la guardia penitenciaria. Se organizaron turnos para las veinticuatro horas. Empezaron a circular rumores de un ataque sorpresa de los paramilitares a la guerrilla y viceversa. Los rumores se intensificaban. Se decía que la guerrilla había entrado dinamita y que tenían minado el techo en el área de sanidad y máxima seguridad para activarlo en caso de un ataque paramilitar.

Un alambique organizado en el patio 3 surtía de licor toda la zona de su control. Se debía pagar por todo: seguridad, teléfonos celulares, que se quedaran las mujeres de un día para otro, cocaína, marihuana, bazuco. Todo era posible, siempre y cuando se tuviera el dinero para hacerlo. El dinero tenía una sola y misma destinación: engrosar y fortalecer las áreas de los paras y la guerrilla.

Se decía, por una parte, que el secretariado de las FARC estaba enviando armas a La Modelo. Por la otra parte se rumoraba que Carlos Castaño estaba apoyando la toma de la cárcel Modelo por el paramilitarismo, lo cual era totalmente cierto. La guerrilla tenía una cabeza visible en el penal: Yesid Arteta, un comandante guerrillero alto, atlético, serio y frío. Conocía a profundidad el arte de la guerra, sumamente estructurado, tanto política como militarmente. Arteta era un hombre educado y culto. A su lado figuraba otro guerrillero, llamado Robinson. Este era un hombre extremadamente violento, fuerte, de armas tomar, con don de líder. Según los espías, en la celda de Yesid Arteta había un potente radio de comunicaciones conectado directamente con el secretariado de las FARC en las montañas de Colombia. Decían los rumores que la guerrilla estaba haciendo un túnel directo al edificio de alta seguridad y, lo más grave, que tenían a su favor el patio 4, que estaba al lado de los paramilitares. Esto era realmente serio, ya que desde allí tenían acceso a nuestro edificio y podrían dinamitar nuestro pabellón. Las cosas no pintaban nada bien.

En medio de todas estas tragedias lo único que me daba calma y algo de paz era pensar en mi hijo. ¿Dónde estaría Mateíto? Lo pensaba durante horas enteras recostado en mi cama. Yo no me iba a dejar matar, deseaba poder verlo algún día. Ese se volvió mi sueño, el motivo que tenía para seguir adelante. Me consolaba saber que Ángela era una verdadera leona protegiendo a su cachorro. Esa era la mejor parte de ella: verdadera mujer y verdadera madre. Pero en la cárcel no había tiempo para la ternura. Era el mundo crudo y real. Yo estaba sentado en un polvorín, encima de una bomba de tiempo.

La guardia penitenciaria estaba dividida. Unos simpatizaban y colaboraban con la guerrilla, los otros estaban del lado de los paramilitares. Ya la cárcel completa estaba dividida en dos bandos. Entre una población carcelaria de más de 6.000 presos, se estimaba que unos 1.500 estaban alzados en armas. Se rumoraba que, dentro del Plan Colombia, un acuerdo general sobre asistencia económica y técnica entre nuestro Gobierno y el de Estados Unidos, se incluiría el mejoramiento del sistema carcelario en Colombia. El proyecto incorporaba un modelo de encarcelamiento en masa, que empezaría por la cárcel de Valledupar, posteriormente llamada cárcel de Tramacúa, con una financiación norteamericana de 4.500 millones de dólares.

La primera batalla por la cárcel Modelo: 24 horas de guerra, 72 muertos y 55 heridos

César, Chiqui, el Paisa y Veneno trabajaban duro para la toma de la cárcel. Casi a diario venían a dar cuenta de sus acciones. La anarquía y el caos seguían apoderándose del penal. Los denominados «ajustes de cuentas» eran lo más temido, generalmente realizados mediante una inyección en vena que provocaba un infarto fulminante. Se sobornaba a Medicina Legal y el dictamen para la familia y la justicia era el mismo de siempre: muerte natural o infarto. En otras oportunidades, la víctima era obligada a escribir en un papel una nota de suicidio con su puño y letra, para luego ser ahorcada en alguno de los rincones de la cárcel.

Eran muertes bastante diplomáticas, por así decirlo. Más adelante, la orden era matar a bala, ya ni siquiera se molestaban en usar silenciador. Los paramilitares tomaron el control de los calabozos y desplazaron a la guardia. A los calabozos se llevaba a quienes eran objeto de algún castigo. Las reprimendas no eran solo aislamiento, sino duras palizas y baños con agua fría. En el patio 4, el pobre diablo que se negara a ser controlado por los paramilitares era secuestrado y obligado a llamar a su familia con el pedido expreso de que vendieran todo para salvar su vida. Si la familia no pagaba en un determinado plazo, era hombre muerto. Acababa descuartizado. Dentro de una funda de almohada metían la cabeza y la golpeaban contra el piso; luego se tiraban los restos a la basura.

La mejor defensa es el ataque, esa es una norma del arte de la guerra. Don Miguel y don Ángel ordenaron el ataque al patio 4. Un grupo vigilaría que la guerrilla no entrara a apoyarlos y un guardia penitenciario protegería el edificio de alta seguridad.

Recibimos aviso del ataque. Pistolas para don Miguel y don Ángel. Zona de guerra. Hora cero: siete de la mañana. La punta de lanza del ataque: un lanzagranadas que los paras habían logrado entrar. Los paramilitares iban con brazaletes de las AUC (Autodefensas Unidas de Colombia) y los milicianos en la ciudad estaban también alertados. ¡Todo listo!

Una fuerte explosión abrió un boquete entre el patio cuarto y el quinto. Los guerrilleros tomaron posiciones. La guardia salió de los patios. La balacera era brutal. Se escucharon por todas partes granadas de mano, munición de 7.60 y 9 mm. Era el fin del mundo. El edificio nuestro fue ametrallado desde el patio cuarto. Gritos, humo, explosiones por aquí y por allá. Todo era una locura. La Policía y el Ejército acordonaron la parte exterior de la prisión. Médicos que estaban en prisión montaron una sala de urgencias. Los líderes del patio cuarto, alias Bam-Bam y un tal Fabio, resistieron el primer ataque y se atrincheraron. Cadavid fue herido en una pierna, pero continuaba liderando. La batalla no se resolvió fácilmente.

Los bandidos de Bam-Bam y Fabio peleaban duro. La guerrilla se quedó quieta. El lanzagranadas se distinguía por su aterradora capacidad de destrucción. Cadavid se retiró y fue a la sala de urgencias; a los diez minutos estaba vendado y peleando de nuevo. El combate amainaba en algunos momentos de reacomodación de fuerzas. Una ráfaga de fusil revelaba que el patio 4 aún no había sido vencido. Toda la artillería pesada, con el lanzagranadas al frente, atacaba la rotonda ubicada entre el primer y el segundo piso. Allí estaban atrincherados los líderes guerrilleros, que se escudaban tras el destruido billar. Ya se hablaba de diez muertos y veinte heridos. La rotonda colapsó. Bam-Bam y Fabio huyeron al tercer piso. Un grupo grande se entregó. Empezaron los ajusticiamientos a sangre fría.

Uno de los guerrilleros negoció por su vida y entregó el famoso túnel; también lo mataron. Los paras llegaron a la caleta madre de las armas de la guerrilla. Solo resistían en el tercer piso Bam-Bam, Fabio y diez hombres leales a sus líderes.

Al fin llegó la noche y todo se calmó, pero se esperaba un ataque final para ajusticiar al pequeño grupo que aún resistía. El penal fue sobresaltado por esporádicas detonaciones. El lanzagranadas se quedó ya sin munición. Gritos iban, gritos venían. Se negoció una rendición, pero era una trampa. Los paras aprovecharon para ajustar cuentas con bandidos que se habían defendido durante la reyerta.

La fuerza pública no ingresó al penal. Una comisión de la Procuraduría y la Defensoría del Pueblo logró negociar con don Ángel y don Miguel Arroyave para sacar a Bam-Bam, Fabio y sus hombres. Cuatro de ellos estaban heridos. Estos dos capos desmontaron la trampa, y dieron la palabra de que les respetarían la vida con la única condición de que fueran sacados del penal. La batalla terminó a las cinco y media de la mañana, con un total de setenta y dos muertos y cincuenta y cinco heridos. La prensa fue desinformada: se les dijo que fueron veintisiete muertos y setenta y tres heridos.

La herida de Cadavid fue limpia. El saldo final de los paramilitares fue tres muertos y veintidós heridos, las otras pérdidas fueron de sus enemigos. Aquel día de sangre y muerte se vio la diferencia en una pelea de paramilitares entrenados contra bandidos sin experiencia en el combate. Luego se complicó el ingreso de armas y munición a la penitenciaría.

Un francés que destapó la olla del hervidero en la cárcel Modelo

La modelo era un hervidero de versiones. Una calma tensa nos preocupaba a todos. Los paras y la guerrilla cometieron un craso error. Un periodista francés que hablaba español fue autorizado por el INPEC para entrar a La Modelo con una cámara de video. Extrañamente, la guerrilla y los paramilitares aceptaron hablar con él. Don Miguel y don Ángel lo recibieron con sus máscaras de risas. Con la situación ya controlada, el francés pidió hablar conmigo para que yo saliera en el video, quería sacar un hombre de Pablo Escobar para que tuviera más impacto su trabajo.

Don Miguel me pidió el favor de hablar con el periodista. Me terminé soltando bastante y le hablé sobre mi proceso, mis muertos y todo en lo que yo había participado. Hasta ahí todo perfecto. El francés salió despidiéndose de todos rumbo a Europa con una sonrisa en el rostro. Yo pensé que aquello no tendría mayor repercusión en el país, entonces el mundo aún no estaba tan globalizado.

Muy al contrario, lo que se armó fue un tremendo escándalo. El video fue pasado en horario triple A en toda Europa. El Gobierno colombiano y el país dieron una imagen pésima. ¿Justicia divina? Cuentan que el video hablaba de la matanza del patio cuarto y de todos los muertos que a diario producía el penal. Lo que más impactó fueron las armas largas dentro de una prisión, pues los paras, y dicen que los guerrilleros también, se habían dejado grabar posando con ellas. Eso provocó una investigación grande del INPEC y el Gobierno.

Un grupo de inteligencia que opera en el INPEC se vino encima mío y le pidió a la fiscalía que me investigara porque en el video dije que yo había secuestrado al presidente de la República, el doctor Andrés Pastrana Arango. También argüían que se me investigara por las muertes de altos funcionarios del Estado que yo me había atribuido en aquellas confesiones al periodista francés. Gran cosa: el grupo de inteligencia del INPEC, al mando de un mayor de la Policía ya retirado, descubrió el agua tibia. Yo siempre he sostenido que, por Ley de Murphy, la persona que hace carrera en Inteligencia es porque es bruto por naturaleza. Esta supuesta gran investigación me lo estaba confirmando. Yo estaba preso por estos hechos y ya los había confesado ante la fiscalía, pero estábamos en sus manos y más adelante nos cobrarían haberle dicho esto al mundo.

No importaba que nos matáramos los unos a los otros en Colombia, dentro de las cárceles o fuera de ellas, en los campos o en las ciudades, lo que ofendió al Gobierno fue que se enteraran de ello en Europa y por ende en todo el mundo. Sin embargo, una cárcel como La Modelo podía con cualquier escándalo y seguíamos adelante. No paraban los muertos diarios con armas de fuego tanto en el norte como en el sur del presidio. La carrera armamentista seguía a la orden del día y la presión crecía. Un nuevo combate entre los bandos de los paras y la guerrilla era cuestión de horas.

LA TIRANÍA PARAMILITAR
EN LA CÁRCEL MODELO

El degenerado Ángel Gaitán Mahecha

Los temas domésticos de la cotidianidad de nuestro edificio solían ser bastante tenebrosos. Don Ángel expresaba su abierto odio a los negros. Sentía un odio visceral por ellos. Un señor que estaba con nosotros le decía: «¡Ah, seguro que lo abusó un negro en Estados Unidos!», ahí Ángel cambiaba de tema. Decía que cuando saliera en libertad quería ir al África, a las minas de diamantes y, sobre todo, a matar negros. El malvado personaje sabía de las guerras en el África y exportar allí el proyecto paramilitar podía ser una buena opción. Le apasionaba hablar de cómo cogería los bebes de las negras y les cortaría la cabeza. Ramoncito decía: «Ángel está loco». Yo pensaba lo contrario, está lleno de odio o está cañeando para que no lo traicionemos. Lo único real y visceral era su gran odio por la raza de color.

Pero esa no era su única perversión, una vez lo sorprendí besándose con la esposa de su hijo y madre de su nieto. Además, hablaba abiertamente de su fantasía sexual más preciada: quería hacer el amor con una monja. Ni siquiera una prostituta disfrazada de monja. Tenía que ser con una monjita vestida con su hábito y ornamentos. Cualquier duda que yo tuviera al respecto se disipó el día que entró una comisión de la Cruz Roja Internacional. Una funcionaria de esa entidad que hablaba español trataba de mediar ante los jefes paramilitares para detener la batalla contra el cuarto piso. Eran las once y media de la noche. Don Ángel se le acercó y empezó a tocarle la pierna tratando de subirle la mano. La funcionaria salió rápidamente del edificio.

En esa época apareció por allí una dominicana llamada Patricia. Yo me estaba recuperando de la separación de Ángela y tuve un romance con ella. Ángel me criticaba de frente por mi nueva mujer. Patricia era un ser especial, una mujer llena de amor, y sobre todo muy divertida. Ángel me decía que ella olía mal y que hablaba muy feo, que era horrible. Pero yo estaba feliz con «mi bulto de carbón», como le decía. Así Ángel no me la abordaría como hacía con Ángela.

A mi negra Patricia yo la veía hermosa. «El que a feo quiere, bonito le parece», como bien dice la sabiduría popular. Lo mejor de todo era que don Ángel no se le acercaría. Un buen día, Patricia se desplazaba en un bus interdepartamental rumbo a la costa atlántica. El bus fue detenido por la guerrilla colombiana: se llevaron a todos los pasajeros menos a mi bultico de carbón. Ella se reía a mandíbula batiente, contándome que no se la habían querido llevar porque la vieron muy feíta. «¡Ay! mi amor, esos guerrilleros no se le llevaron a su negra por feíta», me decía entre carcajadas.

El comportamiento de Ángel me preocupaba. Si este tipo no respetaba a la esposa de su hijo, mucho menos lo iba a hacer conmigo. Ángel Mahecha no tenía límites, no conocía los escrúpulos. En cualquier momento podía ordenar mi asesinato o, en una de las tantas balaceras, dispararme por la espalda y justificar mi muerte como una bala perdida de los patios aledaños. A fin de cuentas, la muerte de Popeye nadie la vendría a investigar.

Dominio paramilitar, dentro y fuera de La Modelo

El proyecto paramilitar ya se había consolidado en todo el país. Tenían el treinta por ciento del Congreso de Colombia; el control de las salidas para el tráfico de drogas, tanto al océano Atlántico como al Pacífico; el control total y absoluto de la cárcel de Bellavista de Medellín; el control de la zona norte en la cárcel Modelo de Bogotá; el control de los cultivos de coca y, por ende, la producción y comercialización de esta en Europa, Canadá, México y Estados Unidos; tenían uno de los mayores ejércitos en el cuarenta por ciento del territorio colombiano; contaban con el control total de Medellín; estaban consolidando el control de Bogotá, Barranquilla, Valledupar, Manizales, la Dorada; Córdoba en su totalidad también les pertenecía; tenían infiltrados en las instituciones del Estado; colocaban gobernadores, alcaldes y concejales a su conveniencia; incluso nombraban rectores de universidades; controlaban la Policía, el Ejército y el DAS. Un control absoluto.

Solo la Infantería de la Marina les hacía frente, especialmente un alto oficial, el coronel Rafael Colón, comandante de la Primera Brigada de Infantería de la Marina, quien con su carisma se ganó el cariño y respeto de las sabanas de Sucre y Bolívar, donde también los enfrentaba. Este verdadero hombre al servicio de la patria no conocía el miedo: participó en la captura de Miguel Rodríguez Orejuela en Cali y decomisó veinticinco toneladas de cocaína en las costas de Nariño, convirtiéndose así en objetivo militar para las AUC. Los muros en muchos de los municipios de aquel departamento decían: «Muerte a Colón». Su valor y gallardía quedarán en los álbumes del recuerdo.

Entre los paramilitares de La Modelo había una purga interna. Ya habían sido ejecutados a bala, en el ala norte de la prisión, seis de sus integrantes. Se les había encontrado extorsionando desde la cárcel a empresarios y personas del común, vía teléfono celular, en nombre de las autodefensas. Muchas de estas personas tenían acceso al Bloque Capital y allí colocaban la queja. La investigación llegaba siempre a la cárcel Modelo. Muerte a bala al Águila, a Trescientos y a Félix. Estos hombres fueron llevados a los calabozos controlados por los capos. Una vez terminada la investigación, los fusilaban. Dos de estas investigaciones llegaron a Ramón Plazas.

Censura y muerte: el secuestro de Jineth Bedoya

En aquellos días tuvo lugar un escabroso suceso. La periodista Jineth Bedoya Lima, que era subdirectora de la sección judicial del periódico *El Espectador*, llegó a la cárcel Modelo el día 25 de mayo del año 2000, hacia las diez de la mañana, para entrevistar al paramilitar Mario Jaimes, alias el Panadero.

Ignorando que era objetivo militar por haber denunciado que tanto paramilitares como guerrilleros tenían armamento dentro del penal, aquella cita resultó ser una trampa. A plena luz del día, y frente a una patrulla especial de la Policía Nacional, la periodista fue secuestrada por un espacio de dieciséis horas. Como muchas víctimas de la guerra, fue torturada física y psicológicamente. Sus captores se identificaron como trabajadores de Carlos Castaño, la violaron y la abandonaron cerca de Villavicencio, con un mensaje claro para la prensa: si continuaban publicando estos hechos, serían cortados en pedacitos. Esta acción tenía el sello de Ángel Gaitán Mahecha. Esta aguerrida mujer, que no conoció nunca el miedo, se convirtió en el rostro visible y la voz de aquellas víctimas invisibles, tales como mujeres indígenas, campesinas o madres de familia que fueron violadas por agentes armados en medio de las incursiones militares.

Las cosas fueron así, de acuerdo a lo que yo supe: don Ángel Gaitán la contactó con el comandante guerrillero Yesid Arteta Dávila. Ella iba acompañada de su jefe de redacción, Jorge Cardona, y su fotógrafo, quienes la dejaron sola por unos instantes e, inexplicablemente, fue secuestrada en el momento en que estaba esperando la orden de ingreso. La movilizaron por carreteras custodiadas por el Ejército y aun así «nadie vio nada». La investigación de este grave hecho llegó hasta don Ángel Gaitán, Miguel Arroyave, la guardia penitenciaria e incluso hasta mí. Esta investigación surtió algún efecto once años después de haberse iniciado en la fiscalía: cuando el fiscal de turno fue cambiado, el fiscal entrante volvió a entrevistar a uno de sus victimarios. Esta valiente y admirable mujer nunca desistió y aceptó el hecho como parte de su destino.

La sombra de la extradición: un burdo montaje contra Popeye

La extradición, causa inicial de toda esta guerra, tocó de nuevo a mi puerta. El subdirector del DAS iba a anunciar a través de los medios una noticia importante. Ángel Gaitán vino corriendo hasta mi celda y me dijo: «¡Marica, lo van a extraditar!». Entonces prendí mi radio y escuché que el DAS había realizado una exitosísima operación antidrogas entre Estados Unidos, Holanda y Panamá, dando como resultado una captura de central importancia en Holanda, tres individuos en Turbo (Antioquia), una captura en Bogotá y dos capturas en Panamá, con incautación de aeronaves, barcos, dinero en efectivo y una gran cantidad de cocaína. Lo más importante, la recaptura en la cárcel La Modelo de Jhon Jairo Velásquez Vásquez, alias Popeye. El gran jefe de la banda, el *capo di ttuti capi*. Ramoncito empezó a hacer toda clase de comentarios mordaces. «¡Qué capo tan poderoso teníamos y no lo sabíamos!», decía entre carcajadas.

Para mí la extradición no era ya relevante, pero sí lo era, en cambio, el hecho de compartir la hora del almuerzo en el comedor con todo el odio que expulsaba don Ángel a diario. Ramoncito tampoco se quedaba atrás. Don Miguel, por el contrario, siempre se mantenía cauto y respetuoso. Toda mi vida he sido un convencido de que no importa la elección de vida que se haya hecho, incluso para un asesino profesional la educación y los buenos modales son vitales en el medio en el que se encuentre. Para estos caballeros, sin embargo, cualquier regla de convivencia era totalmente desconocida. También aprendí, durante mis años de prisión, que el mayor opresor del preso es el mismo preso. Frente a semejante noticia ellos esperaban que yo me fuera a llorar a mi celda, pero se les olvidaba un pequeño detalle: al que tenían frente a frente era nada menos ni nada más que Popeye.

Llegó la temida hora del almuerzo y allí estaba yo. Entre ofensa y ofensa comenzó el noticiero de las doce y media. Todo indicaba que las cosas empeorarían. El coronel de la Policía, Germán Gustavo Jaramillo Piedrahita me organizó un nuevo árbol genealógico y nombró primo mío a un tal Jorge Velásquez Camelo. Planeaban una nueva celada para justificar mi extradición. «Popeye manejaba desde su celda una poderosa organización de narcotráfico que tenía contactos en Bélgica, Italia, Holanda y Estados Unidos. Todos estos estamentos tomaron parte en una operación contra el narcotráfico», repetían los noticieros.

El coronel Jaramillo decía que un español, enfermo terminal de sida, llamado Leopoldo Botigas Lorenzo, murió con casi un kilo de heroína en su estómago. Esto podría hacer que me extraditaran a España.

Don Ángel y Ramoncito seguían felices. Su alegría por mi aparente desgracia se veía reflejada en sus miradas de maldad. Yo, tranquilo como siempre. Entonces llamé a una periodista amiga, le pregunté por la rueda de prensa y ella me contó que el coronel había asegurado que mi extradición a Estados Unidos era un hecho.

Preparé mi mente y mi espíritu para responder ante la justicia norteamericana. También por mi parte empecé a verificar mi registro de visitantes: resulta que un tal Jorge Velásquez, un mandadero menor que utilizaba mi nombre para correos humanos, ingresaba a la cárcel como si fuese mi visitante. A él le encontraron el pasaporte de la mula muerta en ejercicio, el español Leopoldo Botigas. Como fuera, el DAS no gozaba de plena credibilidad ante la DEA. Los estamentos norteamericanos sabían que estos agentes hacían cualquier cosa en aras de ganar ascensos.

A los diez días del escándalo mediático fui llevado por agentes del DAS a la fiscalía. Al final se demostró que todo era un montaje por cuenta del coronel Jaramillo. Únicamente me encartaron por el simple hecho de conocer a Jorge Velásquez, porque años atrás me había presentado a un comprador para un carro que yo estaba vendiendo en Medellín. Este hombre era un pequeño traficante de drogas a quien yo llamé a Holanda, llamada que fue rastreada por el DAS. En vista de la situación, decidí ir a juicio, obviamente sin aceptar ningún cargo.

Lo primero que hice fue expresarle al señor fiscal mi inconformidad por tan burdo montaje y le hice referencia al asesinato del doctor Luis Carlos Galán Sarmiento; al asesinato del doctor Bernardo Jaramillo Ossa; al asesinato del candidato a la Presidencia de la República, el doctor Carlos Pizarro Leongómez; al atentado del avión de Avianca en pleno vuelo. El fiscal no dijo nada. Regresé al penal en limpio y ahora quien sonreía era otro. A todos aquellos que me convirtieron en motivo de mofa de repente se les acabó la risa. «Todo chimbo», les dije a quemarropa.

Un favor para el enemigo: el Taxista, el Arete y el avión de Avianca

Carlos Castaño llevaba algún tiempo apareciendo en los medios de comunicación, pero ahora lo hacía vestido de camuflado, como un gran militar. Los Rodríguez Orejuela continuaban en Palmira, Valle, disfrutando de su cárcel resort. Pero un enemigo silencioso se estaba moviendo: el Plan Colombia. Por aquellas fechas ya se estaba construyendo la prisión de alta seguridad en Valledupar.

Recibí una orden de Carlos Castaño y en mi situación no la pude rechazar. Debía ayudar a Eugenio León García, alias el Taxista, quien, junto a Carlos Castaño, Pablo Escobar, Carlos Alzate Urquijo, alias

Arete, Félix Antonio Chitiva, alias la Mica (el niño mimado de los norteamericanos), Jorge Luis Ochoa Vásquez, John Freydell, el terrorista de la ETA alias Miguelito y Cuco Zabala volaron el avión de Avianca en pleno vuelo.

A lo largo de la historia siempre se quiso vender la hipótesis de que aquel fatídico estallido había sido por causas técnicas. La verdad era otra. Con intenciones de asesinar al presidente César Gaviria, la bomba la armaron Cuco Zabala y el Arete en una bodega de Eugenio León García en Medellín; luego la guardó Félix Chitiva en otra bodega y la gente de Carlos Castaño la puso en el avión. El proceso judicial siempre estuvo controlado por los dineros de Arete, quien mucho tiempo después se autoincriminó en declaración radial, asumiendo la autoría material del atentado, pero, hasta la fecha, para la justicia norteamericana solo hay un culpable: Dandenys Muñoz Mosquera, alias la Quica.

El Taxista era un mediano narcotraficante, dueño de algunos laboratorios para el procesamiento de la cocaína. Cuando el cartel de Medellín se desmoronó, el Taxista pasó a conformar las largas filas de los Pepes. Ahora venía una fiscal desde Medellín con toda una lista de preguntas organizadas por la abogada del Taxista y yo recibí el encargo de ayudar a desviar el testimonio del Arete, para que él se pudiera retractar de lo confesado. Esta diligencia no duró más de treinta minutos. Sin embargo, algo en mi interior me decía que había gato encerrado. Empecé a hacer mi propia investigación y descubrí que no era más que un vulgar negocio del Arete, que había recibido mil millones de pesos pagados por el clan Ochoa y John Freydell para seguir cubriendo sus espaldas ante la responsabilidad que habían tenido en aquel funesto hecho. Es que el que menos corre vuela, como dicen por ahí.

BIENVENIDOS AL INFIERNO

La retoma de la cárcel Modelo y nuestro nuevo destino

Se produjo otra batalla campal en La Modelo, en la que resulté herido junto con otras treinta y cuatro personas. Las bajas fueron cuatro. El grupo CORES fue informado de mi herida e intentó rescatarme para llevarme hacia el sur del presidio, pero ya la guardia había perdido el control del pasillo de la muerte. Lo mío no era grave, y yo era Popeye. Contrario a lo que se creía, la Policía Nacional recibió la orden del presidente de la República, el doctor Andrés Pastrana Arango, de entrar al penal por la fuerza.

Esta no era la Policía que luchó contra nosotros, ahora eran totalmente profesionales. Tomaron por asalto el norte. Todos se entregaron pacíficamente. La Policía Nacional halló pistolas, revólveres, granadas, dinamita y, por supuesto, túneles y alcantarillas llenos de descuartizados que luego desaparecían. El grupo especializado del INPEC nos condujo a la Cárcel Distrital de Bogotá, un lugar moderno y aseado, con la guardia mucho más tranquila. Comimos bien aquel día, nos reímos y pudimos relajarnos un buen rato. Ahora venía la pregunta del millón: ¿para cuál cárcel iríamos? Alrededor de las seis de la tarde tuvimos nuestra respuesta. Don Ángel Gaitán y yo iríamos a la cárcel de Valledupar, don Miguel para la cárcel de Palmira, Valle. En nuestra dura realidad, donde el tiempo parecía haberse detenido, no nos habíamos dado cuenta de que el país estaba cambiando y el INPEC también.

La cárcel de Valledupar: una reclusión *Made in USA*

La cárcel de alta seguridad en Valledupar había sido la primera prisión construida con el Plan Colombia. Contaba con seguridad reentrenada por los norteamericanos. La guardia allí era sometida al polígrafo y pagada dignamente para de este modo alejarlos de la corrupción y adiestrarlos dentro de la llamada «nueva cultura penitenciaria». En esta cárcel había controles de seguridad para los internos, funcionarios y visitantes. Construida con tan poco espacio para la educación y los programas de trabajo, la cárcel era insuficiente para alojar los establecimientos. Allí se reintrodujo el aislamiento celular en pabellones especiales. Su régimen se caracterizaba por un alto contenido autoritario: restricciones drásticas en las visitas y otros aspectos, así como utilización de esposas para las entrevistas con los abogados. Todo ello en contra de los estándares internacionales.

Un norteamericano en tierras colombianas supervisaba todas las operaciones dentro y fuera del penal. Era el todopoderoso. Su posición era superior incluso a la del director de la cárcel y al comandante de la guardia. Con la cárcel de Valledupar nacía el nuevo INPEC. Decíamos adiós a los televisores en la celda, adiós al licor, adiós a las visitas semanales, adiós a la buena comida, adiós a las armas de fuego, adiós a los equipos de sonido, adiós incluso a los pequeños radios para escuchar noticias o música.

El cambio de clima fue drástico: pasé del promedio de nueve grados que había en Bogotá a cuarenta y dos infernales grados en Valledupar en verano.

Ángel Gaitán, en un acto de compasión conmigo, me dijo que el capitán Tovar estaba allí a cargo de la vigilancia. Yo me alegré muchísimo porque sabía que él era amigo de los paras, que subía constantemente a nuestro pabellón de alta seguridad en La Modelo y, lo más importante, él sabía que yo era testigo presencial de la entrega de veinte millones de pesos por cuenta de don Miguel. No todo era malo para mí.

Me enteré de que Yesid Arteta Dávila y Robinson fueron llevados al pabellón de alta seguridad de La Picota. Esa noche no dormí, no podía dejar de pensar que atrás había quedado uno de los planes de fuga más enormes del mundo entero, una protesta al régimen al que éramos sometidos en nuestro diario vivir, sin la más mínima posibilidad de rehabilitación. En aquellas condiciones, el crimen vivido en los campos y las ciudades colombianas ahora tomaba como centro estratégico, bélico y de inteligencia las cárceles del país. Lo único bueno que divisaba era el hecho de que ya no habría jefes de patios, se acabó el yugo de don Ángel con su bellaquería, su desdén y su desenfrenada boca.

Bienvenido al infierno

Así se inicia el camino hacia mi nueva vida y mi nueva cárcel: llevado en un furgón, rodando por carreteras sin pavimentar que con su polvo inundaban el cajón metálico cerrado, sin ninguna ventilación. Algo cercano a la asfixia fue el primer acto de tortura para el recibimiento. Quince minutos más tarde, arribamos y las puertas del gran penal de alta seguridad se abrieron para darnos ingreso. Todos fuimos conducidos a recepciones. A mí me aislaron y encerraron en una celda solo. El resto del grupo se distribuyó de a seis por celda. Me quité la ropa y me quedé en interiores.

—Popeye, aquí es mano a mano —me dice un tonto de reja a reja.

—No se preocupe, que yo no soy manco —le respondí.

Exploré el calabozo y encontré un escrito en la pared que decía: «Bienvenido al infierno». Entonces saqué un lápiz que guardé en mi bolsillo y escribí:

«Nada te turbe, nada te espante, todo se pasa».

Me sentía fuerte y esperaba a mi amigo el capitán Tovar. Llegó la hora del almuerzo: una sopa aguada de ahuyama. Varios la rechazaron y escuché a alguno de los prisioneros gritando: «¡No la boten! ¿Cuánto daría una persona que vive debajo de un puente por esta sopita?». En mi interior solo había desolación, después de diez años de vida carcelaria esta era la primera vez que debía alimentarme con esto que en la prisión llamaban comida. Un arroz con un diminuto trozo de carne. Tenía más carne un zancudo en la cola que mi almuerzo.

De sobremesa, un vaso de agua de panela helada que me refrescó. Fue lo único medianamente bueno en medio de aquel infernal calor.

Llegó la noche y el murmullo de voces calló. El calor se hacía más intenso con el sereno. Mi cama, un colchón apelmazado por el sudor de otros prisioneros, estaba impregnada de más calor que las paredes. El sanitario estaba lleno de excremento humano en descomposición, no solo por el descuido, sino por la brutal escasez de agua. Llamé al guardia para solicitarle agua y, ¡oh, sorpresa!, en el nuevo sistema carcelario no le era permitido a la guardia ningún tipo de conversación con el prisionero.

Llegó la hora de la cena, estaba peor que el almuerzo. Solo bebí el agua de panela helada para hidratarme. Todo estaba mal. Por fin llegó la tan anhelada agua y logré descargar el sanitario, que con su fetidez me estaba intoxicando. Mi cuerpo no dejaba de destilar agua por todas partes. Milagrosamente, logré darme una ducha con un chorro parecido a un gotero. Intenté conciliar el sueño en medio de tanta miseria. Estaba en un calabozo construido muro a muro el uno con el otro, mediante rejas enfrentadas para un total de diez calabozos juntos.

Se presentó el amanecer de un nuevo día. El menesteroso desayuno llegó y con él un mezquino pan y una transparente tajada de salchichón acompañada de una taza de agua caliente con café. Antes de esto, el implacable calor desértico nos dio la bienvenida al nuevo día que llegaba tímidamente, una bola de fuego que solo declinaba a las cinco de la tarde. Nada me dejaba olvidar que estaba en el infierno y yo era un Barrabás. Desde mi calabozo escuchaba el murmullo cotidiano de los presos. De repente se acercó un guardia, rompiendo una de las reglas de oro (no tener ningún contacto verbal con los prisioneros).

—Qué, Popeye, ¿ahora si se le acabó el poder? Ahora somos nosotros los que mandamos en las cárceles.

—Lo felicito, mi comandante —le respondí, levantándome de aquel símil de cama.

Él se retiró un poco de la reja y arremetió:

—Acá se va a morir. Esto es muy duro. Yo prefiero suicidarme que pagar una condena en este infierno.

—¿Cuántos prisioneros hay aquí? —le pregunté.

—Mil quinientos.

Me quedé mirándolo y le dije:

—Imposible que yo sea el más cobarde de esta maldita cárcel. No se le olvide —añadí antes de darle la espalda— que yo soy Popeye. Todo un guerrero.

Esta burda, amenazante y corta conversación me llevó a pensar que las cosas allí no iban a ser nada fáciles con los guardias, pero abrigaba la esperanza de que el capitán Tovar pudiera apoyarme.

A los otros prisioneros venidos de La Modelo les asignaron patio y uno de ellos se despidió diciéndome: «En el patio te espero, hijo de puta». Yo lo ignoré, limitándome a mirarlo desde atrás de la reja. Las puertas de la prisión eran tipo reja y esto, además de airear el calabozo, le daba la impresión de ser más grande.

Las dos de la tarde y yo seguía encerrado. El clima era cada vez más sofocante, las paredes cada vez más cerradas hacia mí. Sentía que me asfixiaba. Dominé esta desazón con mi mente y me tranquilicé al escuchar la voz del capitán Tovar a lo lejos. Me vestí y esperé. Su caminar era como el de un general romano recién llegado de una conquista, venía acompañado del director de la cárcel, el capitán Pedro Germán Aranguren Pinzón. Lo saludé respetuosamente. Su respuesta fue señalarme con el dedo índice. Manifestó que yo era un interno peligroso para la cárcel, que él ya me conocía desde La Modelo. Yo callé desconcertado. «Este tipo va para el calabozo», añadió. El director solo me miraba. Ambos oficiales se retiraron siguiendo su recorrido. Siendo conocedor de la doble cara que el capitán Tovar tenía, pensé que esto lo dijo solo por impresionar al director de la cárcel y seguí abrigando una esperanza.

Llegó el peluquero y, sin contemplación, me rapó la cabeza. Sin embargo, estando en este infierno de clima y sin agua, la rapada resultó ser un alivio. Increíblemente, ni el peluquero hablaba. Un guardia me lanzó con altivez un uniforme que me quedaba enormemente grande y un par de zapatos extremadamente pequeños. Esa también fue la primera vez que debí usar un uniforme en mi ya décimo año de encarcelamiento. Sin el más mínimo respeto por la dignidad humana, por el derecho a la igualdad, a la alimentación o al servicio de salud que la Constitución Nacional y el Código de Procedimiento Penal deben garantizar, todo allí era sometimiento.

Para culminar la jornada, llegó la orden del guardia para que me desnudara y me sometiera a un detector de metales. No contentos con esta requisa, tuve que hacer tres cuclillas y luego me obligaron a mostrarles mi ano.

En seguida tuve que acompañarlo completamente esposado y con las manos atrás, estando dentro del penal. Iba rumbo al calabozo. En mis adentros pensaba que este hombre debía de ser tremendo cacorro. Camino al temido calabozo. Se abrieron rejas y rejas, debíamos pasar por nueve torres. En este largo trayecto, los guardias me miraban con desprecio y yo respondía de igual manera. Uno de ellos se sonrió morbosamente como acto de bienvenida al primer calabozo, donde quedé encerrado, sin derecho a un solo contacto visual con otro prisionero y muchísimo menos a cualquier contacto físico. Este era un lugar pequeño, con un colchón duro, lleno de abolladuras, y un juego de sábanas que me habían dado como parte de mi menaje carcelario. Todo parecía muy mal, pero al menos yo contaba con un bombillo que podía prender y apagar cuando quisiera; lo mejor de todo, allí no hacia ese calor infernal que me estaba liquidando en el lugar de bienvenida. Por los barrotes se filtraba un vientecito que, aunque era caliente, alcanzaba a refrescar tímidamente el calabozo. Ya despojado de absolutamente todo, solo me acompañaba un pedazo de lápiz con el que escribí en la pared: «Nada te turbe, nada te espante, todo se pasa».

Exploré el reducido espacio y descubrí algo maravilloso: el sanitario no estaba limpio, pero tampoco estaba lleno de excrementos, así que no apestaba hasta el punto de intoxicarme, pues se hallaba justo en la punta de la llamada cama o planchón. Siguieron llegando maravillas a mi vida: mi hermoso calabozo tenía ducha al aire libre cubierta por una reja; también había un patiecito de tres metros por tres cubierto con reja. Esto era hermoso, el frescor del aire era fenomenal. Después de todo, no estaba tan mal. Envolví mis zapatos en la minúscula toalla incluida en mi menaje y los usé como almohada para ir a dormir. Sentía una enorme felicidad al saber que yo mismo podía apagar la luz sin escuchar un solo murmullo de los otros prisioneros. El silencio era infinito, una bendición de Dios. A pesar de aquella felicidad momentánea, en mis reflexiones era consciente de haber llegado a la peor cárcel de Colombia. La cárcel de los calabozos, de la carencia de agua, de las cadenas en pies, cintura y muñecas, incluso dentro del penal, como procedimiento coercitivo. Estaba en la llamada caja negra: cero recreación, cero prácticas deportivas, cero trabajo, cero visita conyugal. Casi un muerto en vida.

Recordaba cómo el corrupto capitán Tovar tenía sus manos manchadas de sangre y dinero sucio recibido de don Ángel Mahecha y don

Miguel Arroyave, y seguía pensando que no me podría dejar solo en estas difíciles circunstancias.

Pensé en el tipo de guardia que me custodiaba. Incluso ellos eran totalmente diferentes a lo que estaba acostumbrado a ver: hombres jóvenes con dentadura completa y bien cuidada, portando un uniforme con orgullo. Algunos incluso tenían buenos modales. Así llegué a la conclusión de que este era el nuevo INPEC. A la entrada de la cárcel también fui despojado de mi dinero, pues el nuevo código penitenciario no permitía el manejo de efectivo al interior de las penitenciarías. A pesar de mi condición humillante, una inmensa tranquilidad me embargó: al fin estaba lejos de la tiranía del Loco Gaitán, los oprobios de Ramoncito, la congoja de la cárcel Modelo como cuartel de guerra. Algo me decía que en este lugar yo estaría bien. En mis sueños solo deliraba por el agua.

El día a día en la cárcel de alta seguridad

A las cinco y treinta de la mañana pasó un guardia con bastón de mando en mano, rodándolo por los barrotes de las rejas para causar gran estruendo. Hora de levantarse. Fui directamente a la ducha y, maravillado, encontré que de ella emanaba un buen chorro de agua. Aunque mojaba mi aparente colchón, esto no me importó demasiado. Yo estaba feliz disfrutando de aquella deliciosa ducha que para entonces era un verdadero lujo. ¡Qué duchazo! Me sequé con el pedazo de toalla y me quedé al frente de la reja. Mis ojos vislumbraron el más maravilloso paisaje jamás visto en diez años de prisión: la Sierra Nevada de Santa Marta con sus imponentes montañas. Pegué mi cara a la reja disfrutando de todo aquel esplendor y belleza: un espectáculo de paisaje.

Estaba devorando mi escaso desayuno cuando alguien me llamó.

—¡Popeye! ¡Popeye!

Dudé en responder, pero decidí hacerlo porque yo necesitaba información respecto al sitio.

—Sí, mi amigo —le contesté al desconocido—, ¿en qué puedo ayudarle?

—¡Qué alegría tenerlo de vecino! Yo soy admirador de Pablo Escobar y de usted —me respondió aquel hombre.

Sentí alivio al saber que tenía al menos un aliado. Entablé conversación con él y me enteré de que era de apellido Preciado, apodado el Diablo. Había sido condenado a cuarenta años de prisión por el delito de un solo homicidio. Me aclaró que la requisa en el hoyo soplador era normal, pues el ano en la prisión dejaba de ser una parte del cuerpo para convertirse en una bodega donde los prisioneros escondían cuchillos, droga y dinero, previamente empacados en tubos de PVC por los visitantes. Si, dado el caso, el guardia notaba alguna acción sospechosa, la inspección era exhaustiva. Esto era nuevo para mí. En mis diez años anteriores había quedado exento de eso porque siempre había estado en los pabellones de alta seguridad.

En la cárcel de Valledupar no había relojes ni radios, y mucho menos televisores, en las celdas. Solamente había un televisor comunitario para 200 internos, ubicado en el patio, pero el reflejo del sol no permitía ver imagen alguna, aunque por lo menos se podía escuchar algo. Eso a nada, ya era ganancia.

Los abusos por parte de la guardia de Valledupar

Don Miguel fue trasladado de Palmira a la cárcel de Itagüí, y don Ángel, a los calabozos del DAS. El calabozo cada día estaba más lleno de peleas entre internos y guardias, porque la represión por cuenta de los últimos era brutal. Los internos atacaban duro. Se escuchó que en el patio 2 un interno bañó de excremento humano a un guardia como retaliación ante tanta garrotera diaria. Este personaje, Preciado, llenó un balde de excremento sacado de los sanitarios llenos por la carencia de agua y se lo arrojó a uno de los guardias para hacerlo partícipe de nuestra miseria. Todos éramos víctimas de la ausencia del preciado líquido.

El guardia debió permanecer en esa condición hasta las cinco de la tarde, momento en que el agua nos era suministrada por espacio de una hora. Al guardia que fuera bañado de excremento no se le quitaba el olor por lo menos en una semana. Obviamente, el castigo no se hacía esperar. Los internos éramos castigados a punta de garrote y, por ende, las clavículas y los brazos rotos eran el pan de cada día.

Preciado era ya todo un profesional en estas actividades de resistencia y le prometió a la guardia no hacerlo más, bajo la condición de que lo trasladaran a un patio. El director se enteró y lo envió al patio. Allí fue golpeado y regresado de nuevo al calabozo, pero ahora totalmente bañado en sangre. Sin un solo canal de comunicación entre los prisioneros y la guardia, las necesidades básicas no podían ser cubiertas. Ni siquiera era posible reportar o sacar a un enfermo para su atención. Ante esta incomunicación del guardia con el prisionero, todos se amotinaban destruyendo los mesones de cemento para lanzarlos a los vidrios blindados. Los guardias se apostaban en la terraza de la torre y disparaban gases lacrimógenos e ingresaban con máscaras antigás a impartir garrote e inmediatamente llevarse de ocho a diez internos para los calabozos. Este tipo de acciones hubo que cambiarlas para ajustarse a las normas colombianas. Por interpretación de la Corte Suprema de Justicia, y gracias a una acción de tutela presentada por algunos internos en contra de la dirección de la cárcel, que estaba en manos del corrupto capitán Tovar, se llamó la atención a la guardia del penal.

Como resultado solo se logró que la guardia se comunicara verbalmente con los internos, lo que resultó, a la larga, peor que la misma enfermedad. A partir de entonces éramos agredidos verbalmente de forma constante. Los guardias llegaban a mi reja a burlarse de mi condición y yo callaba, estaban llenos de poder y soberbia, sentimientos que yo conocía muy bien.

Un día cualquiera me visitó el capitán Tovar. Entró a mi calabozo sin siquiera saludar, a lo que yo respondí con el mismo desprecio en la mirada. Él objetó que yo tenía demasiadas cosas e inmediatamente ordenó una requisa diaria. De un puntapié, arrojó unos vasos desechables que yo tenía llenos de agua para refrescarme como medio de supervivencia, pues, dada la carencia del preciado líquido, era importante conservarlo de distintas formas. Salió maldiciendo. Lo que él no sabía era que los guardias también estaban cansados de su tiranía y maltrato físico. Sentí que ellos lo odiaban incluso más que yo.

—Popeye —me dijo uno de ellos—, desenmascare a ese miserable. Nosotros sabemos que es corrupto.

—Lo que ustedes me hacen a mí, él se lo hace a ustedes —le respondí, mirándolo, y le di la espalda. El guardia se retiró dándole una patada a mi reja.

Los presos eran sacados de sus celdas a las seis de la mañana y subidos al patio hasta las cinco de la tarde. Todos excepto yo, que continuaba en aislamiento. Los días pasaban. Sin esperarlo, otro día cualquiera me visitó el despreciable director del penal, el capitán Aranguren. Este insecto solo tenía un objetivo: ir a burlarse de mi condición. El miserable oficial esperaba que el confinamiento me estuviera matando poco a poco.

—Vea donde está. Eso le pasa por asesino —me dijo, sin recibir una palabra de mi parte—. Nunca lo voy a sacar de aquí, porque justo aquí se va usted a morir.

—Entonces preocúpese —le respondí con tono seco—, porque aquí estoy muy bien. Y, por favor, retírese, que es la hora de hacer mis ejercicios. El tipo hervía de la ira, pero no tuvo otra opción que retirarse.

Los zancudos eran propios de aquel clima. En una época del año pululaban como la verdadera plaga que son. Nubes enteras de estos malditos insectos llenaban la prisión y, como para recrear el ambiente, también teníamos la época de las moscas. Además de estas plagas también había unos animales pequeñísimos que se metían en cualquier hueco en la pared: en la noche chillaban durísimo, como si los estuvieran ahorcando. Si mi mente no hubiera sido fuerte, habría enloquecido. La característica de este animalito es que chilla hasta que se revienta. Y, para rematar, este penal tenía millares de hormigas, se veían serpientes, alacranes, arañas y todo tipo de insectos dignos de cualquiera de los salones del Purgatorio. Todo se confabulaba para hacer de este lugar un verdadero infierno, sin derecho a un toldillo o un ventilador que nos permitiera no vivir, sino sobrevivir de una manera digna. Aquello no era vida. Me confortaba el hecho de saber que contaba con una hermosa vista y allí a lo lejos veía espléndidas aves que bajaban desde la Sierra Nevada. Bandadas de loros grandísimos, águilas increíbles, gavilanes y toda clase de pájaros coloridos que le daban algo de alegría a mi existir.

En ese calabozo me volví todo un profesional en hormigas: yo les daba agua de panela y ellas venían corriendo a beberla. En mis largas horas de soledad con estos increíbles animales, analicé cómo protegían a su reina. Individualicé las obreras, las guerreras. Ya sabía cuándo iba a llover, porque ellas se escondían en la oscuridad y, efectivamente, en no más de una hora la lluvia caía. En mi aislamiento también aprendí a reconocer la hora por el desayuno y la ducha de la mañana. Sabía la hora al mediodía y por la tarde gracias a la sombra que el sol proyectaba sobre mi reja.

Torturas físicas y sueños de libertad en el infierno

La Negra Patricia no me olvidaba y desde España me enviaba revistas de vez en cuando. Los guardias me decomisaron unas imágenes por considerarlas inmorales. Era solo una modelo exhibiendo su torso desnudo. No protesté, porque en mi interior yo sabía que sus días de poder y abuso estaban contados. Después de mucha insistencia logramos conseguir que nos sacaran a un patiecito para caminar, no importaba que primero saliera Yesid y luego yo. Durante ese tiempo aprovechábamos para hablar, aunque fuera a gritos, como lo hacíamos a diario para darnos los buenos días y al atardecer las buenas noches. Con el tiempo, el director, ya asustado por las tutelas que había tenido que enfrentar por cuenta de otros prisioneros que reclamaban una vida penitenciaria digna, y temiendo por su cargo, decidió permitirnos salir a la cancha de fútbol una vez por semana.

Durante mis salidas aproveché para conocer mejor el terreno, pero, como siempre, el calor era totalmente sofocante. La cancha era inmensa. Salir del calabozo, aunque solo fuera una hora, era fenomenal. La torre 9 quedaba en un lugar privilegiado, con zonas verdes y cubículos para recibir a los abogados que se comunicaban con el interno a través de un citófono, mirándose a los ojos a través de un vidrio. Sin embargo, este lugar era una verdadero sauna. Desde aquella torre divisé que había, en continuidad, una fila de torres numeradas desde el 8 hasta el 1. Toda esta estructura estaba rodeada por un muro con corredores que circundaban la cárcel y garitas de vigilancia para los guardias. En medio de cada dos torres se ubicaba un patio de visitas con habitaciones para la visita íntima, que por reglamento tenía una duración de una hora, cada cuarenta y cinco días. Nunca me expliqué cómo, con el nuevo régimen penitenciario, aún la permitían. Recordaba que en la cárcel Modelo teníamos visita de ocho de la mañana a cinco de la tarde, entrevistas a diario, y era grandioso saber que se tenía algún tipo de apoyo emocional ante tanta desgracia; además, se podía elegir si se recibía la visita fuera o dentro de la celda a puerta cerrada, con mayor privacidad, había licor también y ciertas comodidades. ¡Era un paraíso!

A diferencia del sistema norteamericano, donde si hay un adicto a las drogas lo someten a tratamiento de desintoxicación antes de entrar a población carcelaria e iniciar su condena, en la cárcel de Valledupar se le daba la bienvenida con terapia de escorpión (trato característico de los norteamericanos que consiste en acostar al prisionero boca abajo para luego colocarle unas cadenas pesadas en la cintura, asegurándolo con grilletes de pies y manos en corto), unas buenas dosis de garrote y entonces se le enviaba a convivir con la población carcelaria. A este sistema penitenciario, que supuestamente había recibido la total asesoría del buró federal de prisiones de Estados Unidos, se le había olvidado el pequeño detalle de que Colombia tenía una guerra irregular y que el Gobierno no tenía el más mínimo control sobre la realidad social de la nación.

La amenaza de un infierno peor

En el infierno de Valledupar todo estaba prohibido. No se tenía derecho ni a un encendedor, pero los presos siempre han sido unos magos para poder cubrir las más mínimas necesidades. Algunos de los reclusos envolvían el papel higiénico en un bombillo y en fracción de segundos ya tenían fuego; fabricaban los cuchillos con las varillas que se arrancaban de las paredes, los afilaban contra el cemento y le ponían un mango improvisado hecho de vasos plásticos derretidos. La guardia agarraba veinte cuchillos y los presos fabricaban cuarenta. Preso que se respetara en el infierno debía salir al patio con su buen puñal. También había unos códigos de honor: no se le podía tirar a nadie por la espalda ni en el suelo, tampoco se perseguía al que rehuía la pelea. Los enfrentamientos se daban con una toalla envuelta en el antebrazo, asegurada con la mano, a la cual se le llamaba «muleta», y se acordaban en lugares convenidos de antemano y lejos de la mirada de los guardias.

Los rumores no paraban. Ya estaban construyendo la cárcel de Cómbita, localizada en el departamento de Boyacá, en un municipio que tenía el mismo nombre. Se rumoraba que iba a ser más tenebrosa que aquel infierno. Valledupar ya no me atemorizaba, ahora el nuevo terror era Cómbita. Los guardias comentaban que esta cárcel había sido construida con diez pisos bajo tierra, que respirar era casi imposible y que el frío era brutal. La guardia estaba siendo entrenada para ser aún más estricta, porque el director allí sería norteamericano. Iba a ser la cárcel más segura de toda Latinoamérica. La guardia aterrorizaba verbalmente a diestra y siniestra. Yo seguía firme con mis convicciones. Nada podría ser peor que vivir en un calabozo con una temperatura de cuarenta y dos grados, con excrementos humanos por doquier o espantando las moscas verdes para poder beber una taza de mísera sopa. Lograba sobrevivir lleno de picaduras de zancudo, soportando las requisas diarias con la arrogancia y desprecio de la guardia de turno y la amenaza constante del temido escorpión.

Los fantasmas del divorcio y la extradición

A los pocos días recibí una sorpresa: me llegó una carta de Ángela María. Empecé a leer con ansias, buscando afanosamente noticias de mi hijo, pero, qué desilusión, no había nada. Me reí con sorna al enterarme de que el único objetivo de aquella misiva era una solicitud de divorcio. Yo, en semejante condición, esperaba firmar cualquier cosa menos un divorcio. Sumado a eso, el corrupto Aranguren ordenó mi traslado al calabozo de atrás; adiós a la hermosa vista hacia la Sierra Nevada, adiós a sus hermosas aves, adiós a la brisa y a mi calabozo limpiecito después de los arduos esfuerzos por mantenerlo así. Este despreciable ser entró en mi calabozo con una sonrisa de oreja a oreja, iba acompañado de un sargento de la guardia para sacarme a la fuerza, pero yo no les di el gusto, no les ofrecí ninguna resistencia. Saqué mis pocas pertenencias, entre ellas mi dignidad, y fui conducido por ellos.

El director de la cárcel se oponía a que yo fuera sacado del infierno, a pesar del tremendo problema que se había armado por el montaje del DAS. Se estaba dirimiendo mi extradición a Estados Unidos. Por norma jurídica, yo debía atender estas diligencias como parte de mis derechos a una defensa apropiada. El recalcitrante director pretendía que la diligencia se hiciera vía microondas o mediante señales de humo. Para él, yo, junto a Yesid Arteta Dávila, representaba su mayor trofeo y la principal fuente de descarga de sus odios y rencores. El repugnante director respaldaba su decisión argumentando que el mismo presidente de la República de Colombia, el doctor Andrés Pastrana Arango, por medio del Consejo de Seguridad Nacional, había dado la orden de meterme en el peor de los calabozos que permitiera el sistema penitenciario. Todo como represalia por su secuestro, ejecutado por mí siguiendo órdenes de Pablo Escobar Gaviria, el día 18 de enero de 1998, en su sede de campaña.

Llegó al fin la fiesta del preso. Nos colocaron una grabadora en el pasillo con música vallenato a todo volumen. Hacia las cinco de la mañana llegó a mi calabozo Aranguren en compañía de unos mariachis. Venían cantando frente a cada calabozo. Al llegar al mío se detuvieron y Aranguren eligió la canción «Pero sigo siendo el rey». No me amilané, muy por el contrario, escuché la canción y disfruté con atención su letra y música. Mi esperanza era lograr irme trasladado a Bogotá, por lo tanto, esas sandeces ni siquiera me inmutaban. La guardia seguía cumpliendo con su terapia de terror. Todo lo que hablaban se refería a Cómbita, decían que de las duchas no salía agua sino hielo, pero yo pensaba que eso sería una delicia después de vivir en aquel infernal calor; me imaginaba como almohada un bloque de hielo y sonreía. Nunca paraba de sonreír.

La guerra fría por el infierno

El capitán Tovar y el director pidieron apoyo a la Policía para el desplazamiento de los guardias en los recorridos de la casa al trabajo y viceversa. Para entonces ya varios guardias habían sido abordados saliendo o llegando a la cárcel. Provistos de una lista, hombres armados, vestidos de civil, buscaban a aquellos que trabajaban en la prisión de alta seguridad de Valledupar. Su objetivo era identificar a los guardias de alta seguridad y atemorizarlos o matarlos. El miedo se apostaba de nuestro lado por la abusiva y ahora asesina guardia que solo se sentía segura dentro del penal. Este era el principio de una guerra fría. Se escuchaba que iban a dinamitar uno de los puentes por los que cruzaba la buseta de los guardias. Como medida preventiva, todos debían andar siempre acompañados. Su mayor preocupación era que la base del paramilitar Jorge 40 estaba a escasos cinco kilómetros del penal y que los de la base del Ejército de Popa eran sus aliados.

Al fin entendieron que estaban solos y que la ayuda norteamericana no estaba para respaldarlos fuera del penal. Solo nos tenían a nosotros: sus víctimas. Éramos sus prisioneros y no los prisioneros que la ley decía proteger. Yo me preguntaba dónde andarían sus protectores, los norteamericanos y aliados. Poco a poco estaban reduciendo su poderío: las requisas, las garroteras, el hostigamiento verbal y la tortura psicológica cada vez eran menores. El escorpión no se volvió a ver. La cordialidad con la visita regresó y así los diálogos entre prisioneros y guardias mejoraron, después de que Jorge 40 presionó a la guardía del INPEC ante las suplicas de sus hombres.

Dos guardias jóvenes fueron trasladados a la cárcel del municipio de Ituango, Antioquia. Esta región, durante los tiempos de la conquista, fue ocupada por los españoles, dejando a las etnias en su más completo sometimiento. Como en muchos otros lugares de nuestra geografía, los llevaron al borde de la total desaparición, de la cual solo sobrevivieron los indígenas catíos. Ituango estaba ocupada por la guerrilla y había sido declarada zona de riesgo extremo. Cuando la guerrilla se enteró de que los guardias trasladados provenían de

Valledupar, fueron ejecutados en el acto. Esta noticia no le venía muy bien a la guardia de Valledupar: la cárcel se había convertido en un maremágnum de emociones.

Salió un informe anunciando que los muertos en la cárcel Modelo podían alcanzar la suma de 300 entre los años 1999 y 2001. La cantidad de infartos reportados en la zona de Puente Aranda sobrepasaban con creces al resto de país. La valiente periodista Jineth Bedoya visitó nuestra cárcel y reportó públicamente las condiciones del lugar. Concluyó: «El único que merece estar allí es Popeye».

11

EL GRAN JUICIO CONTRA POPEYE

El invierno en Valledupar

En el infierno de Valledupar, la situación en general había mejorado después de que los paramilitares nos habían hecho respetar. Se llegó a un acuerdo con Jorge 40 a través de un preso poderoso que estaba recluido en el penal y así se bajó la presión que se venía ejerciendo sobre los guardias. Lo único que debían hacer ellos era cumplir con su deber, no extralimitarse en sus funciones. Jorge 40 envió una carta firmada de su puño y letra para todos sus presos: «Comportamiento y disciplina», era su mensaje central.

Los guardianes de Valledupar, que ya eran bien pagos, habían descubierto que con ese dinero podían comprar motos, pistolas, licor, el disfrute de una buena compañía femenina... Ahora se daban cuenta de que el mejor complemento a su trabajo era la tranquilidad, el poder ir de paseo a orillas del río Guatapurí, dirigirse al supermercado a comprar una libra de arroz o a la tienda de la esquina sin estar a la espera de una sorpresa fatal. Sin embargo, también eran conscientes de la violencia que habían sembrado en los presos de la cárcel y que de eso mismo recogerían si seguían haciéndolo. El caso de Ituango los había llevado a entender que no importaba la distancia, su imagen y reputación iba más allá de sus pequeños pueblos.

Ahora, a nuestras vidas llegaba algo nuevo: el invierno. ¡Qué descanso! Yo miraba con mucha atención cada rincón de mi calabozo y las hormigas ya no estaban. No obstante, cuando llegaban los aguaceros, se hacían presentes otras carencias. Valledupar era un lugar de extremos. Miraba al cielo y estaba completamente despejado, pero veinte minutos más tarde estaba totalmente lleno de nubes. Cántaros de agua se desplomaban sobre nosotros. Generalmente, hacia las tres de la tarde venía el cambio de clima con sus precipitaciones, que más tarde parecían estabilizarse. Mi calabozo se inundaba y yo debía permanecer en una esquina, arrinconado encima de mi pedazo de colchón. Muchas veces no había nada que pudiera hacer, las gruesas gotas de agua lo alcanzaban, y lo único que tenía a mi alcance era enrollarlo rápidamente, sentarme en él y empezar a escurrir los chorros de agua con mi camiseta, después de salvar mis pocas pertenencias. ¡Qué noches más brutales! Mi batalla por sobrevivir en aquel lugar nunca terminaba: era todo un arte, cada día había que empezar a vivir nuevamente. De este modo, y con cada nuevo amanecer, el agua que nos inundaba se iba por donde había venido y más tarde volvía a regresar. Aquel mísero colchón debía cuidarlo, pues si se mojaba tardaba varios días en secarse, y mis básicas condiciones de vida lo necesitaban.

Pensaba en mi hijo, en cómo estaría, me preguntaba si estaría sano o enfermo, si su madre estaría haciendo bien la tarea de educarlo, si sería feliz. Añoraba verlo con todo mi espíritu. La vida en aquel penal me había arrancado mi más preciado tesoro: la familia. Sin embargo, sabía que debía dejar que el tiempo pasara, no perderme en el desespero. Invertía mucho tiempo observando los zancudos, disfrutaba la ausencia de los animalitos que chillaban y también la frescura que nos dejaba la lluvia con su brisa, así como la bella vista de la Sierra Nevada de Santa Marta con sus imponentes montañas, su misterio y encanto, fuente de inspiración de poetas, relatos místicos y cantos que, quizás sin saberlo, también llenaban mi espíritu de la magia y alegría que emanaba la sagrada montaña. Aquellos fuertes aguaceros inundaban los calabozos y los patios y causaban estragos hasta en el segundo piso de la prisión. El agua corría a raudales por los corredores del penal, entre sus torres caía como una cascada imparable, presagiando que en aquel lugar la ternura jamás existiría. El verano nos hacía arder y ahora el agua nos inundaba, allí no existía un punto medio.

El invierno, aunque caudaloso, nos daba un descanso del inclemente ardor de Valledupar. En los amaneceres debía usar el horrible uniforme de la penitenciaría, porque mis sábanas no eran suficientes para soportar el cambiante clima. La ducha seguía siendo una real delicia, pero allí nada era gratis: con la lluvia llegaron millones de zancudos. Las paredes estaban tapizadas con estos feroces chupasangre. Debíamos mantenernos fuertes, tolerando las inclemencias del clima, sin un solo toldillo, sin ventilador, sin repelente de ninguna especie. Los presos éramos su banquete de desayuno, almuerzo y comida. Los zancudos eran los únicos que no diferenciaban clase social, color ni religión, a todos nos daban por igual. Las moscas tampoco se quedaban atrás, se multiplicaban por miles. Las arañas se reducían en la época invernal, pero los peligrosos alacranes permanecían, mientras que los animalitos chillones casi desaparecían por completo. Cualquiera esperaría que las noches fueran más apacibles, pero no, todo era una mentira, una trampa de la naturaleza. Ahora que no teníamos animalitos orquestando la noche con su ruido ensordecedor, la providencia nos enviaba zancudos incansables que nos devoraban sin piedad. Y por si alguien no quería silencio, justo al frente de los calabozos, el agua se posaba dejando en las noches hermosas sinfonías de sapos.

Algunas buenas noticias

Recibí una buena noticia de mi abogada. Ella había conseguido mi remisión a Bogotá para enfrentar el juicio que se me adelantaba por narcotráfico. Al fin le había ganado el pulso al director del penal. Ya no sería más su trofeo de guerra ni aquel ser donde él y su guardia venían a descargar sus odios. Una nueva batalla llegaba a su fin.

Otra excelente noticia acompañó mi inminente traslado hacia la capital: a la cárcel de alta seguridad de Valledupar llegó una comisión extranjera de Derechos Humanos para verificar nuestras condiciones de vida. Y la verdad es que no se llevaron la mejor impresión de este abominable lugar: los patios inundados con agua estancada, las pésimas condiciones de salubridad, los prisioneros quejándose de su lamentable situación. Sin embargo, de mi parte no recibieron ni una sola queja. Yo no dije nada.

Algo en mi interior también me decía que mi batalla en Valledupar estaba a punto de terminar. El cielo de esta región se caracteriza por su ausencia de nubes, más aún en tiempo de vientos. Por alguna razón, me desperté una noche y observé que el cielo estaba lleno de estrellas; irradiaba una luz nocturna que se reflejaba en el patiecito. Salí y un espectáculo apoteósico se reveló ante mí: el cielo estaba completamente repleto de estrellas y la luna llena las acompañaba. Sentí que una tranquilidad infinita me invadía, me senté en la mitad del pequeño patio, me aislé de todo aquello que me rodeaba y me quedé mirando fijamente durante un buen tiempo aquella maravilla. Ya no sentía calor ni angustia. Me sentí inmensamente feliz. Esta era una de las maravillas que tal vez muy pocos habían disfrutado como yo en aquellos calabozos. A pesar de los largos años de encierro, de los procesos judiciales que venían en mi contra, me sentía más realizado y feliz que nunca. Este solo podía ser un regalo del buen Dios. La luz iluminó de manera especial la hermosa Sierra Nevada de Santa Marta, que lucía más majestuosa que nunca, y entonces pensé que esta sensación era más bella y grandiosa que la misma libertad. Regresé a mi calabozo cobijado por la hermosa luna y tuve el más placentero de los sueños.

Al día siguiente, me levanté lleno de energía y alegría, hice mis ejercicios de rutina y nuevamente mi hijo estaba en mi mente; me disponía para algo bueno. No sabía qué era, pero sentía que mi experiencia de la noche anterior era el augurio de algo muy bueno en mi vida. Sentía que mi salida del infierno estaba cerca, pensaba que el juicio iba a ser largo y que, por lo tanto, permanecería en Bogotá. Esperé la noche con ansia y el deseo de ver nuevamente el cielo estrellado, pero fui trasladado a Recepciones: volvía el fantasma de las FARC, aparecían nuevamente Aranguren y el corrupto capitán Tovar. Yesid por su cuenta y solo, como siempre, leía y leía, escribía y escribía.

Mi victoria sobre el infierno de Valledupar

En otro nuevo traslado al interior del infierno, llegué a un calabozo que, además de permitirme observar la bella Sierra Nevada, tenía una pequeña poceta para lavar las ropas y, lo mejor, me permitía reservar agua, tener un sanitario limpio, era todo un *penthouse*. Al tercer día de mi arribo me llegó la mejor de las noticias: «Señor Velásquez Vásquez, sale en remisión», aquellas fueron las únicas palabras hermosas que había escuchado en casi dos años. Este era el sueño de todos los reclusos que llegaban a este infierno. El guardia me entregó mis ropas, las mismas que yo estaba usando el día que llegué a Valledupar. Fue estupendo volver a vestir decentemente y dejar atrás ese horrendo uniforme. Salí después de despedirme de Yesid y me dirigí a Recepciones feliz. Un guardia me esposó con las manos atrás y empecé mi larga caminata de torre en torre hasta alcanzar la oficina de reseñas, donde fui dado de baja del infierno. Este acto era la señal de que no me traerían de vuelta al detestable lugar. En ningún momento ni lugar vi al capitán ni al director. Estos cobardes habían perdido su trofeo. «Otra batalla ganada», me decía a mí mismo. Me dirigía rumbo al aeropuerto de Valledupar escoltado por la Policía. ¡Qué viaje más placentero! Una vez arribamos al aeropuerto, la guardia me retiró las cadenas y arribé como un pasajero normal.

El proceso por narcotráfico no me preocupaba. Aterrizamos y observé que el aeropuerto El Dorado estaba totalmente bajo control policial. Ya me esperaban. Fui el último en descender, pero me sentí como una persona normal después de tantos años de encarcelamiento. Solo fueron algunos minutos, pero para mí aquello era la felicidad. Caminé lento como estrategia para tomar un halo de libertad, los policías mantenían el dedo en el gatillo de sus fusiles, listos a disparar. Dentro de todas las batallas que había vivido, ahora estaba empezando a descubrir qué tan valiosas eran las pequeñas cosas que la vida me ofrecía. El aire, el agua y la naturaleza con todo su esplendor eran verdaderas bendiciones de Dios, quien, en cada día y cada anochecer, siempre me traería nuevas esperanzas. Miré a los pasajeros que circulaban por la terminal aérea, sus sueños se reflejaban en sus rostros y yo también soñaba con el día en que pudiera volver a caminar entre ellos.

De regreso a la realidad: La Picota y los recuerdos

Mis fantasías acabaron y regresé a mi realidad. Las cadenas, los grilletes y la cárcel no se hicieron esperar demasiado. De nuevo al furgón de aluminio, con la diferencia de que esta vez ya no sentía asfixia. El clima frío era una delicia. Ahora me dirigía rumbo a la cárcel Picota.

El aire contaminado de esta metrópolis me mareaba, pero no vomité. Una vez llegamos a los predios de la cárcel, la Policía se retiró y quedé nuevamente bajo la custodia de la guardia carcelaria. Fui recluido en los calabozos primarios, pero no quise ingresar al patio sin haberlo explorado y saber quién estaba allá.

En el pabellón, todos eran amigos y conocidos. Después de dos años de aislamiento, volvía a estar con población carcelaria, todo esto era un paraíso. Me asignaron una buena celda, me sentía pletórico. Bogotá es Bogotá. Gozando de un poco más de confianza y con la experiencia que me habían dado mis antiguas temporadas en esta prisión, me dirigí al segundo piso y pedí que me enseñaran la celda donde cayó Ángel Gaitán Mahecha. Observé el lugar y, a pesar de toda la indiferencia y humillación que había recibido por el Loco, llegué a sentir un poco de tristeza. Me contaron cómo Robinson pateó el cadáver sin piedad. «Al viejo todos le teníamos miedo, pero no respeto», me contaban mis amigos. Los largos meses de calabozo en Valledupar con sus hambrunas, más la sudoración constante, me habían hecho bajar de peso considerablemente. Entonces comprendí que ahora tenía una oportunidad: debía comer bien y fortalecerme físicamente.

Otra batalla daba inicio. Empecé desde el primer momento a preparar mi defensa. Sabía que, tratándose de mí, no tendría muchas oportunidades. Tenía contra mí al Estado, pero estaba dispuesto a guerrear hasta el final. Cada día traía un nuevo amanecer y con él una nueva oportunidad. El agua fría, la comida digna, el uso del teléfono cuando quisiera y sin guardias a mi lado, el poder interactuar con mis compañeros de presidio, la visita, todo esto era la gloria para mí.

Salía a caminar para darle vueltas a mis recuerdos. Caminaba lento recordando a Mateíto cuando corría a mis brazos y yo lo llenaba de besos, recordaba también lo hermosa que llegaba Ángela a visitarme. Allá, en aquel lugar, reposaba parte de la historia criminal de Colombia y parte de la historia mía como ser humano.

Poco a poco fui descubriendo dónde había estado mi verdadera felicidad. En mis ansias de aventura siempre la había buscado a través del poder, pero estaba equivocado, mi felicidad estaba en las pequeñas cosas cotidianas. Aún dentro de la cárcel y enfrentando un proceso en el que podría terminar siendo extraditado, era capaz de sentir una gran felicidad por aquellos momentos de libertad dentro de la cárcel: estaba feliz con el clima fresco de Bogotá, feliz porque podía usar nuevamente mis ropas de marca, feliz porque podía acceder al teléfono en el momento que yo quisiera, feliz porque había salido del calabozo después de catorce meses, feliz porque tenía un espacio por donde caminar, feliz porque podía ver la televisión cuando quisiera, pero, lo más importante, feliz porque ahora tenía un espíritu libre para decidir y mi mente estaba abierta para crear mi propio credo y actuar en consecuencia.

En este punto de mi vida, ya me había convertido en un sobreviviente. Había sobrevivido a las guerras que un día entabló Pablo Escobar contra el Estado colombiano, había sobrevivido a dos sangrientas guerras en la cárcel Modelo, había sobrevivido a los atentados de Leónidas Vargas, había sobrevivido a la tortura, el encadenamiento y aislamiento en el infierno, había sobrevivido a los desamores, había sobrevivido a mis luchas internas.

En este caminar había tenido la maravillosa oportunidad de ver cómo, uno a uno, mis enemigos y los del Patrón iban cayendo. Veía derrumbarse los imperios de aquellos capos de capos, dioses de dioses, y yo, como un buen hijo de la guerra y la violencia, en medio del dolor y del sufrimiento me hacía cada vez más fuerte. Me sentía feliz porque estaba logrando ser feliz. Las pequeñas cosas que la vida me estaba dando eran la prueba de ello: había descubierto la inmensidad del firmamento colmado de estrellas, había contemplado absorto la magnificencia de su belleza, había descubierto el valor de aquella gota de agua que me calmaba la sed y refrescaba mi cuerpo, había encontrado el valor de todo aquello que, por simple que parezca, viene y nos reconforta el alma.

Era el momento perfecto para cuidar mi cuerpo. Debía alimentarme bien, empezar a llenar mi cántaro de la esperanza, porque el cántaro de la fortaleza ya estaba completamente lleno; el buen Dios siempre me enviaba un angelito para que lo volviera a llenar cuando este por alguna razón estaba disminuyendo. Continué caminando, pensando y disfrutando. Algo en mi ser me decía que en Cómbita encontraría una nueva oportunidad de vida y que esa nueva batalla que me esperaba allí sería la victoria final.

Entrando al tema de mi juicio, como siempre, el fiscal se vino contra mí. Para estos funcionarios es casi placentero dispararse contra Popeye. Con la frustración que la reforma a la ley había dejado, marcando la pauta para la liberación de mis compañeros, y ya viendo cómo todos salían libres, era necesario tener un chivo expiatorio. ¿Y quién podría ser? Pues claro: Popeye. En el desarrollo del juicio empecé a conocer a mis supuestos cómplices. No vi por ningún lado el perfil de bandidos, matones, y menos de mafiosos, con que los habían descrito en los medios. Sentí una enorme tristeza al contemplar mi «supuesta banda», y más aún viendo cómo la prensa cubría el evento con gran despliegue y amarillismo. Paradójicamente, Jorge Velásquez Camelo, personaje central de aquel circo, no apareció en el juicio, aunque sí se tomó la delicadeza de aceptar cargos. Con respecto a los famosos 100.000 dólares que se robaron los brillantes sabuesos de la fiscalía, silencio absoluto en la sala.

Me pareció que la juez era honesta, pero tenía una gran limitación: si me exoneraba, probablemente perdería su puesto. Mi abogada, Luz Dary Charry Mayungo, desarrolló mi defensa con fuerza. La juez especializada esperaba una lluvia de abogados de prestigio defendiéndome a mí y a mi organización, pero yo solo me presenté con mi valiente abogada de bajo presupuesto. Tampoco se presentaron los superinvestigadores de Holanda, Bélgica, Italia y Estados Unidos; solo dos tristes detectives del DAS fueron a confirmar su pobre montaje. Ese «gran juicio» contra Popeye y su tráfico de drogas marítimo estaba derritiéndose como mantequilla. Tenía más malicia un gato de porcelana que estos dos sabuesos del DAS. Estos hombres no organizaban el secuestro de un gato ni entregándoles la jaula, la leche, un lazo y el gato obviamente. El espectáculo mediático se les caía al suelo.

Mientras todos estos brillantes seres humanos, dueños de la inteligencia y las leyes, deliberaban y creaban la forma de hallarme culpable, yo permanecía encerrado en una celda del juzgado disfrutando de una deliciosa hamburguesa, acompañada de una espumosa malteada de chocolate. Fue una excelente oportunidad para comer y celebrar. Regresé nuevamente a la cárcel sin demasiados avances que pudieran inculparme; se anunció que el juicio iba a ser largo porque les faltaba la conexión en Holanda de un supuesto «poderosísimo» narcotraficante que era mi socio. Yo, feliz y dichoso. Sabía que estos extraños faltantes en la investigación garantizarían mi estancia en La Picota, ahora mi nuevo hogar. Después de la batalla en el infierno, pensaba que esta escaramuza estaba hecha para divertirme y era la oportunidad perfecta para vestirme bien, comer a gusto e ir a las audiencias circenses a reírme un rato y darme un gran banquete.

En la cárcel Picota entablé amistad con un maestro Hare Krishna. Este hombre vino a enseñarme la batalla que había empezado en el infierno y que no había logrado terminar de visualizar. Mi parte espiritual empezaba a fortalecerse como preparatorio del futuro que me esperaba. Pasaba tardes enteras escuchando cómo aquel maestro hablaba con tanta propiedad de la India y sus creencias, incluso se había rapado la cabeza dejándose la colita delgada que caracteriza a los seguidores de ese culto y que se parecía a la que un día yo use cuando era joven. Describía la India de forma maravillosa sin siquiera conocerla. Me asombró el concepto que tenía de la mujer: según su opinión, la mujer va caminando de la mano de su esposo mirando a uno y pensando en otro.

Era sorprendente cómo repetía miles y miles de veces aquel mantra: «Hare Krishna, Hare Krishna», sentado en posición de flor de loto para obtener mayor estabilidad y concentración. Pero aquel hombre tenía un trasfondo oscuro: era un pereirano miembro de la tenebrosa y bien organizada banda de secuestradores dirigida por su familiar Gerardo Herrera. Estaba involucrado en el caso del secuestro de cuatro norteamericanos y el asesinato de uno de ellos.

12

EL DECLIVE

Preparándome para mis próximas batallas

En mis conversaciones con Gerardo, el cerebro de la banda de Juan Joyita, aproveché para preguntarle por la situación de los hermanos Rodríguez Orejuela durante su estadía en la cárcel de Palmira. Él me contó, con lujo de detalles, que estos hombres vivían como reyes en unas hermosas cabañas, con chef, fiestas, salidas a la calle en horas nocturnas, desfile de automóviles de lujo, mujeres hermosas y nubes de escoltas: estilo de vida característico en ellos. En realidad, todo lo tenían bajo control, tanto que, cuando llegó Ángel Gaitán Mahecha, los hermanos Rodríguez lo rechazaron en el acto y ni siquiera aceptaron que fuera su vecino en el pabellón anexo. Las conexiones de los hermanos Rodríguez Orejuela con los políticos que decían controlar y proteger el territorio colombiano eran demasiado evidentes. Con su dinero compraban como en un supermercado todas las conciencias. Igualmente obtuve información de Carlos

Castaño. Su poder era cada vez mayor. Ya para la época tenía el control del ochenta por ciento del narcotráfico en Colombia, un ejército de más de 30.000 hombres. Con su estrategia había logrado obtener el control político en alcaldías y gobernaciones, y una mayoría en el honorable Congreso de la República colombiana.

Carlos Castaño salía en la televisión frecuentemente, siempre llevaba uniforme de camuflaje e iba fuertemente escoltado. Lucía como un hombre poderoso. Ahora, gracias a la famosa reportera Claudia Gurisatti, este sanguinario paramilitar se había convertido en la nueva *vedette* en los medios de comunicación nacionales e internacionales. Por aquel tiempo salió en libertad Carlos Mario Alzate Urquijo, alias Arete, que se convirtió en objetivo militar de Castaño. El jefe máximo de las AUC temía ser delatado por Arete en relación con la explosión del avión de Avianca. Pese a armar un impresionante operativo para matarlo, solo consiguieron herirlo levemente. En ese momento, la fiscalía de Medellín entró a proteger al Arete y lo llevó a un lugar seguro. Le organizó documentos para que se fuera a España en compañía de su valiente esposa e hijos, y allí vive hasta la fecha disfrutando del dinero que le dieron Jorge Luis Ochoa, Juan David Ochoa, John Freydell, Félix Antonio Chitiva y Eugenio León García Jaramillo para que no los delatara por el atentado del avión de Avianca. Este hombre nació con buena estrella.

La entrada de Álvaro Uribe Vélez al poder

Yo, en mi paraíso. Hacía mis llamadas y esperaba los manjares que solía prepararme mi amigo Sotico, a quien había conocido recientemente. Todo era felicidad. Regresé a caminar nuevamente y Gerardo se me pegó. Un día, observé la tercera celda del primer piso y le dije:

—Amigo, en esa celda vivieron dos personajes, Bochica y José Fedor Rey Álvarez, integrante de las FARC y responsable de la masacre en Tacueyó, Antioquia.

—Yo estaba en la cárcel de Palmira cuando lo mataron ahorcado un día de visita —me respondió.

Fedor era todo un elemento, con un pasado oscuro y salvaje.

Paré mi caminata y me despedí de Gerardo. Me fui para donde Sotico y me dio mi buen trozo de carne con papas a la francesa. Luego me dirigí a mi bella celda a disfrutar de la televisión. El país cambiaba de Gobierno y se posesionó Álvaro Uribe Vélez. Los paramilitares estaban felices. Uribe era un hombre que odiaba visceralmente a las FARC porque decía que ellos habían asesinado a su padre al intentar secuestrarlo en una finca de su propiedad en Antioquia. El Gobierno ahora era de ultraderecha. Todo a pedir de boca para los paras.

Mi juicio no me preocupaba. La juez del juzgado tercero especializado de Bogotá era una mujer tranquila y respetuosa. Fui llevado nuevamente a una audiencia donde esperaba conocer a mi supercontacto de Holanda, un tal Jairo Rico. Cuando lo vi lo reconocí: este hombre me lo había presentado Jorge Velásquez Camelo para un negocio lícito, yo le había vendido un automóvil. Entre alegato y alegato por cuenta de una fiscal se pasó el tiempo. El fiscal Bayona no volvió por pura pena. Ante tanto fastidio de la fiscal que armaba el alegato, yo le solté una perla: «Señora fiscal, yo no soy narcotraficante, pero lo que sí sé hacer es matar y secuestrar». Rematé aquellas frases ante la mirada de mi abogada, a quien casi se le salen los ojos: «Mi especialidad es romperle la escolta a un personaje, sacarlo de su automóvil y oficina y llevármelo a donde me lo ordenen». En ese momento la sala quedó en absoluto silencio. Al salir de la audiencia y, ante el alboroto que armaban los periodistas, pedí mi extradición para Holanda. Así me fui de regreso a La Picota. Iba muy contento porque ya me había comido mi superhamburguesa, acompañada de una espumosa malteada de chocolate que solían dar en las celdas del juzgado.

Un viaje inesperado

En la noche todo regresaba a la normalidad. Nos acostamos a dormir acompañados por el televisor como en un día cualquiera. Sin embargo, a las cuatro y treinta de la mañana, la puerta de mi celda fue abierta con fuerza: me encañonaba un integrante del GRI. No me sobresalté, solo retiré mis cobijas mostrándole mis manos y el tipo me esposó y reportó por radio que el objetivo número uno estaba asegurado. Fui requisado y luego me ordenaron vestirme. Este hombre volvió a esposarme y quedé así inmovilizado a la espera de lo que pudiera suceder. Escuché por la radio cuando decían que el objetivo número dos también estaba asegurado, se trataba de Gerardo. Luego escuché que el objetivo número tres también estaba asegurado, era Juan Joyita. Por último, el objetivo número cuatro, el maestro Krishna. Nos sacaron a las afueras del penal. La zona estaba totalmente militarizada. Un cordón de soldados a lado y lado del lugar se destacaba desde La Picota hasta la avenida más cercana. Adiós a la fuga de Gerardo, que ya casi estaba lista.

Llegaron con más presos al pabellón 8: extraditables. El miedo invadió al bus completo. Según decían, íbamos para Valledupar. Yo estaba tranquilo porque sabía que mi juicio aún no había terminado y mi experiencia ante los entes judiciales ya era amplia. El bus emprendió lentamente su marcha con los del GRI adentro, luego giró hacia el batallón del Ejército e ingresamos a terreno militar. Desde lejos se veía el helipuerto. Entonces descansé, porque sabía que a Valledupar no llegaban helicópteros. Concluí que iba para Cómbita, Boyacá.

Después de cincuenta minutos de vuelo empecé a divisar la enorme y temida cárcel de Cómbita, rodeada de alambre y garitas de seguridad. Todo un campo de concentración. Lucía imponente y moderna. Aterrizamos en el helipuerto de la prisión y de ahí nos movilizamos en un bus azul que nos llevó rápidamente a las fauces del enorme monstruo. Ingresamos a Reseñas, que es una pequeña jaula de no más de cuarenta metros cubierta con malla acerada. Finalmente nos quitaron las horribles cadenas.

Me senté en el suelo cuando, ¡oh, sorpresa!, apareció el indeseable director de Valledupar, Pedro Germán Aranguren. Aquella no era una buena noticia, era claro que estaba al frente de esta prisión, portando su camiseta del buró de prisiones norteamericanas. Nos miramos el uno al otro, pero ninguno dijo nada. A su lado estaba un norteamericano llamado Jerry. Como esperaba, fui directo al calabozo. El frío no era tan terrible como lo habían descrito. El infierno en tierra fría no existía. El impacto del ingreso no me afectó. Debí pasar con mis dedos llenos de tinta donde una doctora de civil, a quien estuve a punto de decirle que mi mamá me había dicho que yo no debía hablar con extraños. Sin embargo, ella resultó ser amable y decidí cooperar.

—Señor Velásquez, en caso que algo suceda ¿a qué número le gustaría que llamemos? —me preguntó.

—Disculpe, doctora, ¿por acá hay cementerio? —le respondí.

—Sí, claro, señor Velásquez —me respondió soltando el lapicero.

—Entonces que por favor me entierren ahí —le dije sarcástico y no di ninguna información extra.

Luego tuve que ir al médico y al odontólogo. Después de esta breve bienvenida llegó lo peor: el maldito uniforme, igualito al de Valledupar, para la foto. Algo en mi interior me decía que en aquella oportunidad yo no estaría solo y que grandes cosas vendrían para mí.

Lo supe desde aquella noche estrellada en Valledupar, donde mi conexión con Dios y el universo me mostraba una luz de esperanza y mi camino a la conversión. Aquella experiencia era como si se repitiera la historia de Daniel en Babilonia, cuando desde su aposento abría las ventanas para ver a Jerusalén y se ponía a orar, dejando en su ojos la divina esperanza y quietud espiritual.

Los helicópteros comenzaron a sobrevolar el penal. Era el anuncio de la llegada de grandes personajes y de grandes cosas. Los hermanos Rodríguez Orejuela por fin irían a una verdadera cárcel. Esto era increíble, los jefes del INPEC estaban en la cárcel. Comprendí que algo nuevo estaba pasando en Colombia y esto me llenó de energía y esperanza. Arribaron los hermanos Rodríguez Orejuela, Félix Antonio Chitiva, alias la Mica, Víctor Patiño Fómeque y diez narcotraficantes más que estaban pedidos en extradición. Los hermanos Rodríguez Orejuela, a la jaula. Yo me encontraba listo para mi nueva batalla, después de haber salido con honores de Valledupar. Salí vivo y eso era todo lo que contaba. Ellos, como siempre, con su máscara de señores y buena educación, me saludaron y yo correspondí. Sabía que mi presencia no les caía para nada bien.

Los Rodríguez Orejuela a la peluquería

El 13 de septiembre del año 2002 fue un día histórico. Era el inicio del fin para los hermanos Rodríguez Orejuela. Don Gilberto venía muy bien vestido: pantalones italianos, zapatos de cuero fino, camisa de marca y un excelente reloj con manilla de oro; la correa de su pantalón le combinaba perfectamente con los zapatos. Aquella imagen me hizo recordar que Ángela María en algún tiempo me quiso vestir igual. Los hermanos Rodríguez nunca usaron joyas en exceso. Don Miguel también venía vestido elegantemente, al igual que su hermano. Sus cabellos perfectamente bien teñidos, yo diría que hasta se veían bonitos. Cuando fueron trasladados, no tenían idea de a dónde iban, por lo tanto, no traían ni cobijas ni nada. Cómbita era un golpe al hígado para la mafia.

El guardia irrumpió y, con la lista en la mano, dijo: «Rodríguez Orejuela, Miguel Ángel y Rodríguez Orejuela, Gilberto José». El peluquero estaba listo. Aquellos capos tenían el síndrome de la muerte de Pablo Escobar: creían que todo empleado oficial estaba en deuda con ellos por la dada de baja del Patrón. El guardia les pasó los dos uniformes completos y sus respectivas bolsas para que guardaran ahí su ropa. Llegaba la hora final. Don Miguel empezó a brincar, a patalear y a maldecir. Don Gilberto, en cambio, obedeció y aconsejó a su hermano que lo hiciera. El mayor de los Rodríguez ya tenía experiencia en este procedimiento porque él ya había estado preso en España.

De ahí irían directos a la peluquería. Don Miguel no quiso pasar, pero don Gilberto sí lo hizo en el acto, solo que pidió que le pasaran la cuchilla número tres, el guardia mudo le pasó la cuchilla número uno. Justo entonces ya se le vio a este capo el paso de los años. De su acomodado *look* de mafioso de cincuenta y tres años de edad, ahora pasaba a lucir como un preso cualquiera; y la verdad era que se veía muy mal. Este poderoso capo solo era ropita y cabello. Los grandes de la mafia estaban al desnudo. La guardia con sus escudos y sus armaduras de *robocop* intimidaron a don Miguel, pués ya era su turno a la silla de motilar. Pidió un corte de pelo con tijeras, pero el peluquero mudo le pasó la cuchilla número uno: al miserable suelo el cuidado cabello que horas antes había recibido un buen lavado con champú y finos bálsamos.

—Señores, los relojes —les dijo una voz.

—¿Cuál es tu maricada? —le contesta don Miguel, altanero.

—Señores, por favor, sus relojes —insistió el guardia.

Don Gilberto se lo quitó y lo entregó maldiciendo; lo mismo hizo don Miguel. A lo lejos se vio un fino Cartier y un Chopard entrando a la bolsa. Se acabó la función para mí. Me condujeron al área de recepciones y de ahí al calabozo. Me tiré al colchón, y debo confesar que me sentía feliz. Lo que mis ojos recién habían visto era único, grande, irrepetible. Los Ochoa en la temida Cómbita, que para mi era todo un paraíso y otra victoria más en mi camino.

La aventura en Cómbita no había empezado tan mal. Llegó el primer almuerzo y estaba decente, o por lo menos mejor que en Valledupar: arroz, lentejas, pollo frito y papas a la francesa. Llegó en una bandeja de plástico con compartimentos. Un poco de agua con sabor a fruta y eso fue todo. Yo estaba a la espera de los comentarios de los hermanos Rodríguez Orejuela al tener que comer sin cubiertos y saborear lo mismo que nosotros, pero sin postre.

Mi calabozo era hermoso. El inodoro estaba limpio, sin excrementos humanos, tenía aproximadamente cuatro metros cuadrados, un planchón de cemento con lavadero y llave de agua; la puerta era normal, de metal, con una pequeña ventana con barrotes. Todo estaba completamente nuevo. Por ningún lado había zancudos ni moscas, ni mucho menos animalitos que chillaban. Era un clima frío, sí, pero mucho más sano y soportable que el de Valledupar.

Yo ya me había fortalecido con las carnes que me había dado mi amigo Sotico. Ahora nuevamente la monotonía y el desasosiego. No había nada que hacer ni que leer, ni tan siquiera un radio para escuchar algo. En cambio, tenía mucho silencio que me invitaba a reflexionar. Lo que estaba sucediendo ya era suficiente para mí. A mí me gusta analizar y pensar. Llegó la noche y a dormir. Llegó el nuevo día y con él la desagradable noticia: los guardias controlaban la ducha y me mojaron la cobija y el colchón. No había ni una mísera cortina de plástico para evitar que el agua salpicara todo. Llegó el desayuno y no estaba nada mal: agua caliente con café, un pan como el puño de mi mano y un huevo tibio.

Un patio en la cárcel de Cómbita

Llegó mi tercer día en Cómbita. La guardia era muy agresiva, pero yo estaba fuerte. Se oyó un murmullo de voces en el pasillo. Era el director del INPEC, un general retirado de apellido Cifuentes, también estaban Aranguren y el capitán Toledo. Como pude, saqué mi cabeza por el estrecho agujero de la puerta para llamar la atención del general.

—General, general —lo llamé con voz fuerte.

—¿Usted quién es? —me preguntó amablemente.

—Soy yo, Popeye. Le pido el favor de que saque de los calabozos a mis compañeros, porque ellos no aguantan, y déjeme a mí.

—Mañana serán llevados a la torre 6. Estamos terminando de adecuarla —me contestó de nuevo con amabilidad. Él iba a dar la espalda, pero yo le hablé de nuevo:

—Señor general, por favor, denos una hora de sol.

Él ordenó al capitán que nos sacara.

Nuestra celda estaba bien distribuida. Dos camarotes de cemento empotrados contra el muro. Yo estaba en mi país y peleé por tener el planchón del primer nivel, era más cómodo. El planchón de arriba era peligroso, no tenía una baranda, el que se moviera mucho iría a dar al suelo. Una ventanita de cuarenta centímetros no garantizaba demasiado flujo de aire para un espacio de cinco metros de largo por tres de ancho, pero al menos algo de aire había. Nuestra celda estaba ubicada en el tercer piso. El pabellón era grande, tenía capacidad para 204 personas y contaba con 102 celdas en total. Al llegar el día nos abrían a las cinco y media las puertas y a las duchas. El agua helada ayudaba a retar el frío, esto era parte de mi nueva batalla. Aquella agua en Valledupar habría sido el mayor tesoro.

En las duchas comunales había que decirle adiós a la intimidad, allí estábamos todos desnudos. Nos turnábamos de a dos para una ducha; mientras uno se enjabonaba, el otro se enjuagaba, teníamos solo diez minutos para ducharnos. Muchos de mis compañeros no se bañaban por el frío.

Llegaba el desayuno, que con el pasar de los días iba disminuyendo: esta vez era avena caliente, un pan y una transparente rodajita de salchichón. El patio, sin embargo, empezaba a cobrar vida. Algunos se envolvían en sus cobijas de colores y se ponían a dar vueltas alrededor del lugar. A los Rodríguez Orejuela no los veía por ningún lado. Era seguro que estaban luchando por obtener una buena ubicación, más ciertos beneficios y privilegios. Yo estaba a la espera de ver dónde estaba la equidad y cómo Aranguren actuaría ante aquellos poderosos capos. Me tranquilizaba que los Rodríguez Orejuela, al parecer, no tenían al Gobierno de su lado; sin embargo, aún conservaban bastantes senadores corruptos en las filas de la política nacional.

Llegó la guardia y todos debíamos hacer una fila para ser contados. Listo, cincuenta y cuatro. La guardia salió y yo tomé el control de patio. Pasé al frente y me dirigí a mis compañeros: «Señores, hoy tomo el control del patio antes de que lleguen otras personas inescrupulosas y lo hagan buscando su beneficio propio», les dije. Todos me apoyaron. Organicé turnos para el teléfono y así evitar cualquier roce entre nosotros; igualmente, organicé turnos para el aseo, así iríamos para adelante.

Compartiendo patio con los Rodríguez Orejuela

Un nuevo amanecer y con él una nueva lucha. Eran las siete y veinte de la mañana. De repente estalló una gran algarabía con golpes en las rejas. El momento había llegado: ingresaban al patio 6 de la cárcel de Cómbita los hermanos Rodríguez Orejuela, los acompañaban una veintena de pesos pesados de la mafia procedentes de la cárcel de Palmira. Buonomo se rio y dijo algo premonitorio: «Pope, a esos viejos hijos de puta los van a extraditar». Buonomo les tenía un odio enorme por haber cooperado en el asesinato de Pablo Escobar. Yo en mi interior guardaba mi dolor, pero tenía claro que Pablo había muerto ya y que yo debía asumir mi nueva vida, esa que había comenzado desde el día mismo en que decidí dejarlo y entregarme a la justicia, esa que se había confirmado el día en que me enteré de que habían asesinado al Patrón. Ahora la vida me estaba dando la oportunidad de ver cómo todos y cada uno de los participantes de tantas guerras caían uno a uno; todos de diferente manera, como si su destino estuviera marcado por algún camino en común. Aquellos hombres fuertes y poderosos eran una vez más traídos a mi destino para que yo pudiera presenciar su declive. Los grandes capos estaban frente a mis ojos luciendo aquel odioso uniforme color caqui con sus rayas laterales de color naranja. Así se veían como seres insignificantes y desvalidos.

La guerra es la guerra y yo debía aplicar una de sus estrategias. Ahora estaba solo. Sin el Patrón, sin mis compañeros de guerra, sin mis amigos, sin mi familia, sin nada más que mi espíritu de guerrero que se había fortalecido en el infierno con la tortura diaria y escasos dos meses de fortalecimiento físico. Entonces apliqué lo que reza el viejo refrán: «Si no puedes con tu enemigo, únete a él». Yo sabía que su remanente poder político y judicial, incluida la Policía, más su fortuna, eran grandes factores que permitirían permear el sistema del nuevo INPEC.

Era el momento de la contada, todos a la fila como de costumbre. Al terminar aquella rutina diaria supe que era el momento adecuado. Pasé al frente, me dirigí a mis compañeros y en ese mismo instante le hice entrega del control del patio a los hermanos Rodríguez Orejuela. Ellos estaban completamente sorprendidos de mi actitud, se acercaron para agradecérmelo. Don Miguel se sentía tan convencido de estar asumiendo nuevamente algún poder que tomó la vocería y dio un discurso a los reos como señal de aceptación. Yo me reservé el derecho a controlar el teléfono, que en una guerra es vital.

Un día cualquiera sucedió algo que solo el destino me tenía marcado. El guardia de turno llamó a Miguel Rodríguez Orejuela y a Jhon Jairo Velásquez Vásquez. Yo estaba en el teléfono haciendo mi tarea, pero la dejé y fui a la reja inmediatamente. Don Miguel, con sus ínfulas de hombre mafioso, hizo esperar a la guardia. El funcionario sacó uno de sus dispositivos de seguridad y me puso un grillete en mi muñeca izquierda; tan pronto como don Miguel hizo su aparición, fue enganchado inmediatamente. Nos miramos y echamos a reír. La vida es irónica, un día habíamos librado guerras a muerte buscando matarnos el uno al otro y ahora la vida casi nos fusionaba en uno solo, enganchados por un par de esposas. Emprendimos nuestra caminata rumbo al cubículo de abogados procurando que aquellos ganchos de acero inoxidable no lastimaran nuestras muñecas. Mientras sostenía el ritmo del caminar, pensé en que hay un lugar donde siempre nos encontramos los bandidos, siendo amigos o enemigos, y ese lugar no es otro que la prisión o el cementerio, donde de una parte nuestro cuerpo se ve privado de la libertad, los bienes, la honra y las vanidades, pero por otra parte nuestra alma se llena de aflicciones, desesperanza y oscuridad.

13

EL FINAL DE LOS HERMANOS RODRÍGUEZ OREJUELA

Los Rodríguez Orejuela se acomodan en Cómbita

Don Miguel empezó a romper el rígido régimen de la prisión. Ingresó un pequeño radio transistor que yo le guardaba en las noches, aprovechando para escuchar música y noticias. Don Gilberto no intervenía mucho porque él pensaba que en poco tiempo recibiría su libertad. Día a día, mi relación mejoraba con los hermanos Rodríguez Orejuela. El penal abrió un expendio y eso mejoró nuestra comida. Ahora podíamos comprar algunas cosas con el dinero que nuestras familias depositaban en nuestras cuentas para prisioneros. El expendio estaba a cargo de un civil, al que don Miguel abordó inmediatamente, de modo que logró abrir un boquete en la rígida estructura de la prisión: ahora se podían conseguir allí carnes frías y dulces. Con el mismo sistema, poco a poco, don Miguel se fue abriendo espacio en la temida Cómbita. Pero debíamos enfrentar otra batalla aún: la visita. Esta en principio era alternada, hombres un fin de semana y mujeres el siguiente, por un lapso de cuatro horas. La visita íntima cada cuarenta y cinco días, por espacio de una hora. Los Rodríguez estaban acostumbrados a recibir su visita a diario desde las siete de la mañana hasta las ocho o nueve de la noche, tiempo en el que sus mujeres, esposas, novias, hijas y hermanas ingresaban hechas todas unas princesas sin ser siquiera tocadas o requisadas. Pero este nuevo INPEC tenía normas: no se podía usar ropa de color negro, nada de zapatillas o tenis, solo chancletas, brasier sin varillas, cabello completamente suelto, ningún tipo de joya; y, lo peor, debían mostrar sus partes íntimas, que les revisaba una guardiana que usaba un guante de látex para hacerles tactos vaginales. Además, el patio de visitas estaba aparte de las torres.

La primera huelga en Cómbita y mi trabajo como aseador

Llegó el día de la visita. Yo no salí de mi celda, pero ochenta y cinco de mis compañeros sí lo hicieron, para regresar furiosísimos provocando la primera huelga en la cárcel de Cómbita. Como acto de protesta, no nos dejamos encerrar por el guardián y dueño del televisor y el teléfono, tampoco nos dejamos contar. Entonces vinieron el director y el capitán Toledo, quienes hasta ahora no habían hablado, argumentando que las mujeres no eran tocadas físicamente excepto cuando el Garret detectaba la presencia de algún metal, entonces, según la versión de los oficiales, estas eran conducidas a un cuarto privado para ser requisadas. Solo allí se les practicaba el tacto vaginal. Los Rodríguez, que siempre habían vivido en una cárcel burbuja, ignoraban cómo era una de verdad. Hasta ahora en sus vidas no los habían tocado, desconocían que hasta en la cárcel Modelo esta era una práctica común. La discusión terminó cuando Aranguren informó que los norteamericanos estaban trayendo una silla que detectaría los metales y así las señoras no tendrían que mostrar su ropa interior. De igual manera, dijeron que para evitar el contrabando de drogas iban a traer unos perros antinarcóticos.

Día a día valoraba más las cosas pequeñas que la vida me ofrecía. Ahora estaba recuperando la libertad para usar la ropa que yo quería y no el odioso uniforme que me imponían. El poder usar un buzo bonito y unos tenis cómodos era genial. Mi celda también empezaba a cobrar vida. Una hermosa cobija de colores llamativos contrastaba con el feo gris del cemento, más dos almohadas de plumas y una sábana blanca ajustable a mi colchón. Todo esto era una dicha.

Obtuve un tesoro: fui nombrado aseador. El trabajo era duro, pero significaba seis meses de descuento por año. Esta ostensible rebaja ya era un gran alivio y la esperanza, cada vez más firme, de que algún día volvería a ser un hombre libre de cuerpo y espírtu. Ahora, mis años restantes se estaban convirtiendo en dieciocho meses. Sin embargo, mi proceso judicial era muy complejo y yo estaba casi seguro de que la juez de Bogotá me iba a terminar condenando. Para este momento de mi vida, yo ya llevaba once años tras las rejas.

Boleta de libertad para Gilberto Rodríguez Orejuela

Llegó la boleta de libertad de don Gilberto Rodríguez Orejuela. La dirección de la cárcel había emitido un concepto favorable de conducta y le otorgaron libertad condicional. Este concepto de buena conducta es muy tenido en cuenta por el juez de ejecución de penas para ordenar este hermoso beneficio. Don Gilberto tenía una conducta ejemplar y además se había graduado en Filosofía estando en prisión. Era todo un preso modelo. A sus cincuenta y seis años, un poco obeso y lerdo al andar, salía rumbo a su hermosa Cali, lleno de dinero y aún con cierto poder político. Siempre había cubierto su perfil criminal teniendo como fachada sus empresas: un banco en Panamá, el Banco de los Trabajadores en Colombia, la propiedad de un grupo radial colombiano junto con su hermano Miguel, además de una cadena inmensa de droguerías llamada Drogas La Rebaja, que operaba en todo el país. Don Gilberto presumía así de ser todo un empresario. También era dueño, junto a su hermano, de laboratorios lícitos para la producción de medicamentos que surtían sus propios locales, controlaban empresas de seguridad y eran dueños y amos del equipo de fútbol América de Cali. Sus manos estaban llenas de sangre sin disparar un solo tiro. Ahora abrazaba la libertad.

La DEA, el Gobierno colombiano y la Embajada norteamericana se alertaron. Se vino encima el ministro del Interior y de Justicia, Fernando Londoño Hoyos, un funcionario lenguaraz y bruto como él solo. De frente dijo que no lo liberaría y acusó al juez Vacca de haber sido abogado de los Rodríguez en el pasado. El juez se declaró en pie de guerra, apoyado por muchos de sus colegas. Entonces el ministro atacó al director de la cárcel, Pedro Germán Aranguren Pinzón. Lo trató de corrupto y vendido. El ministro disparaba su arsenal de palabras a diestra y siniestra. La fiscalía fue abordada por la DEA, mientras la Embajada americana le buscaba algún nuevo proceso a don Gilberto. Este no se quedó cruzado de brazos, porque ya tenía listo su batallón de abogados.

Fui trasladado junto con don Miguel a la torre 1, donde me despedí de Buonomo, Gerardo, Cristóbal y mis otros compañeros de patio. Allá la población era difícil, gente dura acostumbrada a pelear con cuchillo, y ni don Miguel ni yo sabíamos de ese arte, nosotros conocíamos el arte de la guerra con balazos. Tranquilicé a don Miguel y le dije que buscaríamos aliados, que él solo tenía que alistar la chequera y que del resto me encargaría yo. En ese momento comprendí que me había convertido en el nuevo lugarteniente de don Miguel. Bueno, así es la guerra. Llegaron al patio 3 algunos guerrilleros, entre ellos Yesid Arteta, que venía trasladado de Valledupar. Tan pronto llegó Yesid tomó el control del patio 3, mientras que Robinson tomó control del patio 5.

Carlos Castaño intenta volver a la legalidad, el gran sueño de los delincuentes

El nuevo presidente de turno empezó conversaciones con los paramilitares. Carlos Castaño intentaba seguir borrando toda huella de la bomba del avión de Avianca. Para ello ordenó el asesinato de Cuco Zabala, el ingeniero que aprendió de la ETA el manejo de explosivos y a quien Castaño llevó a sus filas una vez los Pepes derrotaron al cartel de Medellín. Carlos Castaño se encaminaba a la legalidad. Ya era un hombre archimillonario con tierras por doquier, dólares por costalados producto del narcotráfico. La clandestinidad ya no era para él. Sin embargo, su espíritu era de mercenario. Su esposa, Kenia Gómez, fue pacientemente conduciendo a Carlos fuera de la violencia. Ella le mostró el calor de un hogar: a sus treinta y siete años lo tenía todo, menos la tranquilidad.

En su afán de congraciarse con los norteamericanos y lograr una buena negociación, Castaño empezó a entregarles a todos los narcotraficantes de Medellín. Pero olvidaba un pequeñísimo detalle:

los norteamericanos sabían perfectamente que él era un terrorista, asesino, narcotraficante, secuestrador y, además, un gran mentiroso. No era un terrorista cualquiera, estaba implicado en el bombazo de Avianca. Sabían que él era un narco puro. Al parecer, el único que no lo sabía o que no lo quería saber era él mismo. Se aferró desesperadamente a la DEA buscando su salida. Las negociaciones iban muy bien, demasiado bien, pero había algo de por medio: la extradición. El único guerrero que logró tumbarla estaba muerto, muy muerto, y Carlos Castaño Gil había ayudado a matarlo.

El destino final de los Rodríguez Orejuela: la extradición

Don Miguel se sentía cómodo en el pabellón. Ayudaba a los muchachos regalándoles tarjetas para poder llamar, les daba buzos, proveía a la visita de los internos dos buses para que los transportaran, abrió un expendio para todos, conciliaba con los compañeros cuando había diferencias entre ellos —o, en últimas, al conflictivo lo hacía sacar para otro patio—, creó normas de convivencia, con su *pull* de abogados les prestaba asesoría jurídica a los muchachos. El aseo estaba en orden, hasta organizamos un desarme de puñales y los entregamos a la guardia. Todo era armonía. La rutina diaria, lo mismo de siempre: hacíamos ejercicio juntos, caminábamos por alrededor de una hora, a paso largo. El vanidoso viejo se ponía bronceador y se tiraba en el patio sobre una toalla para tomar el sol. Como era hipocondriaco, tomaba unas pastillas dizque para manejar el estrés porque le dolía mucho la cabeza, otras pastillas para dormir, otras por si había un brote de gripa, vitaminas a toda hora, limpiaba muy bien el teléfono antes de usarlo por si alguna infección, pastillas para la rinitis que le causó el frío, y una más por si alguien tenía mala suerte y de pronto se le pegaba.

Un buen día yo estaba trapeando y él hablando por teléfono. Cuando yo pasé con el trapero, inmediatamente se le vino la sangre por la nariz. Se enojó muchísimo y en el acto me tocó parar de trapear. Le molestaba que el televisor tuviera el volumen alto, también le fastidiaba que los muchachos acariciaran a sus parejas y bajo las cobijas hicieran el amor en el patio, a pesar de que él era un hombre mujeriego y osaba decir que siempre había tenido las mujeres más bellas. Llorón como él solo, por todo soltaba la lágrima. El viejo lloraba hasta despidiendo un avión de carga. Un día de visita fueron las hijas y me preguntó que cómo me parecían. Yo le dije que estaban hermosas y el viejo me soltó esta perla a quemarropa:

—Ve Mompi, ese día que te ibas a meter a mi casa, ¿las ibas a matar?

—No, no, don Miguel. La orden era muy precisa —le respondí inmediatamente—: solo debíamos dispararles a sus escoltas y ejecutarlo a usted —aclaré, y vino a mi memoria el día en que, en la cárcel, él mismo me mostró la dirección de mi exesposa Ángela María, que ya estaba en fila para ser asesinada.

Cerca de esa misma casa, nosotros habíamos detonado un carro bomba al paso de la caravana y al viejo no le había pasado nada. Un día estábamos almorzando y vimos cómo en la televisión salía don Gilberto en un concierto de Carlos Vives en plena Feria de Cali. El poderoso hombre se veía feliz, solo que su felicidad se vería empañada, porque un coronel de la Policía le estaba respirando en la nuca.

Estábamos frente al televisor cuando de repente anunciaron un noticiero extra. Gilberto Rodríguez Orejuela había sido arrestado por la Policía en Cali e iba a ser extraditado. A don Miguel se le acabó inmediatamente la sonrisa. Yo me alegré y desde mi alma felicité a Buonomo, él tenía razón. Ahora estos capos de capos, los que un día financiaron la muerte de aquel guerrero que se atrevió a desafiar a todo un Estado para no permitir la extradición, la iban a sufrir. El poder político resolvió su reforma por los acuerdos de extradición firmados en Washington, algo inconcebible, porque el plano jurídico y el político deben estar separados. En su sagacidad, Pablo aprovechó esta incompatibilidad desde su carrera como político. Pero él hizo uso del poder *de facto* y no del *de iure*. Ahora, aquellos grandes capos de la droga estaban siendo víctimas de su falta de amor patrio. Iban a ser extraditados. En el acto, la guardia sacó a don Miguel rumbo a la cárcel de Girón, en Santander. Le notificaron que sería extraditado. Todo un cambio de rumbos. Don Gilberto venía de regreso a Cómbita. Aquel golpe fue demasiado duro para los hermanos Rodríguez, el más duro de todos, sin lugar a dudas.

Yo me sentía privilegiado por estar vivo y saludable, por algo el destino me había traído hasta aquel lugar y momento: lo que el Patrón no pudo ver lo iba a ver yo, sería sus ojos en aquellos momentos. Su causa siempre había sido la nuestra. Su lucha contra la extradición cada vez tenía más sentido para mí. En este largo encierro dentro de las cárceles colombianas podía que ver cómo, desde el más pequeño hasta el más grande capo de capos debía dejar nuestras tierras para ir a ser juzgado en tierras foráneas por narcotráfico. Allí ninguno tendría las prerrogativas ni beneficios que Colombia les daba. Lo disfrutaba despacio y con ganas.

Don Gilberto fue llevado en el acto a la enfermería del penal, porque la noticia le disparó de inmediato su presión arterial y empezó a tener problemas con el corazón. Un buen día me lo encontré en los cubículos de los abogados. Ya no era el mismo y me soltó esta perla con lágrimas en sus ojos: «Popeye, Pablo Escobar tenía razón, ¡la extradición es mortal!». Nunca olvidaré aquellas palabras. Me remató con lo siguiente: «Todas las noches le hago una oración al alma de Pablo». La salud del poderoso capo de capos se deterioraba día tras día. La noticia de su extradición lo golpeó durísimo, no estaba preparado para ella. El declive final aparecía en su horizonte más cercano.

Los hermanos Rodríguez Orejuela, ante la inminente extradición, debían mostrar toda su capacidad estratégica. Allí se vería qué tan buen jugador era don Gilberto, el Ajedrecista, como algunos lo llamaban. Empezaban a organizar sus fichas para asestarle al enemigo una jugada maestra, buscaban nuevamente su libertad y aún tenían el apoyo de varios congresistas corruptos. Buscaban una rebaja de penas para todos los presos. Su jugada no debía ser muy evidente, así que querían traer al papa a Colombia. El valor que cobraba el Vaticano por ello era de diez millones de dólares. Esta difícil tarea se la encargaron al venezolano Fernando José Flores Garmendia, alias el Gordo, reconocido narcotraficante y socio de los hermanos Rodríguez Orejuela. La jugada parecía ser buena. Una vez viniera el papa habría un descuento enorme de penas. Luego, con la ayuda de sus políticos corruptos, ellos quedarían nuevamente limpios y a seguir disfrutando de sus enormes cantidades de dinero. Hasta ahí, todo era perfecto.

Como era costumbre de los hermanos Rodríguez Orejuela, nunca sacaban de sus arcas dinero para este tipo de negocios. Entonces lanzaron un cargamento de cocaína de tres toneladas para financiar su jugada maestra. Sin embargo, el Gordo fue interceptado por los norteamericanos, la mercancía se les cayó y su socio fue arrestado. Inicialmente, el Gordo fue enviado a la cárcel Modelo, al pabellón de alta seguridad. Él no resistió la presión y empezó a delatar a los Rodríguez Orejuela. Decidió colaborar con el Gobierno de Estados Unidos y se convirtió así en el testigo estrella contra los hermanos, como lo pudo probar con sus constantes visitas a La Picota, más los cargamentos de cocaína que habían enviado juntos a Estados Unidos. Allí permanecerán en sus celdas durante muchos años o incluso hasta su muerte. No podrán hacer uso de su poder, pero sí se acordarán del Patrón todos los días de su vida por no haberlo apoyado en su lucha contra la extradición. Ahora comprenderán por qué era mejor una tumba en Colombia que una cárcel en Estados Unidos. Esto les sucedió por ser vendepatrias. Adiós a su familia, adiós a las bellas mujeres, adiós a la feria de Cali y su derroche de dinero, adiós al América de Cali. Adiós, adiós a los hermanos Rodríguez Orejuela.

EL PARAMILITARISMO, DUEÑO Y SEÑOR DE LA PATRIA

Cambios de mando en Cómbita

Bajo el mandato del presidente Álvaro Uribe Vélez, los paramilitares comenzaron una nueva táctica de guerra mediante los diálogos de paz y desmovilización. Se acercaron a las palabras y disminuyeron las balas. Todo iba sobre ruedas. Controlaban un treinta por ciento del Senado y el sesenta por ciento de las tierras en Colombia. Arauca, Meta, Putumayo, Choco, Urabá, Casanare, Antioquia, Córdoba, La Guajira, César, Atlántico y Sucre. Ciudades como Medellín, Valledupar, Barranquilla, Santa Marta, Bogotá, Montería y Dorada estaban en manos de los paras. Ellos eran los nuevos reyes de reyes, disfrutando de todo el poder y el dinero provenientes del narcotráfico y la extorsión. La diferencia frente al pasado era que ahora estos grupos armados disfrutaban del reconocimiento y beneplácito públicos, tanto que poseían acceso a los noticieros de televisión y radio, y cada vez estaban más cerca del mundo de la política colombiana.

Yo, desde la cárcel, era testigo mudo con mi superradio de toda la negociación que hacía el Gobierno del doctor Uribe Vélez con los paramilitares. Sus soldados rasos llenaban día a día las celdas del penal, así se empezaba a encadenar todo. Al poco tiempo de haber iniciado las negociaciones, llegaron a la cárcel los primeros resultados: muchos de los paras presos serían liberados acogiéndose a los beneficios de las nuevas leyes promulgadas por el Gobierno. Todo muy bonito. La esperanza rondaba en las celdas de Cómbita.

Fui sacado de la torre 1 de Cómbita hacia la torre 2. Allá me recibió Sotico. A mi ingreso al patio y después de haber delegado el patio al extraditable don Miguel, quedé con toda la responsabilidad, lo cual me dejó muchos problemas con la guardia y compañeros, después de su cacicato. Mi estrategia en este nuevo lugar, y dadas las condiciones de aquel momento en el país, sería obedecer tranquilamente a los paramilitares, quienes tenían el control del patio.

La muerte de Carlos Castaño: sombras, traición y guerra al interior de paramilitarismo

Cómbita se estaba convirtiendo en una cárcel como todas: droga, armas, contrabando, burlas y engaños a la guardia. El día de visita era el momento ideal. La droga entraba en los estómagos de las mulas, que se la tragaban en bolsas de látex, otras personas entraban el laxante para ser arrojadas y luego el prisionero, después de lavar muy bien las bolsas, se las tragaba para venderlas en el patio al final de la travesía. Los paramilitares tenían prohibido el ingreso y venta de los narcóticos, lo que complicaba las cosas un poco. El negocio de las drogas crecía en los patios de la cárcel de Cómbita como crecía en todo el país. Llegaba la época del microtráfico. Para evitar ser sorprendidos, ellos se subían la droga por el ano al igual que los cuchillos, que previamente metían en un tubito de plástico.

Me informaron que Jorge Luis Ochoa había dado la orden para que me asesinaran y que un político estaba metido en ello: se trataba de Alberto Rafael Santofimio Botero, candidato presidencial y senador de la República. Esta alianza era mortal para mí. Yo no me podía dejar asesinar por ellos ni dejar tampoco que me matara la monotonía de la cárcel. Un buen día se me acercó un paramilitar y me dijo:

«Don Popeye, ¿me permite un minuto?». Yo, cordialmente, le dije que sí. Me pidió una tarjeta para llamar y me soltó esta bomba: «Es que mataron a Carlos Castaño y mi cuñado estaba con él, pero ahora no aparece, mi hermana está muy preocupada y yo necesito hablar con el Mono Leche». Quedé helado.

Saqué de inmediato dos tarjetas de 20.000 pesos y se las regalé, pero lo acompañé hasta el teléfono. Yo necesitaba información precisa sobre esta buena nueva. La noticia saltó a los medios de comunicación, donde dijeron que había dos sobrevivientes al ataque. La Policía y el Ejército los habían protegido y sacado de la zona. Alias la Vaca y alias Tigre contaron todo. Yo estaba estupefacto y agradecido con Dios porque nuevamente, sin mover uno solo de mis deditos, veía cómo estaba ganando una de mis más duras batallas.

Carlos Castaño había sido asesinado por su propio hermano. ¿Por qué? Fácil: Carlos Castaño Gil había llegado a un acuerdo con los norteamericanos. Estaba a punto de partir a Panamá y de allá iría rumbo a Estados Unidos para convertirse en el testigo estrella contra Macaco, Jorge 40, Mancuso, don Berna, Miguel Arroyave, Diego Vecino, Rogelio y todos los mafiosos de Medellín; Rasguño y Cuco Vanoy; también se incluirían en su lista políticos, empresarios, policías y militares, y al final incluso la delación de su propio hermano. Era el desvertebramiento total de las estructuras narcoparamilitares de Colombia a cambio de una vida llena de confort y calor de hogar. Este hombre iba a despertar una verdadera hecatombe. Los paras culpaban a Kenia del cambio que sufrió Carlos.

El presidente de Colombia envió al doctor Luis Carlos Restrepo, alto comisionado para la paz, a confirmar la muerte del jefe paramilitar. El propio Vicente Castaño, su hermano, le confirmó la noticia diciéndole que fue un lamentable accidente por el enfrentamiento entre los dos grupos de escoltas. Todo quedó como un típico caso de fuego amigo. Las negociaciones de paz continuaron en Santa Fe de Ralito, ignorando lo que había pasado al interior de la cúpula paramilitar.

Caminé por el patio y pensaba que ahora la vida me había dado un nuevo regalo. Descansaba yo, descansaba el DAS, descansaba el Ejército, los políticos, la mafia, los paramilitares, la DEA y muchos otros más. Allí, con este hombre muerto, también morían los más grandes secretos, infamias y masacres cometidas en Colombia, así como su peor debilidad: la cobardía. Entre sus más grandes magnicidios estaban el del doctor Álvaro Gomez Hurtado; los vínculos que estableció con el DAS para el asesinato del doctor Luis Carlos Galán; el bombazo del avión de Avianca; el asesinato de muchos líderes de izquierda, como el doctor Bernardo Jaramillo, el doctor Carlos Pizarro Leongómez, el doctor Jaime Pardo Leal y el doctor José Antequera; el intento de asesinato del presidente de Colombia, el doctor Ernesto Samper Pizano; más el de los dirigentes del partido político Unión Patriótica. Y qué decir de los miles de campesinos que habían sido despojados de sus tierras y sus raíces, muertos o desplazados a las ciudades por la violencia; aquellos humildes hombres y mujeres que tuvieron que cambiar sus azadones por tarros plásticos y convertirse en limosneros en cualquiera de los semáforos de las grandes urbes de la nación.

El paramilitarismo después de Carlos Castaño

Vicente Castaño Gil despejó su camino para la negociación con el Gobierno, una vez se dio la pela más dura de su vida: ordenar el asesinato de su propio hermano. Mancuso tomó la iniciativa bajo el control de don Vicente, entonces se congregaron en la zona de Córdoba, siendo protegidos ya legalmente por el Ejército y esperando firmar el acuerdo de paz. Allí mantuvieron sus tropas y armas como escudo de defensa. Se sometieron a este acuerdo convencidos de que el presidente Álvaro Uribe Vélez ya se había comprometido a la no extradición y, por ende, aquella no era una de sus preocupaciones.

Yo permanecía en mi lucha, ganando increíblemente batalla tras batalla. La batalla con los Rodríguez había sido gloriosa, la batalla con Carlos Castaño había sido apoteósica, pero en mi mente permanecía la batalla que debía librar con Jorge Ochoa, Alberto Santofimio Botero y Leónidas Vargas. Lo más importante era que mi espíritu de guerrero seguía firme como siempre. El patio era manejado por Chiqui, un paramilitar justo y fiero, acompañado por sus dos hermanos, Muñeco y Hugo. Chiqui se burlaba de mí y me veía como un guerrero vencido, pues había sido parte de los Pepes cuando estuvo engrosando las filas del paramilitar Carlos Castaño.

El primer motín en Cómbita

El país se mantenía en un maremoto de acontecimientos. De repente, algo rompió con la monotonía carcelaria: fuimos atacados por los guardias. Nuestro oxígeno y mayor contacto con el mundo exterior eran las tarjetas para llamar, y aquel era nuestro punto débil. Entonces nos dejaron bloqueados, careciendo de ellas por casi cinco días; las pocas que llegaban se convirtieron en problema de disputa entre unos y otros. Chiqui, como líder del patio, exigió una explicación y la respuesta fue que Telecom no estaba en condiciones de proporcionarlas. Cuando fue a verificar se enteró de que la cárcel no estaba pagando el servicio, razón por la cual la empresa de teléfonos debió cancelar el surtido de tarjetas a la prisión. A la vez, Telecom le confirmó a Chiqui que ellos poseían cajas y cajas de tarjetas, puesto que ese era su negocio.

Varios patios se declararon en desobediencia y se negaron a ser contados. Mientras la guardia se preparaba para el ataque, los paras también lo hacían con botellas de agua y canecas de la basura desde una terracita que estaba sobre la única entrada al patio.

Hacia las diez y treinta de la mañana, la guardia se apostó en las terrazas que quedaban encima de las celdas para apuntarnos con los lanzagases. El capitán dio la orden de ataque y el infierno comenzó. Las canecas llenas de lavazas fueron lanzadas sobre los guardias, que entraron por la terraza y empezaron a disparar como locos las granadas de humo, mientras los otros repartían garrote a todo lo que se encontraran por delante. Todo un caos. En no más de quince minutos nos rendimos, el humo era brutal. Lanzaron más de dieciocho granadas de humo en ese corto espacio de tiempo. Muchos de mis compañeros se desmayaron, mientras que yo aplicaba la técnica de respirar muy despacio para no tragar tanto gas.

El saldo final de la golpiza fue de cincuenta y dos prisioneros y tres guardias heridos. La torre 3 se entregó sin siquiera pelear, porque vio qué tan cruenta había sido la garrotera contra nosotros y eso los asustó.

Las consecuencias del primer levantamiento en Cómbita

Mi cara quedó completamente hinchada, tuvieron que inmovilizarme la mandíbula y quedé con un dolor fuertísimo en el oído interno. Fue tan tremenda la golpiza que hasta un pastor que pregonaba la Palabra de Dios fue brutalmente golpeado por el bastón de mando de alguno de los guardias, marcándole la espalda. Yo reporté la golpiza a los medios de comunicación, ellos a su vez llamaron a la Procuraduría, que es la entidad responsable de vigilar a los empleados públicos en Colombia, y allí recibieron la denuncia. Se acercaron a la cárcel y constataron nuestras heridas. La guardia intentó protegerse llevándonos a la enfermería, pero allí no nos dieron nada, ni siquiera una aspirina.

No todo lo que sucedió tras la revuelta terminó tan fácilmente para mí. En represalia a mis denuncias a través de los medios, el muy cínico director me envió a los calabozos. Pero nada me importaba si yo tenía por compañía mi buen y fiel radio, mis buenas cobijas, mis bellos buzos y mis libretas para desde mi soledad y confinamiento, seguir escribiendo mi libro.

La fiscalía abrió una investigación apoyada por la Procuraduría y la Defensoría del Pueblo contra la guardia. Solo desde aquel momento la guardia comprendió que estábamos en territorio colombiano y que los norteamericanos imperialistas no los iban a proteger de la justicia de nuestra nación. Los norteamericanos los habían instruido para el uso de P 91.4, pero con su doble moral nunca les enseñaron nada acerca de los derechos humanos, la misma situación vivida en Valledupar.

La fiscalía exoneró a los guardias, pero la Procuraduría y la Defensoría del Pueblo los obligaron a conciliar con nosotros para ser reconocidos los errores de parte y parte. Entonces Cómbita inició una nueva etapa sin escorpiones, sin mojadas de presos y sus míseras pertenencias, sin golpizas injustificadas, teniendo como regla principal el diálogo mutuo entre las partes.

15

EL DESARME PARAMILITAR

La desmovilización paramilitar y los planes secretos del Gobierno y la DEA

El país ya estaba polarizado por la negociación de los paras, algunos estaban a favor y muchos en contra. Mientras que en el Congreso se firmaba la Ley de Justicia y Paz, los acuerdos sostenían que los paramilitares no pagarían más de ocho años de cárcel y que deberían reparar a sus víctimas. La parte más compleja de la ley era que ellos debían contar toda la verdad de su proceder al principio. Su vocero político, Ernesto Báez, gritaba a los cuatro vientos en encendidos y eufóricos discursos que ellos no pagarían ni un solo día de cárcel.

Yo, desde de la distancia, solamente me preguntaba una cosa: «¿Y la extradición qué?».

La entrega de armas fue todo un derroche de poder. Este gran circo era acompañado por los medios de comunicación, que cubrían la función central como parte del sistema mediático característico del

Gobierno de turno. Fusiles de toda clase, pistolas, revólveres, granadas de mano, munición abundante, ametralladoras M-60, lanzagranadas y helicópteros: un inmenso arsenal, propio de una guerra civil nunca declarada. El Gobierno colombiano y el norteamericano con la DEA ganaban el primer *round*.

Se pretendía mostrar al mundo que la negociación era seria. Los paras se movían por todo el país escoltados por personal y carros del Gobierno colombiano. Entretanto, la DEA seguía vigilante de cada uno de sus movimientos y veían cómo aquellos que ahora se decían grandes salvadores de la patria se desplazaban a diferentes centros comerciales y grandes restaurantes, donde iban a deleitar sus exquisitos paladares y a hacer uso de sus grandes chequeras. Los jefes paras literalmente levitaban en su contacto con la sociedad.

El Gobierno y la DEA empezaron a mostrar sus propósitos reales. Citaron a los paramilitares en una gran villa para discutir el futuro de estos grupos armados irregulares y sus hombres. Los paramilitares estaban pensando convertirse en un importante partido político y así lograr curules en el Senado.

Yo escuchaba y me seguía preguntando: «¿Y la extradición qué?

Ese asunto seguía en el aire. A la reunión citada por el Gobierno no asistió don Vicente Castaño. Sorpresivamente, los jefes paras fueron rodeados por un grupo enorme de policías y enviados a una cárcel en La Ceja, Antioquia. Estaban recibiendo su primer susto. No obstante, seguían confiados porque en aquella cárcel contaban con un régimen especial: rodeados de buena comida, teléfonos, televisores, visita diaria, todo a pedir de boca. Allí sentían que aún estaban en el poder.

Rodrigo Granda, un enemigo de Colombia, en Cómbita

En medio de todos estos movimientos, la administración de la cárcel de Cómbita descubrió un plan para asesinarme junto con Carlos Alberto Oviedo Alfaro, excongresista, abogado de Pacho Herrera y amigo personal de Pablo Escobar. El penal tomó medidas inmediatas y nos sacó de la torre en el acto. Fui llevado a Recepciones, el mismo lugar que pisé por primera vez cuando venía trasladado de la cárcel Modelo en Bogotá, y a donde eran llevados los prisioneros que requerían mayor seguridad. Como una buena señal, fui llevado a la celda 1, donde también pernocté mi primera noche en Cómbita, pero me trataron extremadamente mal. Como bola de nieve y parte de la operación mediática, se empezó a esparcir el comentario de que Popeye se había vuelto sapo.

En Recepciones se encontraba Rodrigo Granda Escobar, conocido como el canciller de las FARC. Aquel hombre era realmente despreciable, solo respiraba odio por cada poro de su piel. Granda amaba a Cuba con toda su alma y renegaba por haber nacido en Colombia. De igual forma, mostraba un odio visceral por sus instituciones. El canciller de las FARC rechazó de plano mi llegada al recinto, al igual que Julio López López, alias Ojitos, quien era lugarteniente de Varela. Granda ya sabía que yo había hablado de la relación de los hermanos Castro con Pablo Escobar y cómo aquellos poderosos cubanos de izquierda traficaban con narcóticos.

Recepciones también abrió las puertas en ese momento a un nuevo e importante huésped. El comandante guerrillero del Bloque Caribe, señor Juvenal Ovidio Ricardo Palmera, alias Simón Trinidad. Este reconocido personaje ocupó la celda 06, mientras que Rodrigo Granda ocupaba la 12. Cuando ya estaban a punto de ser extraditados, fueron confinados a encierro total. En las mañanas se saludaban a gritos: «¿Quién vive?», gritaba Granda, a lo cual Simón Trinidad le contestaba: «¡Simón Bolívar, camarada!». En sus conversaciones, Granda era feliz burlándose de la desgracia de los norteamericanos con el atentado del 11 de septiembre de 2001. Todas las mañanas gritaba a pleno pulmón: «Tumbaron las mamonudas», haciendo referencia a las Torres Gemelas, y soltaba una gran carcajada. También se mofaba del presidente Álvaro Uribe Vélez, cuando decía que la culebra estaba viva.

Granda cometió un craso error desafiando a la doctora Imelda, la dama de hierro y directora de Cómbita. En los medios internacionales ya se hablaba de la relación de los hermanos Castro con Pablo Escobar y cómo ellos prestaban sus pistas para que aterrizaran los aviones llenos de cocaína para luego distribuir la droga en lanchas rápidas directo a Estados Unidos. Esta noticia enfureció muchísimo más al guerrillero, que solo veía por los ojos de los Castro. Preso de la rabia que lo caracterizaba, Granda citó a la directora del penal al patio. Todos nos sentamos alrededor en señal de respeto y Granda lanzó un discurso para luego exigirle a la directora que yo debía irme del patio.

—¡Se va Popeye o me voy yo! —dijo—. ¡Y para eso le doy hasta mañana! —remató.

—Mañana tendrá usted solución a su problema —le dijo ella, mirándolo seria mientras se levantaba de la silla.

La doctora, con gran inteligencia, me llamó discretamente para indagar qué era lo que estaba sucediendo. Yo le contesté que ellos estaban muy molestos conmigo por lo que yo había escrito en mi primer libro respecto al tráfico de drogas de los hermanos Castro con Pablo Escobar. La doctora Imelda me miró cálidamente y me dijo que por favor no me pusiera a pelear.

Regresé a mi celda para esperar un nuevo amanecer. El día estaba resplandeciente y prometía una gran sorpresa. Hacia las diez de la mañana ingresó al patio la capitana Miriam. Granda estaba escribiendo algunos documentos en la mesa cuando ella se dirigió hacia él y le dijo *ipso facto*:

—Rodrigo, por favor, empaque sus cosas que se va de traslado.

Aquel decrépito hombre me miró, se sonrió e invitó a la capitana a sentarse.

—Rodrigo, no estoy bromeando —insistió ella, ya en tono autoritario—. Por favor, empaque que se va de traslado.

Yo lo miré con desprecio y él me retiró la mirada. Ya todo estaba listo. Un helicóptero se acercaba al penal para llevar a Rodrigo Granda Escobar directo a la cárcel de La Dorada.

Por mi parte, Recepciones se llenaba aún más de armonía y tranquilidad. Ojitos finalmente había sido extraditado. A Julio López López le llegó lo que tanto temía. Mi batalla contra este hombre estaba ganada: le esperaban treinta años tras las rejas norteamericanas.

Reflexiones de una larga condena

En mi mente persistía la idea de lo brutal que es la extradición. Esta no es más que el reconocimiento de la incapacidad del Estado colombiano para impartir justicia, deslegitimizando su propio sistema judicial y político. Cada día me convencía más de que Pablo Escobar había sido el único que había logrado ver en toda su dimensión aquel monstruo, y que ahora yo era testigo en primera fila de lo que le sucedía a más de uno de nuestros enemigos por no habernos apoyado. Uno a uno iban saliendo rumbo a Estados Unidos para ser ajusticiados por los norteamericanos en largas e infernales condenas, lejos de sus seres queridos y su tierra.

Pero un bendito día recapacité y comprendí que el problema no era la sociedad, que el problema no eran las personas que me rodeaban, sino que el problema estaba dentro de mí. En medio de este torbellino de emociones, logré tranquilizarme y empecé a cuidar el manejo de mis palabras. A mis cincuenta años, sentí como si un cable que va de la lengua al cerebro se conectara para enseñarme que primero debía pensar y luego hablar. Este ejercicio no fue fácil, pero empecé a sentir vergüenza de mi comportamiento y, poco a poco, con el apoyo de las psicólogas del penal, que fueron mis dos ángeles, y en compañía del capellán de la prisión, el padre Héctor, así como de mi maestra Lilia Eugenia, empecé a estudiar y a trabajar sobre mi personalidad. Antes de darme cuenta ya era otro hombre. Mi mente empezó a considerar la idea de mi libertad, pero, con la cantidad de enemigos que tenía, casi sabía que era imposible salir vivo de prisión. Como fuera, consideraba la posibilidad de una nueva vida para mí.

El haber permanecido fuera de la población carcelaria y en solitario me permitió tener otra óptica respecto a la cárcel y a mis compañeros y, lo más importante, hacia mí mismo. Comprendí que podía soñar, que mi fe sería el primer paso para llegar a la cima, que, si quería un futuro, yo mismo debía crearlo, que la amabilidad era sinomino de felicidad, que la gratitud para con Dios y las personas cultas que me rodeaban me sacarían del infierno que había vivido por más de la mitad de mi vida, que mis lecciones de vida serían enterradas para dar cabida a una semilla fértil, que la oportunidad no llegaba, sino que yo debía buscarla, que la sonrisa y el respeto me abrían mas puertas, que no era necesario tener los ojos cerrados para ver la belleza de la vida, que debilidad era igual a venganza y que ahora construiría mi felicidad basada en el perdón.

En Recepciones había un vidrio en el comando de guardia que al menos me permitía ver el pasillo central, era un vidrio de seguridad y era mi ventana a la prisión. Un día a vi un paralitico en una silla de ruedas que se dirigía a sanidad desde la torre 8; lo empujaba un hombre joven. Esto llamó mi atención y empecé a buscar información al respecto. Resultó que el paralitico era un extraditable y, por su condición física, estaba recluido en un patiecito de veinte celdas pegado a los calabozos llamado «tercera edad»; el joven que lo empujaba era un hombre ciego y, por su condición, se encontraba en el mismo patio. Era increíble lo que mis ojos estaban viendo: un paralitico guiaba a un ciego y un ciego empujaba a un paralitico, aquellos dos seres eran un complemento perfecto, hacían un verdadero trabajo en equipo. El ciego era las piernas del inválido y el inválido era los ojos del ciego. A pesar de su condición, los vi felices. Aquel ejemplo de vida me nutría bastante. La cárcel en una silla de ruedas es cosa seria y ser ciego, un infierno. El joven había quedado ciego en prisión por una pelea en la cárcel de Pereira, allí recibió un fuerte golpe en la cabeza que lo dejó invidente. El paralitico, por su parte, le pagaba a otro prisionero para que lo bañara y le cambiara los pañales. Este caso me invitó a reflexionar aún más en mi búsqueda por nutrirme de humanidad.

Pasaron los días y nada sucedía a través de mi ventana. Entonces decidí volver a buscar información acerca del paralitico y el ciego. Logré enterarme de que el paralitico había sido extraditado con silla y todo, y que el ciego había muerto de una pulmonía.

Regresé a mi soledad reafirmando una vez más la teoría de Pablo Escobar: la extradición era fatal. Caí en cuenta de un hecho singular: tras haber pasado ya diecinueve años de mi vida en la cárcel, había visto toda clase de presos —paralíticos, ciegos, mochos de una mano, de un pie, de una pierna, de un dedo, sin una oreja—, pero nunca había visto un mudo. Entonces comprendí que la lengua es la que lo mete a uno en problemas. Todos los días aprendía un poco más y continuaba con mi terapia en el manejo de la palabra. Entendí también por esta época que una palabra ofensiva era más dañina que un golpe, por fuerte que fuera, que la palabra tenía poder y que yo debía aprender, para cultivar mi espíritu, el arte del silencio.

Un día prendí mi hermoso radio y allí escuché fuerte y claro una noticia bomba, espectacular e increíble: el narcotraficante colombiano Leónidas Vargas Vargas había sido asesinado en el hospital Doce de Octubre de Madrid, España. ¡Qué descanso! En la mafia se esperaba que este hombre muriera de un infarto, pero el viejo era fuerte; se alimentaba con carne de mico, serpiente, guagua, armadillo y todos los animales selváticos de su amado departamento del Caquetá. Leónidas Vargas Vargas, quien con poco estudio y siendo carnicero de profesión llegó a estar entre los capos de capos, había sido socio y amigo personal de Pablo Escobar Gaviria y Gonzalo Rodríguez Gacha. Este hombre conocía muy bien las selvas de su región y por eso allí se lograron montar grandes laboratorios para el procesamiento de cocaína. Todo esto era una señal de que el camino hacia mi libertad estaba siendo allanado por Dios, para darme una segunda oportunidad, acarme de aquel desierto lleno de espinas y llevarme a la gloria como izo un día con Noé.

MIS PRIMEROS PASOS
HACIA LA LIBERTAD

La operación Jaque y un policía entre los presos

Cómbita se movía constantemente. Se escuchó en las noticias que Jerry, el norteamericano que vigilaba la cárcel en nombre del Gobierno de Estados Unidos, se suicidó dándose un tiro en la cabeza después de haber traído una visita de senadores americanos a inspeccionar la cárcel. Una batalla más que había ganado.

Todo lo que afuera sucedía hacía eco en Cómbita. El Ejército de Colombia lanzó un operativo contra las FARC y logró rescatar a tres norteamericanos, así como a la colombofrancesa Ingrid Betancourt, además de a cinco militares que estaban secuestrados. Este operativo fue llamado operación Jaque. En ella, el comandante César de las FARC, y su segundo, alias Gafas, fueron engañados y los secuestrados fueron liberados. La torre 1, ocupada por la guerrilla, palideció al escuchar la noticia. Así se despedían los guerrilleros presos de sus posibilidades de intercambio por los secuestrados. En el patio solo había caras largas y miradas perdidas, mientras que yo en solitario no bajaba mis brazos y continuaba mi lucha espiritual.

El narcotráfico ha sido el rey de los males tanto en la sociedad colombiana como en la norteamericana. Detrás de muchos de los hogares que se destruyen en Estados Unidos está en muchos casos la droga. Igual sucede con el problema de los tiroteos en las escuelas o incluso en los problemas psiquiátricos de grandes ejecutivos destruidos por el consumo. A esto se le suman accidentes de tránsito brutales ocasionados por cocainómanos, el sistema de salud copado por casos relacionados con la cocaína y sus derivados, como el *crack*, y también el aumento del crimen en las calles. Detrás de muchos de los crímenes que se ven en el mundo está la cocaína. Yo me pregunto: ¿qué pasará el día en que la cocaína colombiana no llegue a Estados Unidos?

La cárcel afrontaba un nuevo problema: un capitán de Policía en activo fue recluido en Cómbita. Como prisionero en los patios se lo comerían vivo, así que la dirección resolvió enviarlo a Recepciones. Pero había otro problema: allí estaba Popeye, quien perteneció al cartel de Medellín y bajo el mando de Pablo Escobar ayudó a ejecutar a 540 policías, dejando heridos a otros 800. El mayor Rosas, subdirector de la cárcel, y el capitán Acosta, comandante de vigilancia, tranquilizaron al capitán de la Policía. El director mismo de la cárcel, el doctor Humberto Castillo Ríos, le garantizó que Popeye lo respetaría. La reja se abrió y aquel hombre, de unos treinta y ocho años de edad, trigueño oscuro, ingresó tímidamente trayendo una bolsa en sus manos. Al ver su actitud, salí cordialmente a encontrarlo y rompí el hielo: «Capitán, sea usted bienvenido a Recepciones». Este hombre estaba completamente sorprendido. Me miró a los ojos sin explicarse cómo, estando yo aislado y sabiendo que él era un capitán de la Policía, podía tratarlo de este modo.

Cordialmente, le enseñé su celda y fui a prepararle algo de comida. Tuve la delicadeza de invitarlo a que él personalmente viera cómo la calentaba, para que pudiera comer con confianza. Su sorpresa aumentó al ver cómo yo aprovechaba la greca del café para tener un buen plato de arroz con pollo caliente. Se sentó en mi mesa y comió con ganas, lo cual me dio mucha alegría. Sin embargo, mi corazón se sentía triste porque llegaba otra Navidad sin un pedazo de natilla, y menos un buen pavo. Pero entonces lo maravilloso se hizo realidad. Bien sabido es que resulta casi imposible que un guardia deje ingresar alimentos a Cómbita; en La Picota, en La Modelo y en muchas otras cárceles nacionales, el ingreso de comida es normal, pero en Cómbita estaba prohibido. El capitán terminó de comer y me dijo:

—Popeye, ¿a usted le gustan la natilla y el pavo?

—¡Claro, capitán Medina! —le respondí fuerte y en el acto.

Él se levantó de su silla y a paso largo fue a buscar su bolsa, de la cual sacó dos recipientes plásticos: uno con natilla y el otro con pavo. Esta comida era un gran tesoro en Cómbita y el capitán me la estaba ofreciendo con respeto y generosidad. Yo, en mi confusión, no sabía qué coger primero, si la natilla o el pavo, solo sabía que aquella natilla con uvas pasas deleitaba muchísimo mi paladar. Las bendiciones del buen Dios no cesaban de llegar a mi patio.

El capitán Medina era todo un personaje, además de un excelente ser humano. Por sobre todas las cosas amaba a su Policía Nacional. Su estadía fue corta. Contó con la fortuna de que su familia lo rodeara, su esposa era una suboficial de la Policía, y un excelente ser humano. Pero, como nada es perfecto, también aprendí que la Policía era elitista, pues no era permitido que un oficial se casara con una suboficial. La esposa de un suboficial es aceptada o rechazada por el alto mando, pero el capitán se había enamorado de una mujer, no de un rango. Cuando el capitán se fue, el guardia me dijo: «Oiga Popeye, qué raro que a un capitán de la Policía lo hayan enviado a una prisión de alta seguridad por semejante bobada». Yo no le contesté nada porque sabía que él no me entendería o pensaría que yo estaba loco. Para mí la respuesta era sencilla: el buen Dios me había enviado a un ángel para que me trajera mi natilla y mi trozo de pavo en la noche de Navidad.

Los caminos de Dios no los entendemos los humanos. Ahora, Dios mismo había escogido un oficial de la Policía para darme una nueva lección de vida y humanidad. Cuando yo estaba en la torre 2 llegó un mayor de la Policía y de inmediato fue tirado a la jauría. El señor había llegado asustado y yo salí a su encuentro para apoyarlo, mientras que el perro de Oviedo fue a robarle las tarjetas para llamar. El hombre fue a dármelas, pero yo le respondí que por mi ayuda no tenía que darme nada. Me hice amigo del mayor Darío con la única intención de cuidarlo y de que no le fueran a faltar al respeto. Este buen ser humano llegó a Cómbita para terminar su condena por haberse relacionado con un narco de poca monta. En Cómbita podría encontrarse con uno o hasta varios bandidos a quienes él había enviado a prisión por cuarenta o sesenta años, pero, por fortuna para el mayor, ninguno de ellos estaba en el patio. Al poco tiempo, él, como tantos más, salió en libertad. Pero yo, como siempre, seguía siendo prisionero.

Lecciones del padrecito

El odio es un sentimiento igual de fuerte que el amor, mientras estemos odiando a una persona seguimos atados a ella. Solo el perdón nos lleva a tener paz interior. Yo sabía que mi corazón aún estaba lleno de odio, pero también sabía que tenía que trabajar en ello y continué haciéndolo con el apoyo de las psicólogas del penal.

Recuerdo la primera vez que un sacerdote se interesó en mi caso y me aconsejó orar un Padrenuestro todas las mañanas por mi peor enemigo.

— Ay, padrecito, usted está loco —le respondí.

—No, *mijo*, el loco es usted.

Sin embargo, sus palabras me hicieron reflexionar, así que escogí quién de mis enemigos tenía más poder sobre mi vida y llegó a mi mente don Berna, pues por aquella época ya Carlos Castaño estaba muerto. Haciendo caso al consejo del padrecito, todas las mañanas al despertar, religiosamente oraba por Diego Fernando Murillo Bejarano, alias don Berna. Y a los dos años de esto me encontré durmiendo cabeza a cabeza con el poderoso capo.

A través de mi andar por este mundo había comprendido que la vida no es plana y que es un arte el saber vivir. Había vivido para saber que hay un buen Dios que me ama y me mima. Cada día nuevo que me levantaba tenía una sensación hermosa: sentía que mi alma estaba sanando. Soñaba siempre con mi libertad. Me ponía en pie muy positivo con el propósito de cuidar mi boca para no ofender a ningún guardia y para saber que si me ofendían no debía contestar. Cada día que pasaba, por milimétrico que fuera el movimiento, iba camino hacia la puerta del penal que me conduciría hacia la libertad.

Por pura y mera casualidad, leí estas letras en alguna parte: «La tribulación produce paciencia, la paciencia produce virtud firme, la virtud firme produce esperanza y la esperanza no desfallece». De la esperanza me había aferrado durante estos largos años. No tenía miedo, a pesar de todas aquellas personas que sabían que me encaminaba hacia la libertad y me decían: «¡Pope, te van a matar afuera!». Esto ya no me preocupaba, porque sabía que mi espíritu guerrero me mantendría en pie y que cada día que lograse burlar a mis enemigos sería una nueva victoria y que mi fe me mantendría en pie. A escasos dos años de mi salida logré sentirme victorioso, después de las batallas vividas contra el Estado, los narcotraficantes, los guerrilleros, los delincuentes comunes, los traidores. Sobre todo logré sentirme libre del odio. Sé que tengo la experiencia y el valor para moverme en aguas turbulentas, pero de lo que más estoy seguro es de que jamás volveré a conspirar para asesinar a nadie, que la vida es sagrada. Ahora tengo las mejores herramientas para controlar mi personalidad. La aventura que una vez busqué llegó a su fin. Después de más de dos décadas de encarcelamiento encontré el tesoro que tanto buscaba: mi paz interior, mi espiritualidad. Hoy siento que mi futuro realmente se empieza a construir y que en ello trabajo día a día. Hoy puedo repetir con la santa, Teresa de Jesús: «Nada te turbe, nada te espante, todo se pasa».

17

LA LIBERTAD

El 480 de Popeye

Había un sueño difícil de alcanzar: mi libertad. En julio del 2013, con la valiosa ayuda de mi defensa, pedí al penal el 480. Este es el primer paso para iniciar el proceso de la libertad. Se reunió el consejo de disciplina liderado por el director del penal, con el subdirector, el comandante de vigilancia, el asesor jurídico, las psicólogas, las profesoras, el médico y el representante de la Personería del Pueblo para Cómbita. Este proceso era algo muy serio, y mucho más con la doctora teniente Ligia, experta en el área de tratamiento y desarrollo, quien no comía cuento de nada. Ella vigilaba si mi resocialización era auténtica. Estaba recién llegada al penal. Miró con desconfianza el proceso, pero era una mujer justa, con una carrera brillante en Psicología y en Derecho. Yo había llevado a cabo un proceso de tratamiento serio y largo.

Se dio inicio al proceso en una mesa redonda. Yo en medio. Todas las miradas hacia mí y mi folio de vida, compuesto por tres gruesas carpetas, en la mesa. No fue nada fácil, pero mi conducta era ejemplar y mi trabajo era constante. Sin embargo, cualquier cosa podía pasar por el solo hecho de tratarse de Popeye.

Para comenzar el consejo, la doctora Laydi, asesora jurídica del penal, informó que, de acuerdo al código penal vigente en Colombia, yo contaba con un tiempo servido de veintitrés años y tres meses, lo cual daba pie para mi libertad condicional. Primer punto a mi favor, respiraba tranquilo.

Acto seguido, tomó la palabra el capitán Hernández y entregó los informes sobre mi trato con la guardia y mis compañeros internos. Este informe me favorecía, ya que no tenía ni una sola investigación interna. Además, el dragoneante, quien vigilaba mi trabajo, dio fe de que yo había cumplido a cabalidad con las labores encomendadas.

También se adjuntaban mis estudios realizados, con sus respectivos diplomas, todo a la mano para ser evaluado por el consejo.

Solo restaba el concepto de la terrible teniente. La miré buscando un poco de bondad en sus ojos y ella me devolvió la mirada, que ya para ese momento no era tan fiera. Ni un solo voto en contra, por primera vez en mi vida recibía una aprobación favorable. La teniente había estudiado mi hoja de vida en profundidad previamente. Luego de mi 480 me contaron que había dicho: «Este interno cumple con el tratamiento y es serio su proceso».

Las profesoras, las psicólogas y demás miembros del equipo de la teniente se alegraron por su propio trabajo y por mis avances y logros tras el proceso de resocialización. Mis diplomas certificaban mi esfuerzo y dedicación, también estaban las pruebas de estado, mi conducta ejemplar y un voluminoso informe muy positivo de parte de las psicólogas. Todo ello me tenía al fin *ad portas* de mi libertad. Lo mejor de todo, lo más increíble para mí, era que el Consejo de Disciplina había firmado en total favorablemente mi 480.

Yo continuaba en mi celdita, y allí, desde mi soledad, solo esperaba con ansiedad el gran día. Mi juez, el doctor Oscar Vejarano Galán, rechazó el 480 y cuestionó mi actividad de aseador, no tuvo en cuenta mis diplomas y menos mis pruebas del ICFES. En ese punto, ya no solo fue contra mí, sino contra el penal, poniendo en duda su reputación. En consecuencia, contaminó el proceso e hizo creer que yo estaba en un calabozo descontando tiempo por aseo. Increíblemente, se lanzó a los medios de comunicación a ofrecer declaraciones al respecto. Los periodistas me buscaron para que me enfrentara al juez, pero yo guardé discreción. Además, mi defensa se oponía a que hablara sobre el tema. No era inteligente salirle al juez así. Era claro que la pelea iba a ser dura.

El juez quería desviar mi proceso al tribunal de Boyacá. Este lo componían juristas pura sangre, que defienden la ley por encima de lo que sea. Pero, con el juez desinformando, el proceso en el tribunal se iba a ver maniatado. Las cosas se complicaban más. El juez compulsó copias para que la fiscalía investigara al penal por el aseo. Ya había una noticia criminal: delito de falsedad en documento público. Ya había un proceso con radicado, pero me encartaban a mí como si yo fuera empleado del penal. La locura total. Pero, después de todo, no era tan grave. El penal tenía sus letrados, el señor director era abogado, el doctor Jorge Alberto Contreras tenía que defender la cárcel aun siendo recién llegado al penal, y la teniente Ligia era una fiera. Las cosas no se quedarían de ese tamaño.

Empezó un tire y afloje con el juez hasta que el proceso fue finalmente al tribunal. La doctora Ángela avocó conocimiento y le dio la razón al juez, pero lo conminó a respetar el debido proceso conmigo. La poderosa magistrada no tenía suficiente información y falló en derecho. El juez se envalentonó y apretó más, ya tenía de su lado al tribunal. Yo no me desesperaba y busqué a la Procuraduría. Mi defensa también acudió a la Defensoría del Pueblo.

Vino a visitarme a mi pabellón el defensor del pueblo de Boyacá, el doctor William García, un hombre muy serio e importante. Llegó acompañado de sus asesores. Había recibido mi queja y fue directo al grano. La labor de la Defensoría del Pueblo es proteger y defender las causas del pueblo, y yo soy pueblo. Ellos visitan las cárceles con abogados y asisten a los presos que no tienen dinero para su defensa. Son defensores de los derechos humanos en todo el país. El doctor William se interesó por mi caso y me prometió acercar a las autoridades del penal, la Procuraduría y el juez con mi defensa. Por ende, y como parte del proceso, mi caso llegó a manos del doctor Galarza, un procurador duro y feroz. El procurador le dio la razón al juez. Todo iba mal. No hubo salida. Me restaba volver al tribunal o imponer una tutela ante la Corte Suprema de Justicia.

La dirección de la cárcel poco a poco fue rompiendo la resistencia del juez. Le enviaban uno y otro papel para hacer más fuertes los argumentos, sin embargo, él seguía cubriéndose. De este modo, el tiempo transcurrió, mes tras mes, hasta que llegué a un punto en que me desesperé. Empecé a pensar que definitivamente yo solo era un chivo expiatorio y que la justicia colombiana en la cual quería creer no existía. En todo caso, aún abrigaba una esperanza, sabía que la Defensoría del Pueblo seguía trabajando en mi caso.

Una buena tarde, entró el doctor William García acompañado de un funcionario de la Defensoría del Pueblo. Tomaron fotos del área donde yo hacía el aseo y mi trabajo de recuperación ambiental para adjuntarlas al proceso. Esto me animó. Aun así, el juez no concedió mi derecho al debido proceso. Ocurrió algo increíble. El juez de ejecución de penas, por ley, tiene que ir a verificar las condiciones del prisionero y mirar su proceso de resocialización. Se debe entrevistar personalmente con el reo, y no hacerlo se considera una falta grave que incluso puede dar pie para una destitución del cargo. Yo le envié una petición formal al doctor Oscar para que por favor me visitara y así pudiera constatar, con sus propios ojos, las actividades laborales que desempeñaba como parte de mi resocialización. Pero, ¡tamaña sorpresa!, este hombre se negó a mi pétición, contra todo derecho, e hizo caso omiso de sus obligaciones como funcionario público.

Esta oportunidad no podía ser mejor para mi fortuna. Era la ocasión perfecta para poder librar una buena batalla y ganarla, pero mi defensa no la contempló dentro de su estrategia. Mi caso regresó al tribunal y de nuevo perdí. La solidaridad de cuerpos se hacía aún más notoria con aquella respuesta.

El penal, por su parte, enviaba documento tras documento ante las solicitudes del juez. El director del penal, el departamento jurídico, la teniente Ligia y su equipo ya estaban cansados de tanto papel enviado; lo peor era que la mirada de duda y sospecha que el juez había colocado sobre el proceso los colocaba en una posición bastante incómoda. Mi preocupación era que la teniente se endureciera y mandara al diablo al juez. Pero el buen Dios, que todo lo ve, tocó el corazón de la teniente y ella se llenó de paciencia para seguir defendiendo mi caso ante esta instancia. Enfrentó como toda una profesional esta compleja reyerta jurídica.

Los días pasaban y yo continuaba en el hueco. Hacía mis ejercicios físicos con fuerza: una hora de caminata a buen paso, cien flexiones de pecho y mil saltos con la cuerda; me alimentaba y dormía bien. Sabía que debía estar fuerte para mi última batalla, aquella en la que finalmente yo sabía que ganaría la guerra. El tiempo pasaba y con él la monotonía continuaba, pero yo la combatía fortaleciendo mi mente y mi espíritu. La rutina tiende a desestabilizar a cualquier ser humano, por muy fuerte que sea, pero ya para aquella época, y después de haber vivido tanto dolor, no me dejaba afectar por el día a día carcelario. El mismo frío, la misma comida, todo a la misma hora. Levántese, acuéstese, todo igual.

El amor tocando las puertas de mi calabozo

Pero el buen Dios nunca se olvidó de mí. Un buen día recibí una carta de una hermosa mujer argentina que se había solidarizado conmigo. Junto a su misiva venía un número de teléfono de Suiza. Le respondí por vía telefónica, su voz tenía el encanto de una princesa, quizás de un ángel. Aquella mujer, hermosa, joven y trabajadora me puso a soñar. Entonces pensé que para mi nuevo proyecto de vida ella sería perfecta. Un bello amor desde la soledad de aquel calabozo era todo lo que yo necesitaba. Su foto pegada en la pared hacía que aquel calabozo se llenara de belleza y esperanza. Esa imagen alegraba mi vida en cada amanecer, me hacía pensar que ella era más bella incluso que mi tan ansiada libertad.

En nuestras conversaciones me enteré de que no tenía compromiso alguno, lo que me resultaba difícil de creer. Increíblemente, el buen Dios me había enviado aquella princesa para aliviar mi soledad. Cartas iban y venían. Cada misiva que me llegaba perfumaba mi vida de esperanza, haciéndome olvidar de aquel juez y de mi soledad. Sentía que la vida me sonreía de nuevo.

En mis estudios dentro del penal, hice un curso sobre el sida y allí comprendí lo delicado de la promiscuidad o de tener una pareja ocasional. Esto me llevó a rechazar cualquier contacto sexual con prostitutas, que llegan frecuentemente a ofrecer sus servicios a las cárceles. Pero, como nada en la vida es gratis, mi actitud responsable llevó a mis compañeros a pensar que yo era homosexual. Sus acusaciones y murmullos no me importaban, yo sabía muy bien quién era y, dentro de mi proceso psicológico llevado a cabo por el penal, ya había aprendido a valorarme y respetarme como persona. Había aprendido que acostarme con el pasado sexual de una persona desconocida era el equivalente a una ruleta rusa, mientras que tener sexo con una pareja estable era toda una bendición del cielo. Así como el día de la creación de la tierra el buen Dios no podía dejar a Adán en su soledad, así también lo hizo conmigo.

Un buen día llegó a mi pabellón aquella mujer de mis sueños. En persona era incluso más bella que en las fotos. Con su ternura y gran amor incondicional llenó mi corazón de esperanza y allí, en aquel frío calabozo, nuestro amor se consumó. No todo estaba perdido, aquello era una prueba más de que el buen Dios jamás se había olvidado de mí y de que estaba allanando el terreno para que por fin yo lograra alcanzar plenamente mi felicidad.

Como parte del milagro de la vida, cambiaron al juez. El anterior debió dejar el juzgado de ejecución de penas para pasar a ocupar uno normal. Pensé en un primer momento que este cambio era desfavorable, porque ahora el nuevo juez debería empezar a estudiar mi caso, pero, como los designios de Dios solo los entiende él, más tarde yo comprendí que estaba equivocado. Mi defensa me informó que este nuevo juez reconoció mi trabajo, pero que ahora el punto de discusión estaba basado en unas horas de labor que no estaban del todo claras. Como fuera, ya con el tiempo transcurrido en la disputa jurídica, igualmente completaba el tiempo como prisionero para merecer de mi libertad condicional. Solo pensaba en el momento presente: un nuevo juez, una nueva batalla. Esta lucha sería espectacular, aquel juez era un jurista puro y por ende haría lo que manda la ley, lejos de cualquier apasionamiento adverso por el reo. Su deber era hacer la visita y confirmar mi trabajo como lo ordena la ley. El problema era el tiempo, porque, como todo proceso legal, era largo y tedioso.

Mi nuevo juez, el doctor Yesid Rodrigo Rodríguez, fue estudiando mi caso paso a paso. En su primer encuentro con mi defensa se hizo evidente la contaminación que el proceso tenía, esto lo había llevado a la duda. Entretanto, la Defensoría del Pueblo, que trabajaba incansablemente, pujó ante el nuevo juez. En la Procuraduría, para terminar de cuadrar las fichas a mi favor, ocurrió algo mágico: el doctor Raúl Alberto Galarza tomó la iniciativa de ordenar una inspección judicial a la cárcel para confirmar toda la documentación enviada por la dirección, así como mis actividades laborales en mi área. Para ello, la Procuraduría citó al director de la cárcel de Cómbita, el doctor Jorge Alberto Contreras, al subdirector, al comandante de vigilancia, a los asesores jurídicos y a todo el equipo de funcionarios que manejaba los procesos de resocialización de los internos. Además, se hicieron presentes el señor juez, el procurador y el defensor del pueblo junto a mi defensa. Todo estaba a la orden del día. La justicia del buen Dios estaba allí presente.

Por fin llegó aquel nuevo gran momento. Todos los funcionarios y mi defensa a la dirección del penal. La reunión se extendió desde las ocho y media de la mañana hasta las cinco de la tarde. Esto era algo serio y dispendioso, pero la justicia divina hizo que algo aún mejor ocurriera: el juzgado ordenó que el psicólogo de ejecución de penas me entrevistara, proceso que debió haber ocurrido un año atrás. Me encontraba muy cerca de que la justicia terrenal confirmara lo que la justicia divina ya había logrado en mí y la misma dirección del penal ya certificaba: mi resocialización estaba completa.

Aquella entrevista fue muy técnica, el psicólogo no comía entero. Las preguntas y los documentos iban y venían. El psicólogo que me entrevistó terminó muy serio diciéndome: «Bueno, señor Velásquez, no sé si el señor juez vendrá acá, pero en lo que a mí concierne yo ya llevo toda la información que necesitaba». Se despidió de mí con una mirada a los ojos. Me quedé pensativo. Yo sabía que, si el señor juez no venía a confirmar mi proceso, mi caso no avanzaría. Aun así, me preparé mental y espiritualmente para no dejarme afectar por lo que sucediera. Seguía dando esta batalla.

Sorpresivamente, a las tres y cuarenta de la tarde se abrió nuevamente la puerta de mi pabellón y justo al frente se encontraba mi juez, el doctor Yesid en persona. Yo lo vi a lo lejos, desde mi calabozo, venía acompañado de muchas personas. Me impresioné mucho al ver tanta gente, llevaba demasiados años aislado, me puse muy nervioso. Entonces salí estrepitosamente, queriéndole mostrar todo mi trabajo en un solo momento al juez. Este me calmó. Venía acompañado por los directivos del penal, dragoneantes y mi defensa, más el psicólogo del juzgado y el temido procurador, el doctor Galarza. Ahora la vida me ponía todo un equipo impartidor de justicia terrenal frente a mi cara, yo debía asumirlo. En ese momento frente al procurador sentí vergüenza y temor, su presencia transmitía una energía brutal. Mi juez, en cambio, era un hombre educado, pausado, respetuoso, en cada palabra que pronunciaba hacía gala de su amplio conocimiento jurídico. Para incrementar aún más mi sorpresa, el procurador soltó esta perla: «Yo personalmente vi cómo el señor Velásquez hacía el aseo en la parte de atrás del pabellón», al tiempo que indicaba con su dedo el lugar exacto. El señor juez escuchaba atentamente, continuó su inspección judicial.

El señor juez y el procurador verificaron que realmente este era un pabellón de alta seguridad, el cual contaba con veinte celdas, un patio, un comando de vigilancia, tres duchas, un televisor comunal, cuatro corredores, mesas, sillas y una greca. Todo estaba de acuerdo a las normas establecidas. Ellos vieron mi recuperación ambiental. Yo estaba a mil, muy nervioso y extremadamente confundido de ver tanta gente a mi alrededor, después de tantos años de aislamiento absoluto.

Una vez terminada la diligencia, me despedí cordialmente del señor juez, le agradecí su visita y él me contestó: «No debe agradecerme nada, esto es solo mi trabajo». Luego, en fila india, todos fueron dejando mi pabellón para quedar nuevamente solo como siempre. Empecé a recriminarme a mí mismo no haber sido capaz de manejar mis emociones con más calma, pero al mismo tiempo me tranquilicé, porque al fin alguien con tanto poder como el procurador había comprobado que yo sí estaba cumpliendo con mis tareas. Y me tranquilizaba aún más el saber que la dirección y toda su comitiva no estarían más en tela de juicio. Esto me alegró muchísimo. Ahora solo me restaba que el buen Dios y su justicia se plasmaran en la justicia terrenal.

La luz al final del túnel

Regresé a mi calabozo e hice una retrospectiva de lo sucedido. Un sentimiento indescriptible embargó mi alma, porque por vez primera sentí que tenía de frente tanto la justicia divina como la terrenal. En mi ser palpitaba la esperanza de que un día cercano pudiera recuperar mi libertad y empezar una nueva vida al lado de aquella mujer que estaba esperando por mí fuera de las rejas. Esa noche oré mucho y pedí a Dios que enviara su Espíritu Santo al justo juez que llevaba mi caso. El señor Yesid estaba en mi mente y en todas mis plegarias. Allí, en mi frío calabozo, recapitulaba lo que había sucedido año tras año. Recordaba los momentos transcurridos después de mi entrega a las autoridades, con el apoyo de mi líder y amigo Pablo Escobar Gaviria. Recordé que en aquellos momentos cruciales de mi vida no me había espantado tanto; ahora me ponía mucho más nervioso el hecho de pensar en mi libertad ya sin él. También guardaba la esperanza de que algún día pudiera ir a visitar su tumba.

Entregarme a las autoridades fue relativamente fácil, pero obtener mi libertad era un cúmulo de batallas de supervivencia, con todo un Estado encima mío, cobrándome cada acción del cartel de Medellín como si yo hubiese sido el único integrante o líder. Entendía claramente que yo era ese chivo expiatorio que el Estado pretendía mostrar como ejemplo ante la sociedad; a través mío ellos podrían demostrarle a Colombia que todo aquel que se atreviera a protestar contra el sistema tendría iguales o peores consecuencias que las que yo estaba sufriendo. Lo que ellos no veían era que yo solo era un guerrero más que apoyó a un líder que amó a su patria y su familia más que a sí mismo. Pensaba también que, a diferencia de tantos años de prisión en los que siempre estuve absolutamente solo en mi lucha, ahora, después de ocho años en la cárcel de Cómbita, había encontrado un grupo de profesionales que había apostado por mí y mi resocialización.

El director de la cárcel salió en alguna oportunidad a los medios de comunicación para dar fe de mi cambio y cuestionar el fallo del doctor Oscar, aquel juez que me negó la libertad. El general Ricaurte, un oficial de la Policía, sabía de mi tratamiento, ya que él lo dirigió y supervisó en persona desde sus funciones. Sumado a ellos, el fiscal general de la nación en persona, el doctor Montealegre, le había notificado verbalmente al doctor Oscar por no reconocer mis horas de trabajo como aseador y le advirtió que, de no hacerlo, estaría prevaricando.

Adicionalmente, yo contaba con uno de los más grandes y sinceros sentimientos de perdón, ofrecido por la familia del doctor Luis Carlos Sarmiento, por parte de su esposa, la doctora Gloria Pachón, y su hijo, el senador Juan Manuel Galán. Estas magnas personas, en momentos extremadamente difíciles para mí como ser humano, salieron a los medios de comunicación para hacer público su perdón y ofrecerme una segunda oportunidad dentro de la sociedad. Este acto sin precedentes solo es propio de seres humanos nobles, de espíritu superior. De este hecho maravilloso yo me nutría todos los días de mi vida, mi corazón se llenaba de esperanza al saber que personas tan importantes salieran a apoyarme con su perdón frente a la sociedad entera como una invitación a la reconciliación. Siempre traté de encontrar un porqué a su magnificencia y humanidad conmigo. Finalmente entendí que la doctora Gloria es una persona íntegra, que está por encima del bien y del mal, una mujer con un corazón de oro, que debe ser ejemplo ante las demás víctimas y mujeres del país y del mundo entero; y que su hijo Juan Manuel, antes de ser senador de la República de Colombia, era por encima de todo un ser humano digno, justo y correcto, con la capacidad suficiente para perdonar y seguir adelante en la vida llevando las banderas que hicieron grande a su padre. Y, a pesar de que estaba arriesgando todo su capital político en aquella decisión, puso por encima del poder su gran capacidad humana, casi divina, para ofrecerme el perdón. Entendí que, definitivamente, el perdón edifica, mientras que la venganza siempre destruye y aniquila.

Así, un día, todavía en Cómbita, decidí que debía darle un nuevo giro a mi vida. Ahora la batalla era conmigo mismo. Entonces renuncié a mi trabajo como aseador y me dediqué a estudiar.

Durante los largos años de mi presidio en Cómbita, desde la soledad de mi pabellón observaba cómo todos y cada uno de los capos de capos viajaban extraditados. Un extraditable lloraba y el otro le preguntaba: «Y usted por qué es tan débil?». Aquel hombre respondía: «Una cosa es hablar del diablo y otra cosa muy diferente es tenerlo de frente». En el patio de los Extraditables se manejaba mucha camaradería y todos se daban ánimo el uno al otro. «No, qué va, que nos lleven ligero. Es mejor allá de una vez». «Sí —contestaba el otro—, entre más ligero lleguemos, más rápido regresamos». Yo pensaba en cuán ingenuos eran estos hombres. Un tercero repuntaba: «Allá la comida es mejor: canchas de fútbol, tenis, gimnasio, computadores y hasta jardines; además, el clima es mejor. Acá, este frío tan tremendo me va a matar». De este modo, aquellos hombres se iban creando su propia burbujita de esperanza.

Un sobre que me llegó del cielo

Algunas veces me sentía pesimista porque el juez no me respondía, a pesar de que la inspección judicial había sido exitosa. Me consolaba pensando que si el juez me respondía desfavorablemente aún me quedaba la posibilidad de recurrir ante el tribunal y con seguridad allí me darían la razón. También me quedaba la posibilidad de interponer una acción de tutela ante la Corte Suprema de Justicia. Los días pasaban y pasaban y mi situación no cambiaba. La espera ya era angustiosa. Yo había pasado veintitrés años y tres meses de mi vida tras las rejas, sentía que había hecho méritos para salir libre. Sin embargo, el momento en que se acerca la libertad es traumático porque a última hora le puede salir a uno un nuevo proceso y corre el riesgo de quedarse preso nuevamente. No hacía muchos planes para mi vida en libertad, porque, si al final debía continuar preso, no me vería tan afectado.

Un nuevo día comenzó y yo me fui directo al teléfono para llamar a mi abogado. Estaba hablando con él cuando se abrió la puerta de mi pabellón y entró la notificadora del juzgado con un sobre en la mano.

Yo terminé la conversación inmediatamente, sin siquiera despedirme, e hice contacto visual con ella, que me sonreía mientras entregaba toda su información al guardia de entrada. Yo me dirigí hacia ella con un poco de pesimismo, pues cada vez que un notificador me visitaba era portador de malas noticias sobre mi libertad. Pero esta vez fue otra historia.

—Señor Velásquez, le traigo muy buenas noticias —me dijo la notificadora.

Mi corazón latía con fuerza, la saludé con respeto y nos dirigimos hacia mi mesa. Ella sacó un papel del sobre y me dijo:

—El juez le reconoció veinticuatro meses de descuento.

Yo me puse muy feliz, con esos veinticuatro meses ya podía pedir mi libertad después de doce meses de fuerte lucha judicial. Pero las buenas noticias aún no terminaban. Sacó otro documento del sobre. Era un acta de compromiso para obtener mi libertad condicional.

No podía creer que mi día había llegado, no podía ser posible tanta felicidad al mismo tiempo. Entonces, con mucha dificultad, llené el acta. Estaba demasiado emocionado. Con la misma dificultad le pregunté a la notificadora acerca de la fianza. Ella me miró, se sonrió y sacó otro documento de su sobre. Yo, dentro de mi pesimismo, pensé que la fianza no me costaría menos de unos cincuenta millones de pesos, lo que implicaría otra larga batalla jurídica para demostrar mi insolvencia económica. Sin embargo, mi camino hacia la libertad ya estaba marcado por el buen Dios: el documento establecía la suma de nueve millones de pesos colombianos. Entonces me puse de pie, abracé a la notificadora y me eché a llorar por primera vez en mi largo y duro camino de vida. Después de tantas batallas libradas, perdidas muchas y ganadas muchas otras, al fin sabía que mi libertad era un hecho y que había ganado la guerra después de veintitrés años y tres meses de constante lucha.

18

DE VUELTA A MIS MONTAÑAS

«Popeye ya pagó, hizo veintitrés años y tres meses de cárcel»

Ahora debía labrar un camino hacia mi salida. Guardaba la esperanza de que los medios de comunicación no se enteraran sino cuando ya estuviera lejos. Lamentablemente, el juzgado subió mi libertad a las cinco de la tarde, y a las cinco de la tarde y veinte minutos ya los medios estaban enterados. Los periodistas empezaron a publicar que me estaban buscando nuevos procesos y que posiblemente evitarían mi salida a la libertad.

En aquel momento de incertidumbre llegó una luz de esperanza, sentí que no estaba solo. La familia Galán, con su buen corazón, salió a los medios de comunicación apoyándome, dándome una segunda oportunidad en la vida. A pesar de su dolor, la doctora Gloria Pachón y el senador de la República, el doctor Juan Manuel Galán, tuvieron la capacidad para perdonarme y, por encima de todo, respetar las leyes que rigen nuestro amado país. También el doctor Carlos Fernando Galán, quien en el pasado se resistía a creer en mi arrepentimiento, dada mi fría personalidad, en esta ocasión no solo se mostró respetuoso de las leyes, como siempre, sino que al parecer empezó su camino hacia el perdón. Esto fue muy significativo para mí.

Algo más sucedió aquel día: el doctor Villamizar, un hombre fuerte en la Unidad de Protección, me apoyó diciendo que me daba la oportunidad de una nueva vida ya estando resocializado. El doctor Villamizar es una víctima directa de la guerra que tuvo el cartel de Medellín contra el Estado. Esto lo engrandecía aún más, y dentro de mí el respeto hacia él se acrecentó. Sin embargo, por su parte, el doctor Arellano no paraba con su ceguera jurídica y emocional, pero yo comprendía su dolor y desesperación.

En medio de todo este caos que se había generado por mi libertad, un periodista fiero, Félix de Bedout, que no come cuento, colocó este estado en su cuenta de Twitter: «Popeye ya pagó. Hizo veintidós años de cárcel». Esta opinión era muy reconfortante para mí, dada su procedencia. Este notable periodista colombiano trabajó para la radio en mi país y ahora es periodista en Estados Unidos, conoce perfectamente nuestra realidad colombiana. Su gesto llenaba de alegría mi corazón.

En medio del caos, y permaneciendo en aquella fría celda donde había estado por largos años, hice importantes reflexiones. Muchos recuerdos llegaron a mi mente. Yo ya había pagado veintitrés años y tres meses de cárcel por los crímenes de todo un cartel, siendo únicamente uno de los lugartenientes de Pablo Escobar. Me había convertido en el único sobreviviente del cartel de Medellín que había pagado con tantos años de prisión, en las cárceles más duras de mi país, toda la guerra vivida en aquellos años; yo había sido el único que había tenido el coraje de revelar tantas verdades ante la justicia y ante la sociedad y de este modo ya había reparado a todos aquellos a los que el cartel había lesionado de muerte. Pensaba en que siempre había sido responsable de mis actos y los había asumido con la valentía de un guerrero que jamás corre ante ningún enfrentamiento, por más doloroso que sea. Pero esta sinceridad me convirtió en sapo ante la mafia. El doctor Arellano remató con esta perla: «Popeye es el hombre más peligroso del mundo». En mi interior sentía mucha tristeza por este hombre, con su corazón solamente lleno de venganza y odio, aparte de que estaba lejos de la verdad en cuanto a mi proceso y las leyes colombianas, ante mi crecimiento personal y espiritual en la lucha que con la ayuda de Dios libré.

Allá en mi celda y refugio durante tantos años estaba yo, a solas con mi soledad. De pronto apareció mi psicóloga, la persona que me acompañó en mi proceso de construcción de un nuevo proyecto de vida durante los últimos siete años de presidio.

—Doctora, ¿por qué me puse a llorar cuando me notificaron mi libertad? —le pregunté.

—Usted ya tiene una personalidad forjada para el dolor y el sufrimiento. Si le hubieran negado la libertad, usted no habría llorado. Lo raro para usted es que las cosas le salgan bien, por eso lloró —me respondió con dulzura.

Le di la razón y me quedé pensando en sus palabras. En espera del día en que llegara mi boleta de libertad, poco a poco y por espacio de un año, fui ingresando ropa nueva y cómoda. Ya tenía mis tenis, *jeans*, buzo, medias y hasta mis interiores nuevos. Aquel sería el gran día de mi vida y yo debía hacer honor a ello. Estas prendas permanecieron guardadas por espacio de un año y ahora todo indicaba que había llegado el día de usarlas con total y absoluta felicidad. Entendí, a través de tantos años de presidio, que las cosas pequeñas y la lucha del día a día eran la verdadera y duradera felicidad.

El periódico *El Tiempo* publicó desde su editorial: «La deuda no pagada de Popeye». La ley es la ley y está escrita, en ninguna parte del editorial decía que las leyes no fueran aplicables a Popeye y yo no pudiera salir. El ministro de Justicia fue entrevistado y le hicieron la pregunta obligada acerca de mi libertad. Él respondió como le correspondía: «La ley es la ley y Popeye debe salir». Esta declaración era muy reconfortante para mí. La noticia de mi salida recorría casi todo el mundo con una actitud de total desprestigio y desconociendo mi actitud de cambio.

Entonces pensé que me había equivocado garrafalmente al pensar que, si decía toda la verdad y aceptaba mis culpas, aparte de haberme sometido a la justicia de forma voluntaria, esto causaría un impacto positivo ante la justicia y la sociedad. Había revelado no solo hechos, sino estrategias, en aras de que ambos, tanto la justicia como la sociedad, le dieran un uso positivo. Buscaba que, como toda lección bien aprendida, dejara una enseñanza que sirviera para que mi país no volviera a caer en guerras tan desastrosas como las que yo tuve que vivir. Pero, al parecer, muchos corazones solo estaban inundados de odio y venganza, solo imperaba en ellos el deseo de seguir matándonos de una u otra manera.

La antesala al momento definitivo: los medios de comunicación y sus manipulaciones

Los medios de comunicación se complacían haciendo uso de sus archivos en mi contra. Lo usaban todo, incluso aquellas entrevistas que les concedí amable, respetuosa y gratuitamente, pensando que, si yo aceptaba mis culpas criminales y mis responsabilidades ante la sociedad y la justicia colombianas, esto en algún momento de nuestra historia contribuiría a que no se repitieran los hechos. Siempre pensé que por medio de mis confesiones sería capaz de reparar con mi verdad a los afectados, reparar moralmente a una sociedad y sus víctimas por los ríos de sangre causados por el cartel de Medellín, del que yo solo era un miembro sujeto al capricho y modo del Patrón, Pablo Escobar Gaviria. No negué mi gran error al elegir aquel negro camino.

Para mi pesar, la sociedad y la justicia me mostraban como si yo fuera el único causante o el líder marcial e ideólogo de toda aquella masacre. A ellos se les olvidaba que yo, en mi afán de reparar a las víctimas y la sociedad, también había colaborado con la justicia en el esclarecimiento de muchos magnicidios, homicidios y actos criminales cometidos por el cartel de Medellín, y de los míos propios; se les olvidaba que yo mismo, en mi afán de reparar lo sucedido, también me había incriminado en todos aquellos actos delictivos que cometí, y que asumí esos hechos pagando veintitrés años y tres meses de prisión; se les olvidó contar que yo mismo me había sometido a la justicia y que, a pesar de todo aquel infierno al que fui sometido en las cárceles más brutales de Colombia, había sobrevivido. Se les olvidó decir que yo tenía derecho a mi libertad.

En mis reflexiones, y ya despojado de la ira y el rencor, me dolía el hecho de ver que mi país no había cambiado, que esa actitud revanchista y llena de odios seguía presente, pero me consolaba el hecho de saber que ya había ganado la guerra más fuerte de todas las vividas en medio de balas y sangre: había ganado mi lucha personal. Ahora sentía que era un hombre nuevo, que, con la misma frialdad propia de mi personalidad, ahora sería capaz de observar desde atrás de las barreras, pero sin ninguna complacencia, cómo los medios eran capaces de mover y revivir una de las más trágicas épocas en la historia de

Colombia. Una historia que, lamentablemente, trascenderá por mucho tiempo, mientras no nos informemos mejor y cambiemos nuestra forma de pensar y de actuar.

Pero, como nada es eterno, ni tampoco fácil para mí, y con el conocimiento pleno de saber vivir bajo alta presión y ataque, solo esperé tranquilamente en la soledad de mi celda lo que pasara. Al poco tiempo, mi defensor aseguró que no había más procesos en mi contra y que, muy a pesar de la presión ejercida por los medios y algunos políticos, mi libertad se tendría que dar acorde a las leyes colombianas.

Con la lección bien aprendida, yo sabía que nunca jamás, en el corto o largo tiempo que me quedara de existencia, yo recurriría nuevamente a nada ilegal. Entonces organicé la logística de mi salida del penal. Haciendo uso de las leyes colombianas, elaboré una petición a la Defensoría del Pueblo y a la Procuraduría General de la Nación, requiriendo protección para mi vida. Como era bien sabido por las estructuras jurídicas y sociales, mi vida estaba en peligro en aquel momento trascendental.

Esta carta se convirtió en un comunicado público con la intención de mostrar mi resocialización y poner a prueba a aquellos estamentos públicos a los que todo ciudadano colombiano tiene derecho. Yo no era la excepción a estos derechos. Lamentablemente, los odios y los rencores pudieron más que la misma Constitución política de Colombia, donde reza claramente que el Estado debe proteger la vida, honra y bienes de sus ciudadanos, y aquella solicitud me fue negada. Pero el destino de mi libertad era un hecho, esta actitud por cuenta del Estado no me iba a hacer cambiar mi nueva mentalidad de hijo de Dios. Entendí que debía asumir mi propia protección y que esta vez lo haría con lo ya aprendido: bajo la custodia del nuevo INPEC y sus psicólogos, quienes fueron mi base y bastón en la construcción de mi nueva vida; y, lo más importante: con la bendición de Dios. No fue una tarea fácil enfrentarme a esa realidad. Después de haber pasado veintitrés años y tres meses tras las rejas, había perdido todos mis círculos sociales y familiares. Debí estructurar una salida que en ningún momento causara trauma a la sociedad a la que ya una vez había herido de muerte.

Aquel era el gran día para mí, pero también el más largo de mi vida. Las horas, los minutos, los segundos se estancaban y pensaba si realmente sería capaz de cruzar aquella puerta que me daría una nueva vida, una nueva oportunidad. Recordaba cómo a muchos de mis compañeros, incluso a unos cuantos pasos de pisar el pavimento, los devolvían por una u otra razón. La calle ya estaba llena de periodistas a la espera de mi salida. Mi defensa se mantenía con el convencimiento absoluto de que nada podría detener mi libertad.

Pero en el último momento apareció un nuevo personaje para complicar aún más las cosas. El general de la Policía de Antioquia salió a los micrófonos y, en un acto de agitación, pidió que todas aquellas personas que se consideraran víctimas de Popeye fueran a la fiscalía a denunciar; y agregó que era mejor que no saliera Popeye en libertad, argumentando que era por mi seguridad. Aquel general estaba totalmente equivocado, tanto en la forma como en el fondo. Todo aquel delito que después de veinte años no haya sido denunciado queda de plano extinguido de cualquier acción penal si no ha sido investigado y juzgado, excepto los casos que sean de lesa humanidad. Además, de una forma irresponsable, este general lanzó aquellos comunicados ignorando mi proceso judicial. Estaba ciego. Yo me preguntaba: «¿Y entonces para qué pasé veintitrés años y tres meses de mi vida tras las rejas?». Era claro que, a toda costa, y con la ayuda de los medios de comunicación, se quería manipular a la opinión pública para evitar mi salida hacia la libertad.

En mi mente rondaba toda mi trayectoria carcelaria. Empecé en la cárcel de La Catedral en Envigado, al lado de Pablo Escobar Gaviria; luego pasé a la cárcel de Itagüí; luego a la cárcel Modelo de Bogotá, de allí fui a la cárcel La Picota, también ubicada en Bogotá; luego a la cárcel de Valledupar; de allí regresé nuevamente a La Picota, para terminar mi pena en la cárcel de Cómbita, en Boyacá. También recordaba que nunca pedí ni siquiera un día de rebaja de pena, que los descuentos obtenidos fueron la consecuencia de mis confesiones, mi trabajo y mis cursos dentro del penal, tampoco busqué una prisión domiciliaria o detención hospitalaria, incluso renuncié al beneficio de setenta y dos horas que pueden solicitar los prisioneros que están próximos a recuperar su libertad, como mecanismo de adaptación para que la resocialización no sea tan traumática.

El papel más hermoso de mi vida: mi boleta de libertad

Llegó la noche y yo estaba inmerso en mis recuerdos. Dejaba que el tiempo pasara en mi celdita, aquel lugar del que no me quería despedir hasta no tener la certeza de que realmente sería liberado. Sentado allí en mi humilde cama, pensaba en Pablo Escobar y en toda la lucha para tumbar la extradición de compatriotas hacia Estados Unidos. Pensaba en todos mis amigos y enemigos ya muertos y en que en aquel momento me convertía en el único sobreviviente capaz de librar todas estas guerras. Estaba allí, en aquel ahora, preso de mis pensamientos, cuando de repente se abrió la puerta de mi pabellón para dar ingreso al capitán de turno, quien, con la misma energía de siempre, me dijo: «¡Listo, Popeye!». Yo dejé mi cama tendida y mi celda en completo orden, por si tuviera que volver. El penal estaba fuera de su rutina por el acoso de la prensa, que se había apostado frente a la salida de la cárcel durante los últimos tres días y tres noches a la espera de mi salida, mientras bombardeaban en televisión, radio y prensa con sus archivos y malos comentarios hacia mí.

Me levanté como un resorte de mi cama e inicié mi camino hacia la libertad acompañado del capitán de turno y sus hombres. Por primera vez en mi vida, y ya sin las esposas características del prisionero, recorría los pasillos hacia el área de Reseñas. Allí tuve que ver a tantos colombianos enviados en extradición hacia Estados Unidos, de traslado a otras cárceles, y a algunos cuantos más salir hacia su libertad. Ahora sentía que aquellos hombres me trataban con respeto y amabilidad. Por fin soplaban vientos de libertad para mí en aquel lugar. Finalmente, y después de veintitrés años y tres meses de prisión, yo me convertía en un hombre libre y resocializado. El área de Reseñas de la cárcel de Cómbita (que es el primer lugar que un preso pisa para ser reseñado, donde se toman sus huellas dactilares y su foto para registrar el ingreso en su nueva condición de prisionero), donde yo solo había visto dolor y desolación, ahora me recibía para cumplir el mismo trámite, pero encaminándome hacia mi libertad. El guardia de turno se tomó su tiempo para entregarme el más hermoso de los documentos que jamás he tenido en mis manos: mi boleta de libertad.

Ya estaba todo dispuesto. Yo había solicitado el acompañamiento policial hasta Bogotá, pero me preocupaba que, dados los acontecimientos del pasado en la guerra del cartel de Medellín contra el Estado, donde hubo tanto policía muerto, y con tanta remembranza transmitida por los medios de comunicación, los sentimientos de venganza de la Policía pudieran haberse despertado. Las consecuencias podrían ser fatales para mí. Pero sabía que Dios me estaba llevando de la mano y con él iban mis esperanzas de una nueva vida. Continué mi camino hacia el portal número dos, donde el defensor del pueblo y

sus asesores me estaban esperando. En aquel lugar ya no había grilletes, armas, amenazas, gritos ni humillaciones, como tampoco ninguna actitud de sometimiento. Mis ojos solo veían caras amables y trato
respetuoso. Era como tener ante mí la gran diferencia entre el bien y
el mal. Eran las dos caras de una sociedad que castiga cuando se obra
mal y premia cuando se hace el bien.

El impacto emocional era demasiado fuerte, pero, como era característico de mi personalidad, lo controlé con suma frialdad. Del Estado había conocido el lado fuerte y subyugador cuando lo enfrenté
con la violencia, ahora lo tenía frente a mí con su cara amable, después de haber hecho mi tarea juiciosamente durante veintitrés años
y tres meses de prisión. Ingresé a la oficina del director, esta vez en
mi condición de hombre libre. Aquella oficina era hermosa, con sus
muebles finos, paredes bien pintadas y sillas confortables, un lugar
cálido y agradable, a diferencia de mi celdita. Aquella oficina contaba
con teléfonos por todos lados, la luz alumbraba cada rincón, yo estaba
maravillado.

El director del penal, sentado en su silla confortable, heredero de
mi problema jurídico cuando mi libertad fue negada en el año 2013,
me saludó cordial y respetuosamente. Yo correspondí de la misma forma porque en mi proceso de resocialización también había aprendido
ya a respetar y obedecer a la autoridad. Acto seguido ingresó el subdirector del penal, hombre amable y sincero. Poco a poco, la oficina se
fue llenando de grandes personalidades, tales como el defensor del
pueblo con sus asesores y el personero, entre otros. Eran demasiadas
personas para mí después de un aislamiento de nueve años, demasiada información al mismo tiempo. Todos los funcionarios del penal
lucían contentos y satisfechos después de una labor grandiosa conmigo. Tras mi exitoso proceso de resocialización, ahora ellos podían entregar satisfactoriamente resultados apropiados a una sociedad en la
que yo debía comportarme como una persona coherente y respetuosa.

Se añadió la presencia de la Procuraduría Regional de Tunja, quien
llevó mi caso desde la llegada al penal de Cómbita y protegió mis derechos como le correspondía. Ahora, todas aquellas personalidades hacían su mayor esfuerzo en aras de proteger mi seguridad y, por ende,
mi vida. Ya para terminar aquella reunión, ingresaron un capitán y un
sargento de la Policía Nacional, a quienes yo saludé respetuosamente,
para ser correspondido con un saludo enérgico y cordial de su parte.
Justo en aquel momento, después de tantos años de prisión alejado

del mundo exterior, comprendí cuánto había cambiado la Policía y también cuánto había cambiado yo. Luego vinieron las palabras más hermosas que yo haya escuchado en mi vida. Fueron palabras de todas aquellas personas, de todos aquellos que me daban la bienvenida a la libertad. Por mi parte no pude más que agradecerles sus palabras comprometiéndome a jamás en la vida volver a delinquir. Aquel momento fue mi primer contacto con la cara agradable de la sociedad, que ahora me acogía con respeto y amabilidad.

De vuelta a mis montañas

Después de una despedida sincera y llena de esperanza, y de acuerdo a mi estrategia de salida, le pedí respetuosamente a la Policía que buscara la mejor manera de esquivar a la prensa, que estaba hambrienta de dar la gran noticia. Como un primer acto de responsabilidad y respeto para la sociedad, yo debía salir en silencio y sin ser detectado. La Policía, muy respetuosamente, apoyó mi decisión y entonces se dio inicio a mi primer contacto con la libertad.

Iniciamos el recorrido por las hermosas carreteras hacia Bogotá. Yo observaba atentamente la inmensidad de aquellas hermosas tierras boyacenses, la multitud de carros con modelos que no había visto nunca antes y el hermoso panorama que ahora la vida y el buen Dios me ofrecían. Atrás quedaba el frío penal que, a pesar de su dureza, yo llevaba en el corazón. Abrigaba el mayor agradecimiento porque allí aprendí a forjar mi personalidad y a ser una persona de bien. Solo llevaba como equipaje mi esperanza y mi nuevo proyecto de vida dentro de una sociedad menos hostil. Mi memoria estaba ocupada por los infinitos recuerdos de todas y cada una de las personas que en el penal habían contribuido a mi crecimiento espiritual y personal.

El desplazamiento fue normal y tranquilo, íbamos acompañados de un conductor y el capitán en la parte de delante, yo estaba atrás en medio de dos policías. La presencia del coronel, comandante de la Policía de Boyacá, no se veía, pero se sentía. Algunas veces sentí que él coronel estaba en un carro cercano al nuestro como si estuviese supervisando que la operación saliera satisfactoriamente, pero luego supe que él estaba sentado en su despacho vigilando mi traslado.

Las carreteras eran completamente nuevas, muy diferentes a las que yo había visto años atrás. Se notaba el progreso de mi amado país. Mucho tráfico, mucha luz. Como preparatorio a mi desplazamiento en carro y tras tantos años de quietud, yo había ayunado y me había tomado una pastilla para evitar el mareo. Una vez llegamos a Bogotá, nos detuvimos en un centro de atención inmediata CAI. Allí me despedí de los oficiales de la Policía, lleno de respeto y gratitud. Sería entregado a mi abogado, quien, en un acto muy humano, me recibió con un rico, delicioso y anhelado salpicón, acompañado de seis manzanas verdes, esas mismas que soñé comer durante tantos años de presidio. Este acto hermoso fue mi segundo contacto con la libertad. Ahora era libre hasta para comer lo que yo quisiera. Como tercer paso de mi estrategia de salida, debía salir de Bogotá inmediatamente. Para ello renté un automóvil en el que me desplacé acompañado de mi abogado. Luego me dirigí hacia una tractomula con camarote que me llevaría de regreso a mi tierra. De este modo empecé a rodar por las carreteras de mi país, Colombia, en medio de una noche cálida y hermosa, dispuesta a acompañarme en mi nuevo caminar.

Después de viajar toda la noche, logré llegar a mi hermosa Antioquia. Pasé por el frente de la imperiosa hacienda Nápoles, donde aún sentí la presencia de Pablo Escobar Gaviria, el Patrón; se respiraba el aire de aventura y poder, aire de puro trópico. Por un momento, nos detuvimos en un restaurante y por segunda vez experimenté esa hermosa sensación que da la libertad: de nuevo tenía derecho a comer lo que yo elegía, y no lo que me tocaba para poder sobrevivir. Muchos pensamientos invadían mi mente. El clima era cálido, atrás quedaban aquellas heladas de la madrugada en Cómbita.

La ansiedad me invadía y solo pensaba en que ya estaba próximo a cumplir mi mayor sueño: regresar a mi amada Medellín del alma. Llegó el día y con él mi despedida y gratitud con el conductor de la tractomula que tuvo el valor de transportarme. Yo ya estaba en el oriente antioqueño. Allí me alojé en una finquita muy humilde, pero suficientemente confortable, desde donde se podía divisar la inmensidad de mis montañas antioqueñas. Aún no podía divisar en toda su inmensidad la extensión de aquellas cordilleras, pues, después de tantos años de encierro, mis ojos se habían acostumbrado a mirar a corta distancia. Ahora debía volver a aprender a mirar a larga distancia para poder disfrutar de aquel encanto.

Después del inmenso gozo que sentí, ingresé a la habitación que había sido dispuesta para mí. Entraba a un palacio. Aquella habitación pintada contaba con una cama cómoda, un televisor con servicio satelital y un baño espectacular con interruptor propio al que yo tendría acceso, así como a la libertad de poder prender y apagar la luz cuando quisiera. Era simplemente increíble. Ahora ya estaba en mi tierra y a solo una hora de mi amada Medellín. Salí a ver mis montañas y empecé a hacer ejercicios en mis ojos para que pudieran ver lejos, muy lejos, para empezar a disfrutar lo que era la verdadera felicidad. El aire puro, el agua, el clima primaveral y toda aquella frescura que la naturaleza nos da... esto era la verdadera felicidad. Pensaba que muchas veces los seres humanos se la pasan pensando y deseando lo que otros poseen, y no disfrutan de lo que tienen; la felicidad está en esas pequeñas cosas que nos da la naturaleza. Pensé que la libertad era un divino tesoro que muchas personas no cuidamos, y que, teniendo a manos llenas, decidimos tomar el camino errado y acabamos tras las rejas. El simple acto de poder caminar sin ninguna restricción, eso es felicidad.

La libertad en aquel momento me hacía sentir que mi vida fuera de la prisión no iba a ser nada fácil. Pensaba en el penal, donde lo tenía todo. Allí contaba con las tres comidas del día, un servicio médico, odontología, psicología, deporte, estudio... pero lo más importante era que contaba con el sueño de la libertad. Entonces pensaba que la cárcel no era tan mala como se creía. A fin de cuentas, en Cómbita había aprendido a valorarlo todo, a valorar a las personas y el respeto por la vida. Mirando hacia mis montañas, pensaba que muchas personas dicen que no tienen nada porque piensan que les faltan cosas materiales, pero están equivocadas: tienen el tesoro de la vida, tienen su libertad.

Me encontraba a escasos kilómetros de mi hermosa Medellín y cada instante era más angustioso. Lo único que yo quería era regresar a mi tierra. Después de dos días de descanso, logré pisar suelo antioqueño, estaba de vuelta a mi tierra de encanto. Allí volví al fin a respirar su aire tropical, sentí su sol de primavera constante, volví a ver sus flores de exposición, disfruté de sus valles de esperanza. Volví a ver mi bandera, que izamos con orgullo como buenos paisas. Esa bandera significa con el verde de la montaña el sufrimiento de nuestros mártires de las guerras civiles y nuestra esperanza, abundancia y fe, mientras que con el blanco representa la pureza, integridad, obediencia, elocuencia y triunfo de nuestra gente. Llegaba de vuelta al lugar donde la arepa montañera nunca falta, donde las laderas están adornadas por frisoleras, donde volví a saber que el cielo existe. No era fácil, cuando se está enseñado a vivir constantemente en un infierno, contemplar el cielo, que allí estaba para que yo lo viera con mis propios ojos otra vez.

Ahora, en mi semiclandestinidad, tengo la dicha de una nevera llena de alimentos, el control de la luz que me hace sentir el hombre más feliz de la tierra y, lo mejor, soy un hombre libre viviendo en mi amada Medellín, el lugar perfecto para vivir o para morir. Medellín, mi amada Medellín, aquí permaneceré por encima o por debajo de ella, porque de mis montañas no saldré jamás, ni vivo ni muerto.

MI REDENCIÓN

Camino en solitario por las calles de mi amada Medellín. Ahora voy armado con el arma más poderosa que jamás habría imaginado que pudiera empuñar: avanzaba con mi fe y con la mano de mi buen Dios sosteniéndome. Piso la tierra que me dio la vida con los dulcísimos aromas y fragancias que exhalan sus flores, una tierra que tiempo atrás, en mi ceguera, bañé de sangre y desolación; a cada paso dejo atrás los episodios más trágicos no solo de mi país, sino también de este iluso soñador que buscaba aventuras. Mi pasado solo me había conducido a injustificables pensamientos y acciones que provocaron mi condena, de la que creo que no podré librarme si no imperan el amor, la fe, la esperanza y el perdón en nuestros corazones. Un profundo pesar se apoderó de mí cuando vi que el olor a sangre y violencia seguían presentes en mi país.

Tomando un delicioso café y mirando a través de la ventana de una moderna cafetería, observaba cómo muchos de mis compatriotas no han descubierto todavía el divino misterio de la fe y la esperanza y siguen cargando con el absurdo sufrimiento humano al que nos acostumbraron bandidos y jueces, políticos y gente corriente, que al final se quedan sin más compañía que su desesperación. Muchos me miraban con indiferencia, otros, con curiosidad. Pero yo anhelaba intensamente encontrar un mundo nuevo poblado por personas llenas de amor y deseosas de vivir una nueva vida.

Pasó el tiempo y yo seguía absorto en mis pensamientos y consciente de aquel hombre que vivió en la oscuridad y había vuelto completamente herido. Aquellas heridas las había causado yo con mi mala decisión de entrar en el cartel de Medellín, donde luché las más atroces guerras, que me han seguido incluso hasta un lugar tan inconcebible como la cárcel, donde mi única meta era sobrevivir como un buen guerrero, donde día a día tenía que librar la mejor batalla, hasta un día en que la más hermosa noche cayó sobre la ciudad de Valledupar con su firmamento estrellado, algo en lo que nunca antes me había fijado. No me importaban el tiempo ni la distancia ni aquellas mallas metálicas que no me permitían ver el cielo con claridad. La luz entró en mi humilde celda e iluminó mi alma conectándome con Dios y con el universo. Justo ahí descubrí que mi pecado fundamental no había sido tanto el de la guerra o la maldad, sino el de haber estado en total desconexión de Dios. Aquella noche obtuve mi verdadera victoria. Por fin me di cuenta de que lo que había perdido era la gracia de Dios. En mi arrogancia, ira y tribulaciones, y aun estando en medio de tan malas compañías en las que prevalecía la ley del más fuerte, yo nunca renegué de Dios.

Volviendo a mis recuerdos mientras recorro mis calles, me viene a la mente cómo en mis días de oscuridad no era capaz ni de respetar una luz roja en la carretera, por causa de semejante ceguera. Sentí vergüenza por mí mismo y por la sociedad a la que había estado causando daño durante los tiempos de guerra y solo quería, desde lo más profundo de mi corazón, pedir perdón. Me sentía feliz porque ahora mi alma había aprendido a ver la luz y sabía que estaba alcanzando el equilibrio social y espiritual que me estaba permitiendo vivir en paz conmigo mismo y con la humanidad. Aquel hombre desenfrenado ya no existía. Usar el cinturón de seguridad, respetar las luces en la carretera y otras normas de convivencia hacían que me sintiera el hombre más feliz de la tierra. Vi que en mi loca juventud me equivoqué al pensar que el dinero era poder.

De regreso a mi ciudad, cansado de las rejas y el cemento, enfermo por el ajetreo de la cárcel y su olor nauseabundo, solo Dios con su infinita misericordia ha podido sostenerme y, después de esta dura lección, me ha traído de vuelta a las montañas de mi tierra para disfrutar de la inmensidad de la creación.

En mi nuevo camino, acabo de empezar a disfrutar los regalos que la vida nos ha dado a todos, día a día. Recibo con dicha el calor del sol, la humedad de la lluvia, el aroma de la vegetación y el canto de las aves al despertar. También disfruto intensamente la infinita ternura de mi querido guacamayo, que me besa con su dulce pico y con sus coloridas alas abiertas me invita a caminar paso a paso en comunión con Dios, el Espíritu Santo, la Virgen María y mi Ángel de la Guarda. Deshacerse de un espíritu violento no es tarea fácil; solo es posible con la fe y la esperanza. Si un hombre conquista el mundo con sus cosas vanas, su condena será la muerte por la eternidad, y no habrá hada madrina que le pueda procurar una conversión.

Índice de nombres*

* Índice no exhaustivo. En cursiva, los alias y apodos.

D

DEA 18, 39, 75, 104, 110, 115, 117,
126, 136, 139, 140, 146, 159, 163,
179, 217, 218, 219, 225, 229, 230
DIJIN 50, 110, 127

E

Echavarría, Diego 17
Elí, Jorge 64
Escobar, Juan Pablo (hijo del Patrón)
112, 123, 126, 127, 128
Escobar, Pablo 11, 12, 16, 17, 18, 19,
20, 21, 29, 31, 35, 37, 38, 43, 46,
53, 59, 60, 61, 62, 63, 65, 67, 69,
71, 72, 73, 74, 75, 77, 81, 87, 89,
91, 92, 93, 94, 95, 96, 97, 98, 100,
101, 102, 103, 104, 105, 106, 107,
108, 109, 110, 111, 113, 114, 115,
116, 118, 123, 124, 125, 126, 127,
130, 136, 137, 139, 144, 145, 147,
149, 152, 155, 156, 163, 164, 165,
166, 172, 179, 187, 193, 202, 209,
212, 221, 230, 231, 232, 234, 236,
247, 252, 254, 256, 257, 260
Escobar, Roberto 75, 79, 109, 114,
122, 162
ETA 19, 180, 218
Extraditables, Los 45, 48, 50, 52, 53,
56, 57, 94, 95, 208, 249

F

FARC 92, 99, 101, 162, 164, 165,
169, 199, 206, 207, 231, 235
Fierrito 113, 133
Fierros, Julio 133, 134, 163
Flaca, La 66, 67
Franklin, Valdemar 19, 62
Freydell, John 69, 180, 206

G

Gaitán, Ángel 157, 161, 164, 165,
168, 174, 177, 182, 201, 205
Galán, Luis Carlos 19, 20, 24, 37, 62,
95, 115, 135, 164, 167, 179, 226
Galeano, Fernando 72, 94, 106, 108
Galeano, Negro 72, 94, 103, 106, 107,
108, 114
Galeano, William Mario 108
García, William 242, 243
Garra, La 79, 81
Garzón, Jaime 50, 164, 165, 166,
167, 168
Gaviria, César 37, 38, 71, 74, 115,
126, 139, 142, 180
Gaviria, Gustavo 17, 64, 113
Gómez, Hernando 116, 139
González, Danilo 132, 140, 143, 146
González, Gustavo 79, 109, 112
González, Otoniel 17, 118
Gordo, El 79, 81, 221
Granda, Rodrigo 230, 231, 232

H

Has, Esperanza 29, 31, 32, 34
Has, Felipe 30, 31
Henao, Lorena 129, 132
Henao, Mario 17, 53
Henao, Orlando 116, 124, 131, 132,
137, 139, 140, 141, 151, 152, 153,
154
Hernán, Hugo 67, 69, 117, 118
Herrera, Hélmer 16, 67, 69, 110, 145
Herrera, Pacho 66, 67, 69, 127, 137,
145, 151, 152, 153, 230
Holguín, Carlos 111
Hoyos, Fernando 112, 126

I

Icopor 48, 81, 122